In de ban van mijn vader

Vertaald door Rob Gerritsen

Sandro Veronesi

# In de ban van mijn vader

— 2003 —

POCKETHUIS

*Voor mijn moeder*

Eerste druk 2001
Zevende druk 2003

Oorspronkelijke titel *La forza del passato*
© 2000 Sandro Veronesi
© 2001 Nederlandse vertaling Uitgeverij Bert Bakker en
Rob Gerritsen
© 2003 Pockethuis in collegiale samenwerking met Uitgeverij
Bert Bakker, Amsterdam
Vormgeving omslag Sang-Myung Beekman voor Studio Deunk BV
Foto omslag Nina Leen/Contrasto
Foto auteur Jerry Bauer
www.pockethuis.nl
www.pbo.nl
ISBN 90 5713 771 2

I can't go on. I'll go on.
　　Samuel Beckett

# I

'Bent u' – pauze – 'een droevig mens?'

Dat vroeg ze aan me, die journaliste. Het is de laatste vraag. Daarna zal een wethouder die zojuist verslagen is bij de verkiezingen mij de hand drukken en de envelop met de vijftien miljoen lire van de Giamburrasca-prijs voor Kinderboeken overhandigen. Vijftien miljoen. Een goed tegenwicht voor deze zware avond die bestaat uit een uitgebreide maaltijd in een restaurant met de plaatselijke gezagdragers, gevolgd door de uitreikingsceremonie in de nog maar net in gebruik genomen vergaderzaal (het ruikt er nog naar verf), toespraken van de scheidende en van de komende burgemeester, van de voorzitster van de jury, en het afsluitende vraaggesprek met de winnaar door een journaliste met ogen als van een gekookte vis. En ook zijn die vijftien miljoen lire een goed tegenwicht voor de stompzinnige vragen die ze op me afgevuurd heeft ('Tot welke leeftijd heeft u in de Kerstman geloofd?'; 'Wat is uw favoriete seizoen?'; 'Ik heb gezien dat u het dessert liet staan: waarom?'). Deze vragen had ik met heroïsche toewijding beantwoord tot het moment waarop alles een vreselijke wending nam door het ongeplande optreden van een dame die de microfoon had gegrepen om de aanwezigen op te roepen haar te helpen haar negenjarige zoon Matteo (een trouwe lezer van uw boeken, voegde ze eraan toe) kunstmatig in leven te houden. Matteo was klinisch dood verklaard na een verkeersongeluk en was het onderwerp geworden van een verhitte discussie in de gemeente of het wel acceptabel was dat hij voor onbepaalde tijd een van de twee automatische ademhalingstoestellen bezette waarover de reanimatieafdeling van het ziekenhuis beschikte. 'Help mij,' zei ze met krachtige stem. 'Mijn zoon leidt hetzelfde leven als een tulp of een laurierhaag, en hij heeft recht op dat leven zolang zijn hart klopt. Maar ze willen hem van het toestel afhalen, ze willen zijn organen hebben. Ik smeek u iets te doen: ze willen hem vermoorden!' De vrouw werd gerustgesteld door de komende burgemeester die zei dat niemand haar zoon van het toestel af zal halen dat hem in leven houdt, en door de gaande burgemeester die zei dat het voorstel om nog twee ademhalingstoestellen aan te schaffen de komende week goedgekeurd zou worden, nog voor het aantreden van het nieuwe college. Vervolgens ging ze, tot mijn stomme verbazing, terug naar haar plaats om de rest van de ceremonie bij te wonen, en de journaliste hernam het vraaggesprek, alsof er niets aan de hand was, en legde mij haar laatste vraag voor: bent u, pauze, een droevig mens, vraagteken.

Ik haalde diep adem maar bleef stil, drie, vier, vijf, zes seconden, zo lang dat het heel moeilijk werd om een antwoord te geven. Want stel dat iemand onmiddellijk 'nee' of 'ja' zegt, dan is er niets aan de hand, dan doet niemand moeilijk, en gaat men gewoon door. Maar als je voor zo'n soort vraag zo veel tijd neemt om na te denken, dan wordt alles veel gecompliceerder, en moet je wel een oprecht antwoord geven. *Ben ik een droevig mens?* Staande tegenover honderd onbekenden die afwachtten, en verbijsterd door de vraag en door mijn eigen zwijgen en, nu ik er toch was, door al het andere (bijvoorbeeld door het feit dat een stad die maar twee kunstmatige-ademhalingstoestellen heeft vijftien miljoen lire verspilt aan een prijs voor kinderboeken), voelde ik me geblokkeerd en verstrikt in mijn onzekerheid. De journaliste blijft me strak aankijken zonder haar gelaatsuitdrukking te wijzigen, een versteende glimlach die eindeloos dezelfde vraag herhaalt; en ik zwijg en denk. Een droevig mens? Ik ben getrouwd met de vrouw van wie ik in mijn leven het meest gehouden heb, we hebben een gezonde, intelligente zoon wiens leven niet afhangt van het functioneren van een apparaat; mijn vader is twee weken geleden gestorven, na een overhaaste doodsstrijd, en omdat ik nooit goed met hem heb kunnen opschieten bleef ik na zijn dood zitten met een schuldgevoel; ik doe het werk dat ik altijd heb willen doen en ik krijg een prijs omdat ik het goed doe; ik heb bij de uitgever het contract getekend voor mijn derde boek en ik heb de helft van het voorschot al in mijn zak, maar, na *De avonturen van Pizzano Pizza* en het hier bekroonde *Nieuwe avonturen van Pizzano Pizza*, is de ader opgedroogd en weet ik niets meer te schrijven. Ben ik een droevig mens?

Ik denk, en er komen herinneringen. Ik herinner me dat Dominique Sanda, toen ze ongeveer even oud was als ik, in een interview waarin haar gevraagd werd wat voor type vrouw ze zichzelf vond, antwoordde: 'Ik ben geen vrouw, ik ben een meisje.' Ik herinner me dat ze, toen ik negen was, een portret van me lieten maken door een schilder, en het werd een heel somber schilderij vanwege alle droefheid die de kunstenaar in mij bespeurd had – maar ik zou wel eens willen weten hoeveel kinderen het leuk zouden vinden om middagenlang roerloos te poseren, leunend op een stoel. Ik herinner me de oude Marti, de onzichtbare vriend die ik als klein kind bedacht had om niet altijd alleen te hoeven spelen, mijn onvolledige plaatjesverzamelingen, de eindeloze jaren aan de militaire academie, het verliezen van schaakpartijen als ik op het punt stond het toernooi te winnen; ik herinner me een verloofde op mijn achttiende die me ervan beschuldigde dat ik haar treurig had gemaakt door haar mee te nemen naar *De ballade van Stroszek*, en dan weer de dood van mijn vader, de begrafenis in de regen, mijn moeder en mijn zus die op me steunen maar ook de onvergelijkelijke schoonheid van mijn vrouw en de zilveren lach van mijn zoon, vanmorgen nog, terwijl we ons spelletje van de krant met afstandsbediening deden – zijn diepgewortelde recht om door mij gelukkig gemaakt te worden. Al deze herinneringen komen bij me op, terwijl ik een lange dodelijke blik werp in de richting van de moeder van het kind in coma, die me net zo strak aankijkt als alle anderen en glimlacht om mijn verwarring maar vol vertrouwen dat ik eruit zal komen, en zelfs nieuwsgierig, ja zelfs zij lijkt me nieuwsgierig naar mijn antwoord, alsof het haar echt interesseert. Alsof het iets te maken heeft met haar laurierhaag.

Ik weet niet hoe lang deze pauze al duurt. Het lijkt me heel lang, maar ik kan echt niet zeggen hoe lang het al duurt. Ik weet alleen dat op een bepaald moment het antwoord op eigen kracht uit mijn mond glipt, als een klein, wegschietend muisje.

'Niet meer,' hoor ik mezelf zeggen.

## 2

Als ik uit de trein stap is het al na middernacht. De metro rijdt niet meer en natuurlijk is er ook geen taxi te krijgen. Buiten het station staat al een lange rij welgestelde reizigers te wachten die zojuist uit een naargeestige nachtelijke forensentrein gegooid zijn. Maar ik denk ergens anders aan. Ik denk: weg is het geld van de Giamburrasca-prijs.

In een vlaag van waanzin heb ik de cheque overhandigd aan de moeder van het kind in coma. Een groots gebaar – ontroering alom – ook al sloeg het nergens op, want de vrouw maakte in het geheel geen armoedige indruk en dat geld kon geen enkele bijdrage leveren aan de oplossing van haar probleem. Of wel? Ik heb in ieder geval tijdens de gehele terugreis naar Rome aan dat geld zitten denken, aan mijn vluchtige bezit ervan, en ik kreeg spijt van mijn royale daad alsof het geld echt van mij was geweest. Maar van wie was het nu eigenlijk? Aan wie behoorden die vijftien miljoen lire van de Giamburrasca-prijs voor Kinderboeken? En – de vraag dringt zich op – van wie is geld eigenlijk? Heeft het zin om te spreken over eigendom van geld als het zo makkelijk van eigenaar kan wisselen? Wat voor soort bezit is dat dan? Soms geef je een bedelaar geen duizend lire omdat je geen zin hebt vijf seconden stil te staan om je portemonnee te pakken – en dan geef je opeens domweg vijftien miljoen lire aan een onbekende dame. En als het nu eens doorgestoken kaart was? Als het gemeentebestuur het nu eens met die vrouw op een akkoordje gegooid had, en als het nu eens alleen maar een toneelstukje geweest was met de bedoeling het zojuist aan de winnaar overhandigde prijzengeld weer onmiddellijk terug te laten vloeien in de gemeentekas, zodat je wel tot de verpletterende, onweerlegbare conclusie moet komen dat het geld niet eens bestaan heeft? Maar dan was het wel een slecht geregisseerd toneelstukje: als de vrouw nu een dakloze was geweest of van een uitkering moest leven, of een werkeloze seropositieve tienermoeder, ja dan... maar het inzetten van een burgerdame met kind in coma biedt geen zekerheid dat deze de winnaar inderdaad zover zal krijgen dat hij de prijs aan haar afstaat. De logica ontbreekt. Natuurlijk was de tragedie van die vrouw authentiek. Hoogstens kan haar reactie, en die van het hele publiek, op mijn aanval van solidariteit vreemd genoemd worden: niemand was verrast of in verlegenheid gebracht, geen enkel verzet, alleen een geëmotioneerd dankwoord en een langdurig instemmend applaus. Een gek gooit vijftien miljoen weg en in die hele stad is er geen hond die zich daarover verbaast.

Terwijl ik hierover zat na te denken en tegelijkertijd zat te fantaseren over wat ik met dat geld had kunnen doen (een reisje naar Disneyland met vrouw en kind; een strandcatamaran, bij voorkeur een oude, tweedehands Hobie Cat 17, zonder genuafok, om een beetje mee te varen in augustus; maar vooral de veelbesproken tussenverdieping in de kinderslaapkamer om het vertrek te ontlasten van het bed en mij van een schuldgevoel omdat ik van wat oorspronkelijk zijn kamer had moeten worden mijn studeerkamer had gemaakt) was de reis ongemerkt omgevlogen. Ik ben uitgestapt en in de rij voor een taxi gaan staan zonder tot enige conclusie te zijn gekomen. Het enige dat vaststaat is dat ik die vijftien miljoen niet meer heb, en dat ik ze hoogstens dertig seconden echt in mijn bezit heb gehad, tussen het moment dat de gaande burgemeester mij de envelop met de cheque overhandigde en het moment dat ik hem doorgaf aan de dame die nog op de eerste rij zat. Was die halve minuut voldoende om mij eigenaar van het geld te doen zijn? Kan ik ten minste zeggen dat ik het geld heb *geschonken*?

Opeens komt een boevenkop met krulletjes en gouden kettingen voor me staan en dwingt me mijn gedachten te onderbreken. 'Taxi?' sist hij, een sigarettenpeuk in zijn mond, op een samenzweerderstoon die werkelijk nergens op slaat als je bedenkt wat voor onderhandelingen van een gans andere aard overal om ons heen plaatsvinden. Ik ken die snorders wel: ze willen je doen geloven dat ze gevangenisstraf riskeren, en met die smoes overvallen ze je met absurd hoge prijzen. Het is het enige soort werkvolk waarbij het me lukt te onderhandelen.

'Piramide,' fluister ik, inspelend op zijn samenzweerderstoon.

'Dertigduizend,' zegt hij zonder een moment na te denken, alsof hij de prijs al in zijn hoofd had voordat hij mijn bestemming kende.

'De piramide bij Testaccio,' zeg ik nog steeds op fluistertoon, 'niet die in Egypte.'

De man is van zijn stuk gebracht – het dringt niet direct tot hem door – dan snapt hij het en ik heb de indruk dat hij de mogelijkheid overweegt mij een kopstoot op de neuspartij te verkopen; maar zijn professionaliteit wint het.

'Vijfentwintig.'

Hij fluistert het bedrag en draait daarbij zijn hoofd opzij met een air alsof hij me een enorme korting geeft.

'De rit kost vijftienduizend lire,' zeg ik. 'Dat weet ik. Dat betaal ik altijd.'

De man glimlacht, richt vervolgens zijn hoofd op en draait zijn kin in de richting van de lange rij voor me die wacht op de legale taxi's die niet komen.

'Voorlopig ben jij niet aan de beurt!'

'Ik heb geen haast.'

En dat is nog waar ook. Ik heb geen enkele haast en ik ben niet moe. Ik vind het wel een lekker idee om hier een halfuur in de frisse lucht te staan, en mocht ik het wachten zat worden dan kan ik ook een flink eind gaan wandelen om te bedenken wat voor verklaring ik Anna zal geven voor mijn achterlijke schenking.

'Twintigduizend.'

Het is zijn laatste bod, dat weet ik. Snorders hanteren de ijzeren regel dat ze zich nooit verlagen tot het tarief van de legale taxi's. Ik kijk naar de mensen die voor mij in de rij staan: vijftien, misschien twintig, er zit nog steeds geen beweging in en een ontevreden gemurmel stijgt op. De snorders, verspreid over verschillende plekken, stellen de standvastigheid van de wachtenden op de proef door ze hun verhoogde tarieven toe te fluisteren. Bovendien is een stel zigeuners begonnen de rij vanaf de andere kant te bewerken: *asjeblief menier bosnia niet huis oolog veel pijn om te eten menier bosnia oolog en pijn.*

'Het spijt me, vriend,' zeg ik terwijl ik mijn hoofd schud. 'Ik meen het: ik sta hier prima.'

Ik haal mijn portemonnee te voorschijn en geef tweeduizend lire aan de zigeuners die vlak langs me lopen. *Dank menier goednacht veelgeluk.* De snorder kijkt me vuil aan met een blik vol verontwaardiging waarmee hij mij het doelwit laat worden van zijn minachting voor die zigeuners, voor wie hij wel een oplossing zou weten. Hij loopt weg zonder iets te zeggen.

Waar was ik ook alweer? het geld. Kun je technisch gesproken volhouden dat ik het...

'Ik doe het voor vijftienduizend lire.'

Een tweede boeventronie heeft de plaats ingenomen van de eerste: ouder, kleiner, gezetter, een neus die heel wat meegemaakt heeft, een opgeblazen pens die dreigt te ontploffen onder zijn overhemd, en een onooglijk grijs colbertje op de kraag waarvan een zacht laagje verse roos ligt te stralen. En hij glimlacht.

'Piramide, vijftienduizend,' herhaalt hij omdat hij ziet dat ik aarzel. En ik aarzel echt terwijl ik de vulgaire details van zijn verschijning in mij opneem. Eén springt eruit: uit de half opgetrokken mouwen van het colbertje steken direct zijn blote, harige armen. Ik realiseer me nu dat het een onbeduidend detail kan lijken, maar voor mij is het belangrijk, omdat er een heel verhaal achter zit dat ik nu zal vertellen.

Zoals ik al zei heb ik het nooit goed kunnen vinden met mijn vader, en zoals ik ook al gezegd heb is mijn vader kortgeleden gestorven, waardoor ik me rot voel en met een schuldgevoel rondloop. Iedere aanleiding grijp ik aan om aan hem te denken, en mijn herinneringen hebben altijd een zure bijsmaak die het verdriet om zijn dood bederft. Maar het detail van de blote armen onder de mouwen van het colbertjasje behoort tot de weinige voorvallen in onze relatie waar ik zonder gêne aan terugdenk. Het was in de jaren zeventig, we zaten te kijken naar een partijpolitieke uitzending op de televisie aan de vooravond van ik weet niet meer welke verkiezingen. De politiek was natuurlijk niet de oorzaak van onze conflicten, maar verschafte wel vaak een zeer geschikte aanleiding om ze te doen ontbranden, en die avond was er een gedenkwaardige botsing te verwachten: Almirante hield een persconferentie, en dat jaar was ik ervan overtuigd dat mijn vader op hem zou gaan stemmen waardoor hij zich eindelijk zou openbaren als de fascist die hij was. Mijn moeder was in de keuken een taart aan het bakken; mijn zuster zat al in Canada; we waren met z'n tweeën, hij en ik, zonder buffer, een ideale situatie om uit de hand te lopen. Almirante praatte, ik zweeg en liet de eerste zet over aan mijn vader om me zodoende beter op de aanval te kunnen instellen; maar, vreemd genoeg, in plaats van zijn gebruikelijke provocerende beginopmerking te sissen (zoiets als 'hij heeft beslist geen ongelijk'), hield hij zich deze keer ook stil. Intussen was Almirante bezig met het beantwoorden van de vierde vraag en nog steeds had geen van ons beiden een mond opengedaan, toen mijn vader eindelijk begon. 'Vertrouw nooit lui die onder hun colbert een overhemd met korte mouwen dragen,' zei hij. Robuust en gebruind, zag Almirante eruit als de voorzitter van het Rode Kruis; behalve dat uit de mouwen van zijn onberispelijke blauwe colbert blote armen te voorschijn kwamen; een detail dat, als je erop lette, hem een zweem van obsceniteit gaf. Alles bij elkaar verraadde het een slonzigheid die zelfs ik nooit aan hem toegeschreven zou hebben, overtuigd als ik was dat Almirante juist met zijn elegantie de mensen belazerde. Maar die opmerking van hém (en niet van mij godbetert) maakte hem volledig onschadelijk, en vanaf dat moment leek het of hij praatte terwijl hij in zijn ondergoed de nagels van zijn tenen zat te knippen. Hij was ontmaskerd: een armoedzaaier, een onbetrouwbare armoedzaaier. Verbijsterd wachtte ik in stilte op het moment dat mijn vader nog iets anders zou gaan zeggen, dat hij zou gaan afgeven op de vakbonden of op het communistische parlementslid Pajetta, zijn favoriete doelwitten, dat hij bij wijze van spreken weer op het juiste spoor zou komen; maar hij zei niets meer, en voor de eerste keer eindigde een partijpolitieke uitzending zonder enige discussie tussen ons teweeggebracht te hebben. Na die uithaal moest ik ook vaststellen dat mijn vader geen fascist was, dat hij een echte christendemocraat was – hoewel ik nog steeds nauwelijks kon geloven dat je een échte christen-democraat kon zijn; hoe het ook zij, zoiets harteloos kan je eigenlijk niet zeggen over een man voor wie je hart in stilte klopt.

Ik herinner me dat ik die avond niet meer uitgegaan ben, ik heb thuis met hem en mijn moeder naar *The Return of the Thin Man* gekeken; ik herinner me dat we tijdens de film de taart met pijnboompitten lekker warm opgegeten hebben, en dat de telefoon ging terwijl we zaten te eten, maar dat er niemand was; ik herinner me dat mijn vader op de bank in slaap is gevallen, en dat mijn moeder een plaid over hem heen heeft gelegd. Ik herinner me alles tot in de kleinste details. En ik weet nog dat ik, toen ik naar bed ging, nog steeds niet kon bevatten wat er gebeurd was. Het ging destijds tussen mij en mijn vader heel moeilijk; we zaten op een dieptepunt en na dat voorval is de toestand er heus niet veel beter op geworden. Vandaar dat die avond zo'n diepe indruk op me heeft gemaakt: het was een bewijs van hoe het tussen ons had kunnen zijn maar nooit geweest was, een flits van een ander leven dat door het onze schoot. Behalve de herinnering heb ik van die wonderbaarlijke avond alleen die uitspraak van hem overgehouden, waarschijnlijk de enige die me is bijgebleven: *Vertrouw nooit lui die onder hun colbert een overhemd met korte mouwen dragen*. Daarom is dat detail belangrijk.

'Nou?' zegt de man met onder zijn colbert een overhemd met korte mouwen dwingend, aangezien ik hem strak aan blijf kijken zonder iets te zeggen. Daar staat hij dan en wacht op mijn antwoord, ouder dan zestig schat ik zo, zonder enige sporen van de zelfbeheersing maar ook niet van de vermoeidheid die zo'n lange tijd toch zou moeten aanbrengen in een mens: op zijn gezicht is geen spoor te bekennen van de beschaving die ontstaat door de blikken van een echtgenoot of van een kind, van een meerdere of een collega; wat je wel ziet is de primitieve uitdagendheid van een straatschoffie, getekend door de jaren, maar nog even puur en licht ontvlambaar als destijds in het weeshuis, toen hij gekleed in een boezelaar met een geborduurde tomaat op zijn borst zijn vriendjes en begeleiders met dezelfde blik aangekeken moet hebben als waarmee hij mij nu bekijkt: de blik van iemand die absoluut niets te verliezen heeft.

'Vijftienduizend, oké?'

En hij is zelfs geen snorder. Een snorder verlaagt zijn prijs nooit tot die van de legale taxi's, dat heb ik al gezegd. Als hij dat zou doen kan hij een behoorlijke uitbrander verwachten omdat hij de markt verpest. En als het zo slecht met hem gesteld is dat hij wel moet, dan zou hij de prijs natuurlijk fluisteren, en ervoor zorgen dat de anderen hem niet kunnen horen. Deze man spreekt echter luid en duidelijk, zonder zich zorgen te maken dat iedereen hem kan horen inclusief de echte snorder die even daarvoor weigerde lager dan twintigduizend te gaan voor dezelfde rit. Hij is niet bang voor represailles. Het kan hem geen barst schelen.

Nee, hem moet je niet vertrouwen.

# 3

Oké – antwoord ik; waarom eigenlijk? Laten we maar zeggen omdat ik een lul ben.

De man pakt mijn tas en loopt weg zoals Bob Hoskins, met schokken en stoten. Ik erachteraan, verbijsterd over wat ik aan het doen ben: ik ben dan wel vijftien miljoen lire kwijtgeraakt, maar is dat voldoende reden om mijn lot in handen te leggen van een potentiële boef om vijfduizend lire uit te sparen? Kan het overigens ook zo zijn dat de zekerheid die ik steeds sterker voel ten aanzien van zijn bedoelingen louter uit mijn paranoia voortkomt?

Alvorens het trottoir te verlaten zoek ik met mijn ogen de andere snorder, de echte, in de hoop dat hij met een grijns mijn akelige voorgevoel zal bevestigen, of liever, dat hij zal ingrijpen om te protesteren tegen de oneerlijke concurrentie; maar hij is al bezig een bejaard echtpaar te bewerken, en ziet mij niet eens.

De auto van de man staat dubbelgeparkeerd voor de zijingang van het station, en verspert de doorgang van een nachttram, die hysterisch aan een stuk door zijn bel laat rinkelen. Het is een terreinwagen, alweer een gegeven dat niet klopt met de poging van de man om door te gaan voor een snorder: merk Daihatsu Feroza, nooit van gehoord. De koplampen staan aan, de waarschuwingslichten flikkeren, *en de motor loopt al*. De man maakt haastig een verontschuldigend gebaar naar de bestuurder van de tram en stapt in, zet mijn tas weg en doet het portier voor mij open. Gezien het feit dat deze Daihatsu Feroza slechts twee deuren heeft, begint hij op de tast te zoeken naar het hendeltje om de stoel naar voren te klappen, alsof het een onbekende auto voor hem was; intussen heb ik alle tijd om de loshangende draden onder het stuur op te merken, wat alleen maar kan betekenen wat het betekent.

De bel van de tram blijft rinkelen, de man maakt een obsceen gebaar, en ik hoop dat de bestuurder uit zal stappen om hem op zijn bek te slaan, zodat hij het mes tussen zijn ribben krijgt dat hoogstwaarschijnlijk voor mij bedoeld is, terwijl ik in de verwarring mijn tas kan pakken en ervandoor gaan. Ik los echter het probleem op door voorin te gaan zitten en dat is dat. Zo heb ik in ieder geval een ontsnappingsweg, denk ik, de mogelijkheid om me bij de eerste de beste gelegenheid naar buiten te storten: achterin zou ik volledig in de val zitten. Ik besef dat het niet makkelijk is mijn gedrag te verklaren, maar ik gedraag me, vooral in mijn hoofd, alsof dat wat dreigt te gebeuren al bezig is te gebeuren; ondanks het feit dat niets mij belet om als vrij man mijn eigen weg te gaan, redeneer ik om een of andere krankzinnige reden alsof ik al tot mijn nek in de nesten zit waar ik nog bezig ben mezelf in te werken, en alsof het zoeken van een manier om eruit te komen het enige is wat ik kan doen. Of anders ben ik ten prooi aan paniek zonder dat ik het gemerkt heb, en heeft het feit dat ik me uitlever aan mijn ergste voorgevoel te maken met de fatale verstandsverbijstering die zich voltrekt bij dreigend gevaar, wanneer de paniek bezit neemt van ons verstand en het probleem oplost door ons het gevoel te geven dat het gevaar ons *beschermt*, ons onkwetsbaar en veilig maakt, deze zeer intense en natuurlijk volledig bedrieglijke gewaarwording beweegt ons om precies het tegenovergestelde te doen van wat we zouden moeten doen (fazanten die, opgejaagd door een bosbrand, niet voor het vuur wegvluchten maar er zich juist instorten; de Dunne die, achtervolgd door een moordenaar, een emmer op zijn hoofd zet omdat hij niet weet waar hij zich verbergen moet) of om juist niets te doen en roerloos te wachten op de komst van het onherstelbare, in de absurde hoop dat het, als het komt, níet onherstelbaar zal zijn.

Ik ga dus voorin zitten, en de man rijdt schokkend weg, zoals dat altijd gaat als je voor het eerst een onbekende auto bestuurt en nog niet aan de koppeling gewend bent. Hij heeft hem vast nog maar net gestolen. En terwijl hij de baan kiest om af te slaan naar de Via Cavour begin ik met het laatste beetje helderheid van geest dat mij rest een plan te maken. Ten eerste zoek ik op de tast naar het handvat van het portier: dat is ook iets wat je nooit kunt vinden in onbekende auto's (net zoals het hendeltje om de stoel naar voren te klappen), en als ik het gevonden heb laat ik mijn hand erop rusten. Vervolgens laat ik de route tot aan mijn huis door mijn hoofd gaan, om de grens vast te stellen waarna ik mij onder geen beding nog in deze auto mag bevinden. Het Colosseum, besluit ik: ik moet eruit zien te komen vóór het Colosseum. Ten derde, de manier waarop. Bij het eerste verkeerslicht dat op rood staat zeg ik 'laat me er hier maar uit' en leg vijftienduizend lire op het dashboard (dit voor het geval – waar ik ondanks alles nog steeds rekening mee houd – dat het toch echt een kwestie is van mijn paranoia, een vertraagde schokreactie op het verlies van die vijftien miljoen lire, of wat dan ook, en dat de man gewoon een huisvader is die de schijn tegen heeft en door ernstige economische problemen gedwongen wordt om de racket van de snorders te trotseren om een paar centen bij elkaar te schrapen) en stap uit, heel simpel. Ten vierde, ik haal vijftienduizend lire uit mijn portemonnee met mijn vrije linkerhand, terwijl de rechter op het handvat blijft rusten. Ten vijfde, de tas niet vergeten. Dat ik daar verdomme nog niet eerder aan gedacht heb. Niet onbelangrijk: de draagbare computer zit erin.

Intussen zijn we aangekomen bij de verkeerslichten op Piazza S. Maria Maggiore; rood. Ik heb niet meer in de richting van de man gekeken; de auto stopt en terwijl ik met enige opluchting zie dat rechts van ons een politiewagen dwars geparkeerd staat met agenten die op de kofferbak leunen, voel ik dat hij naar mij zit te kijken, heel nadrukkelijk: ik draai me instinctmatig om. De man kijkt inderdaad naar mij, en glimlacht nog steeds, net zoals straks toen hij het obscene gebaar maakte naar de rinkelende tram, of zoals toen hij opdook bij de rij van de taxistandplaats – zoals altijd, zou je kunnen zeggen, want tot nu toe heb ik hem alleen nog maar zien glimlachen. En ook al behoudt zijn oude gezicht de monsterlijke jeugdigheid die al eerder een diepe indruk op me gemaakt heeft, toch zou het niet juist zijn om te beweren dat zijn glimlach bedreigend is: hij glimlacht en daarmee uit. Nu hij achter het stuur zit zie ik echter de kolf van een pistool boven zijn broekriem uitsteken. Ja zeker, de kolf van een pistool, zonder enige twijfel. En hij zegt het laatste wat ik van hem zou verwachten.

Nou – zegt hij. – Eindelijk heeft de kleine Francesco leren fietsen...

Groen.

Ik zie mezelf niet uit de auto springen, dus ik kan het ook niet beschrijven; maar ik kan wel zeggen hoe ik me voel: verbijsterd. Op een haar na kom ik net niet onder een Vespa, maar met drie sprongen bereik ik het trottoir. De nog maar net opgetrokken terreinwagen staat meteen weer stil midden op de kruising wat een enorm geclaxonneer veroorzaakt, en ik bid, ja ik bid dat de man me niet in mijn rug zal schieten voordat ik met de politieagenten kan spreken. Daarna misschien, maar niet eerder. En inderdaad, hij schiet niet, maar gaat er als een pijl vandoor met luid piepende banden.

Net zoals ik mezelf niet uit de auto heb zien springen, zo hoor ik mezelf ook niet praten met de politieagenten. Ik moet behoorlijk opgewonden zijn, soms zelfs niet te volgen, ook omdat wat ik te zeggen heb niet eenvoudig is, en er geen tijd is om alles rustig uit te leggen. De agenten, twee jongens en een meisje, tonen echter veel begrip, en zodra ze iets snappen geloven ze me, wat mij verbaast, gezien de omstandigheden. In hun jargon omgezet komt wat zij van mij aannemen op het volgende neer: een onbekende man, gewapend met een pistool, heeft, na zich uitgegeven te hebben voor een snorder en mij in een waarschijnlijk gestolen terreinwagen getrokken te hebben, mijn gezin en in het bijzonder mijn zoon bedreigd waarbij hij op de hoogte bleek te zijn van zeer persoonlijke gegevens, en is er vervolgens vandoor gegaan met mijn tas – bevattende een draagbare computer en andere persoonlijke bezittingen – zodra ik uitgestapt was om het voorval aan te geven. Bovendien laat het meisje mij op haar privé mobiele telefoon naar huis bellen, en, als ze hoort dat ik mijn vrouw zeer dwingend aanraad om alsjeblieft onder geen beding voor wie dan ook open te doen totdat ik terug ben, neemt zij het apparaat van mij over en doet haar best om haar gerust te stellen. Ze zegt wie ze is en dat mijn vrouw zich niet druk hoeft te maken omdat ze mij direct naar huis zullen brengen.

In de tien minuten tot onze aankomst bij mijn huis zie ik constant Anna voor me, in het holst van de nacht wakker gemaakt door dat telefoontje. Wat zal ze gedacht hebben? Wat zal ze gedáán hebben? Hoe bang zal ze precies zijn geweest? En waarvoor? Want noch ik noch de politieagente heeft laten doorschemeren wat het gevaar inhield. Wel staat vast dat ze me serieus neemt zoals ook de agenten me serieus genomen hebben, dat is zeker, en het is in zekere zin ook een troost want *deep down*, in een bergachtige streek van mijn brein, ben ik nog steeds in totale verwarring. En terwijl ik, net thuisgekomen en nog voor haar uitgelegd te hebben waarom, tegen Anna zeg dat we weg moeten, onmiddellijk, vannacht nog, om onszelf in veiligheid te brengen, bekruipt me de twijfel dat deze hele draaikolk is ontstaan door het lichte geklapwiek van de mythomanie. Het is geen toeval dat de scène praktisch identiek is aan die van Kevin Costner met zijn vrouw in *The Untouchables*, als hun dochtertje wordt bedreigd. Ik pak de koffer en denk: en als ik nu eens gek aan het worden ben? Precies zo kan het mensen van het ene moment op het andere overkomen dat de stoppen doorslaan en dat ze gek worden, misschien is dat nu met mij aan de hand. Wanneer zouden ze dat merken? Hoe ver moet het daarvoor gaan? Terwijl het aan de ene kant prettig is te constateren dat je niet tevergeefs je best hebt gedaan om van jezelf een dapper en betrouwbaar persoon te maken, is het aan de andere kant ook verontrustend omdat je je enorm verantwoordelijk voelt. Het zal wel komen doordat ik groot geworden ben met een vader die uit principe altijd alles wat ik beweerde in twijfel trok, en dat ik daardoor gewend ben geraakt aan dat soort wantrouwen jegens mij: maar de ontdekking dat er niemand is om mij tegen mijzelf te beschermen, stel dat ik echt gek werd, omdat iedereen me gelooft, ook als ik zulk afwijkend gedrag vertoon, vergroot, zo mogelijk, mijn onrust. Maar ik heb geen tijd om daarover na te denken: we moeten vluchten, weg, weg, en snel...

Pas als ik er later weer beheerst over kan spreken, terwijl we over de verlaten Via Aurelia razen op weg naar het huis van mijn schoonouders in Viareggio, lijkt alles me duidelijker: ik ben eenvoudigweg geconfronteerd met het onbekende, en dat heeft me van de wijs gebracht. Ik vertel het hele voorval aan Anna, vanaf het begin, in alle rust, en weersta de verleiding om haar voor te liegen wat betreft de exacte formulering die de man heeft gebruikt. Omdat ik het natuurlijk heb gehad over bedreigingen in de richting van onze zoon, ben ik even bang dat de woorden die tot mij gesproken zijn mijn reactie volstrekt niet rechtvaardigen, en ik voel de neiging om ze om te vormen tot een expliciete bedreiging, zoals: 'Nu de kleine Francesco heeft leren fietsen, zou het zonde zijn als hem iets overkwam.' Ik weet dat het geen verschil maakt, maar de vrees bestaat dat het dat voor Anna wel zal doen. Gelukkig vertel ik haar echter de waarheid, en stel vast dat er geen reden was om te liegen, aangezien ook zij zeer ontsteld is door de zin zoals hij echt was. De vrees dat ik voor een fantast gehouden zal worden gaat naadloos over in de vrees dat zij overstuur zal raken, en onmiddellijk begin ik de betekenis van mijn avontuur af te zwakken.

Het kan zijn dat ik overdrijf, zeg ik tegen haar, misschien was het gevaar wel niet zo groot dat we ervandoor moesten gaan als vluchtelingen voor een bombardement, en het zou zelfs een perfect gepland fataal misverstand kunnen zijn: maar hoe moet ik dat in godsnaam weten. Dat kan ik toch niet riskeren! Ik ben een normaal mens, zeg ik, een vreedzame kinderboekenschrijver die zich al twintig jaar niet meer in vechtpartijen stort en in staat is om enorme problemen het hoofd te bieden, dat wel, maar die hebben niets te maken met pistolen die onder een riem uitkomen en maffiose toespelingen in de richting van mijn zoon. We móeten ontsnappen, toch Anna?

Ik moet zeggen dat Anna zich nog beter opstelt dan ik had kunnen verwachten. Ik weet niet precies hoe het zit, maar ze begrijpt me; ze had op heel veel manieren kunnen reageren, maar ze kiest ervoor mij te steunen en dat maakt alles makkelijker. Ze is angstig maar niet doodsbang en ze helpt me om de rationele kant van het hele gebeuren terug te halen, het enige waar we praktisch iets mee kunnen. Terwijl we noordwaarts langs de Tyrrheense kust rijden in een maanverlichte nacht halverwege juni, gaat ze met me mee in een rustig gesprek op zoek naar de duistere kant van ons leven. Waar zit die?, vragen we ons af. Ook al is er geen duidelijk aantoonbare reden om ons op deze manier te bedreigen, toch heeft iemand dat gedaan: er moet dus ergens een duister gebied zijn. Daar moeten we achter komen.

We beginnen bij mij. Ben ik er echt zeker van dat ik die

man niet ken, dat ik hem nooit eerder gezien heb? Ja, dat weet ik heel zeker. Ben ik er absoluut van overtuigd dat hij een pistool bij zich had? Ja, Anna: het was een pistool. Heb ik misschien iets geschreven of gedaan dat represailles zou kunnen oproepen? Nee. Politiek? Nee; in de loop van de tijd is mijn politieke betrokkenheid steeds losser geworden en uiteindelijk geheel opgegaan in de activiteiten van een vereniging ter bescherming van het kind, die Anna kent omdat de bijeenkomsten af en toe bij ons thuis gehouden worden. Een minimale, zeer gerichte activiteit: we houden de televisie, stripverhalen en reclame in de gaten, we schrijven klachtenbrieven naar kranten, en eens per jaar organiseren we een congres. Natuurlijk komen we af en toe in de buurt van bepaalde belangen, maar het lijkt me toch echt onmogelijk dat deze activiteiten er aanleiding toe gegeven zouden hebben om mij door misdadigers te laten achtervolgen. Bovendien hebben we al twee maanden niets meer gedaan.

We gaan over op haar – maar haar leven is zo doorzichtig dat het moeilijk is om ook maar één vraagteken te vinden. Ze maakt vertalingen, verzorgt Francesco, doet het huishouden: dat is het. Ze zal wel ergens een geheim hebben, dat wil ik niet ontkennen, maar het is echt onvoorstelbaar in haar geval dat een of andere persoonlijke kwestie zo uit de hand gelopen zou zijn dat er een beroep gedaan is op de maniak die mij in zijn terreinwagen getrokken heeft. 'Een paar dagen geleden heb ik een handelsreiziger van de firma Folletto lelijk behandeld,' zegt ze schertsend. 'Hij bleef met geweld aandringen dat ik die stofzuiger zou kopen.' En dan hoor ik mezelf een heel domme vraag stellen, die zij mij niet voorgelegd heeft. Anna, heb je een minnaar? Ik niet, voeg ik er haastig aan toe en ik heb ook nooit een minnares gehad, en jij? Je moet eerlijk zijn, zeg ik tegen haar, het is belangrijk: er worden in het leven zo veel vergissingen begaan, de kans bestaat dat je met een klootzak naar bed gaat die vervolgens bij de eerste problemen en met het vooruitzicht niets voor te stellen zijn verstand verliest en een mes op je keel zet. Heb je een relatie, of heb je er een gehad, Anna? – en terwijl ik het haar vraag, denk ik: stel dat de goede Anna nu 'ja' zou antwoorden: misschien heeft het wel niets met deze zaak te maken, misschien betreft het wel een uiterst beschaafde man die in alle opzichten mijn meerdere is, maar stel dat het zou uitkomen, hier en nu, dat ze een ander heeft. Je moet dat soort vragen nooit stellen. Nooit.

Ze antwoordt zonder te aarzelen of te protesteren tegen het feit dat ik aan die mogelijkheid gedacht heb. Nee, zegt ze – gelukkig niet. Wat kan het dan zijn? Wie kan ons dan kwaadgezind zijn en waarom? Het is vreemd maar hoe minder we begrijpen van wat er is gebeurd, hoe rustiger we worden. Het is waar dat ons een bedreiging boven het hoofd hangt, maar het is ook waar dat het leven dat we leiden doorzichtig, smetteloos en eerlijk is. We kennen elkaar sinds onze kindertijd, en we houden nog steeds van elkaar; onze zoon ligt op de achterbank te snurken, verzonken in de dromen van een achtjarige, en we worden niet achtervolgd door een terreinwagen. Wie kan ons nu kwaadgezind zijn, en waarom? Deze vraag herhalen we zo vaak tijdens de reis dat het lijkt alsof we er de eigenschappen van een Tibetaanse mantra aan toekennen, geruststellend, goedaardig, in staat om het kwaad zo niet uit ons leven dan toch uit ons hoofd te verdrijven. Wie? Waarom? Wie? Waarom?

Als we aankomen in Viareggio begint het al licht te worden. Op dit uur kunnen we niet bij mijn schoonouders aankomen, we nemen dus een hotel. Het Excelsior, laat onze vijanden de klere maar krijgen. Een grote kamer met uitzicht op zee, met een gigantisch tweepersoonsbed en een eenpersoonsbed in een afgescheiden ruimte, dat volledig overbodig is want vannacht willen we de kleine Francesco dicht tegen ons aan hebben. Maar nadat hij de hele reis geslapen heeft en vervolgens wakker is geworden te midden van onbekende versieringen van stuc en marmer, is de kleine Francesco natuurlijk opgewonden en eist een hele reeks verklaringen waardoor wij allemaal in een warnet van allerlei leugens gezogen worden: een prachtige wereld waar oorzaak en gevolg volstrekt duidelijk en redelijk zijn, waar niemand iemand bedreigt en waar je 's nachts niet hoeft weg te vluchten als muizen; precies die wereld, besef ik, die tot vijf uur geleden ook de onze was en die nu een sprookje voor kinderen is geworden.

Midden onder onze verklaringen valt Francesco weer in slaap. Van het ene moment op het andere, zoals altijd: een seconde geleden stelde hij nog waarom-vragen en nu slaapt hij als een roos. Na al het praten valt er een weldadig, behaaglijk stilzwijgen, terwijl het vroege morgenlicht dat door de gordijnen dringt de details onthult van deze superkamer waarvan ik niet gedacht had dat ik mezelf er ooit zou aantreffen: een toilettafel, een ingelijste prent, een indrukwekkende kast met gecapitonneerde deuren. Ook Anna valt in slaap, en ik ben ook heel moe, want het is me nogal een lange, zware, ongelooflijke dag geweest, maar ik lig nog een heel tijdje wakker. Ik kijk naar het kind, naar de vredige trekken op zijn gezicht, zo zacht en vergankelijk, en ik vraag me af of ik tegen de situatie opgewassen zal zijn, of ik erin zal slagen om hem te beschermen. Wat er ook gebeurt, het zal een harde confrontatie zijn, omdat het zich zeker niet op voor mij vertrouwd terrein afspeelt; maar ik moet het redden. Hij heeft het tenslotte ook gered, hij heeft zijn grote strijd gewonnen: na jaren van herhaaldelijke mislukkingen, onbegrijpelijk voor een pientere jongen wie altijd alles onmiddellijk lukte (met als gevolg een identiteitscrisis, verlies van zelfvertrouwen, psychologische blokkade et cetera) – is het hem gelukt (*eindelijk* zoals de man met het overhemd met korte mouwen onder zijn colbert zei) te fietsen, op eigen kracht, zonder steunwielen. Hij heeft het ons verteld op de dag dat mijn vader in het ziekenhuis opgenomen werd, drie weken geleden, en hij heeft ons het bewijs geleverd op het pleintje voor ons blok. Hij trapte dat het een lust was. We hebben het alleen verteld aan mijn stervende vader die zo hardnekkig gepoogd had om die blokkade te doorbreken, door het hem steeds opnieuw te laten proberen volgens zijn methode van wilskracht – wat volgens mij de zaken nog eens behoorlijk compliceerde, maar genoeg hierover. Toen hij dood was, waren het alleen Anna en ik die wisten dat Francesco uit de tunnel was gekomen, behalve dan zijn vriendje van de benedenverdieping, dinges, eh, Luca, met wie hij daarna elke middag wedstrijdjes deed op de binnenplaats. We hebben het verdomme nog tegen niemand gezegd, omdat Francesco iedereen wil verrassen, van de zomer.

# 4

Het waren mooie, merkwaardige dagen die we in Viareggio doorbrachten. Net als Francesco accepteerden de ouders van Anna zonder bedenkingen onze versie van het verhaal, die erop neerkwam dat we gewoon zin hadden om een poosje bij hen te zijn, en zij genoten van wat daaruit voortvloeide – gezelschap, samen eten, de aanwezigheid van hun kleinkind. Ze dachten niet na over de absurditeit van het gegeven: een kind dat nog geen schoolvakantie heeft en ouders die gewoonlijk tot over hun oren in het werk zitten laten op een woensdag alles vallen, van het ene moment op het andere, en gaan naar zee. Of – wat veel meer voor de hand ligt – ze dachten wel na over deze absurditeit maar vroegen niet om opheldering, omdat ze discreet zijn en omdat het hun wel uitkwam. Het komt erop neer dat we een aantal dagen vredig doorbrachten, ondanks de situatie: aan het strand, op skeelers, in het pijnboombos, al wandelend, bij het natte dok, in de automatenhal. We deden waarschijnlijk allemaal net alsof: mijn schoonouders deden alsof ons bezoek normaal was, Francesco deed alsof hij nog niet had leren fietsen (hij wil op mijn vader wachten, hij is ervan overtuigd dat men uit de dood terugkeert), Anna en ik deden alsof we door niemand bedreigd werden; en misschien hadden we juist daardoor zo'n vredige tijd.

Wel was ik aanmerkelijk meer op mijn hoede, gespannen om ook de geringste afwijking te registreren (*Zoek de fout*, zoals in een test), maar in feite heb ik nooit iets verontrustends gezien, behalve dan een Daihatsu Feroza die voor ons langs schoot op de boulevard toen we op het punt stonden over te steken – hij had overigens een andere kleur en een kenteken uit Lucca, maar toch deed hij me opschrikken.

Anna en ik bleven het moment uitstellen waarop we het probleem onder ogen zouden moeten zien, en eigenlijk was het niet moeilijk om, terwijl we het toneelstukje opvoerden, ons een paar dagen te laten meeslepen door de schijn en ons voor te stellen dat we zo'n uiterst braaf gezinnetje waren dat zich geheel toelegt op autonoom gedrag. Ze verzetten zich tegen de massacultuur waarvan ze niet de basis maar wel de details afwijzen, en daarom hebben ze geen televisie, geven elkaar geen cadeaus met Kerstmis, halen hun neus op voor voetbal, pizza uit de hand en trainingspakken. Deze gezinnen hebben trouwens iets heroïsch dat me altijd gefascineerd heeft: hun gehechtheid aan volstrekt onbelangrijke waarden (alternatieve geneeskunde, vakantie in juni, langlaufen, biologisch fruit) op grond waarvan ze hun vakantievertrek aanpassen, plannen, besparen, uitgeven en kritisch Europa doortrekken: een naarstige verspilling van intelligentie waardoor ze vanuit een verward en barbaars consumentisme terechtkomen in een meer christelijke en coherente variant, die echter niet minder gulzig is. Wíj zijn niet zo – veel te vermoeiend – maar we zouden zo kunnen zijn; en terwijl we op 11 juni wandelen langs de boulevard van Viareggio, ik met Francesco op mijn rug, Anna met de lichtvoetige tred van de ex-ballerina, in de zoetgeurende lucht van acht uur 's avonds, tussen de ruimte doorklievende zwaluwen, omringd door een oerwoud van agaven in uitzonderlijke bloei (ze bloeien om de vijftien jaar, en gaan dan dood) en door nog heel veel mooie dingen die tot nog toe gevrijwaard zijn van het offensief dat er over een paar weken een puinhoop van zal maken, zou het vooral kunnen lijken dat we zo zijn. Een van die afwijkende gezinnen die er bij opiniepeilingen uitgegooid worden omdat ze de steekproef vertekenen.

Overigens ís Viareggio anders in juni: het is aristocratisch en loom, zelfs exotisch, zoals het geweest moet zijn tijdens haar vooroorlogse luister, toen Edda Ciano er haar gejaagde vakanties doorbracht, en de op varkens lijkende partijbonzen met haar dat stijf stond van de brillantine, zich bewogen tussen boudoirs en zwembaden, terwijl anarchistische helden ervan droomden om ze allemaal op te blazen met de alles-en-allen-bevrijdende bom, die in Italië nooit ontploft is. Wat weet ik er nu van hoe Viareggio was in die tijd? Niets. Ik kan het me echter wel voorstellen; ik weet niet hoe het komt maar het lijkt of ik ze me *herinner*, de lucht, de geuren en kleuren van toen; en als ik er dan toevallig kom in juni in deze paradox van lege, ijle dagen, maar vooral 's morgens vroeg op het strand waar nog maar enkele parasols staan, krijg ik steeds het gevoel dat alles weer opbloeit van onder de puinhopen van het heden. Zoals de glimlach van een jou volstrekt onbekende oude dame, of de manier waarop ze na een begroeting haar hand terugtrekt, haar onaangetaste schoonheid van een halve eeuw geleden lijkt op te roepen terwijl jij die uiteraard nooit gekend hebt.

Kortom, mooie dagen; slechts vier, eerlijkheidshalve, maar het leken er veel meer. Pas gisteravond, nadat we Francesco in bed hadden gelegd, en gebruikmakend van de afwezigheid van mijn schoonouders (elke zaterdag gaan ze dansen in gelegenheden voor ouderen), zijn Anna en ik weer teruggekomen op het fundamentele probleem, en het was moeilijk om haar te overtuigen van de beslissing die ik intussen had genomen, dat wil zeggen dat ik naar Rome terug zou gaan zonder haar en Francesco. Ik confronteerde haar met een klassieke, onhoudbare bewering waarvan het eerste deel in tegenspraak is met het tweede, want door te zeggen dat ik van plan was naar Rome terug te gaan moest ik wel volhouden dat het niet gevaarlijk was, maar door haar te vragen met het kind achter te blijven bevestigde ik impliciet dat het dat wél was. De rationele Anna heeft me flink aangepakt op dit punt en uit een oogpunt van dialectiek heeft ze over de hele linie gewonnen, zonder enige twijfel, behalve dan dat ze uiteindelijk besloten heeft me te laten gaan, omdat ze wel inzag dat mijn oplossing niet de meest briljante of de meest logische was, maar simpelweg de enige. En haar acceptatie van het onvermijdelijke was groots en onverwachts: een korte flitsende opeenvolging van handelingen die toegevoegd kon worden aan haar verzameling van voorbeeldige daden – perfect uitgevoerd – waarbij ze erin slaagt om vorm en betekenis te laten samenvallen zoals niemand anders die ik ooit gekend heb.

We zaten midden in de discussie, ze had net diep ademgehaald om een van mijn beweringen te ontzenuwen: plotseling hield ze op, en in plaats van te praten wendde ze haar hoofd af en sloeg haar ogen neer alsof ze iets zocht op de grond. Haar voeten stonden in de vierde balletpositie. Zo bleef ze even zitten, ik weet niet hoe lang, twee, drie seconden – ik weet alleen dat het precies *lang genoeg* was: korter zou komisch geweest zijn, langer zou van onzekerheid getuigd hebben. Daarna keek ze me weer aan en zei: 'Oké.' Einde discussie.

Ik zit dus nu in de auto, op weg naar Rome, alleen, op een stralende zondagmorgen en ik rijd vanaf de kust in de richting van de stad, in tegenstelling tot bijna alle andere Italianen. Ik had bedacht dat ik, als ik toch terug moest, dan beter direct kon gaan, ook om de vrije zondagmiddag te gebruiken om in afzondering na te denken en te pogen mijn gedachten op orde te krijgen. Het incident – laten we het zo maar noemen – dat mij is overkomen met die man bij het station, vier dagen geleden, kwam namelijk midden in een voor mij, om verschillende redenen, nogal gevoelige periode. Mijn vader is gestorven, zoals reeds gezegd, en dat is één reden. Uiterlijk 31 december moet ik een nieuw boek met avonturen van Pizzano Pizza inleveren, en niet alleen moet ik nog beginnen, maar ik heb ook geen idee waar ik moet beginnen; ook dat heb ik al gezegd, ook dat is een reden. Maar er is nog een reden, hoewel die, vergeleken bij de eerste twee, minder objectief en daarom minder zwaarwegend kan lijken. Het gaat over het idee dat ik heb van mijzelf en dat de laatste tijd nogal vaag en wankel is geworden. Ik ben er niet meer zeker van dat ik ben wie ik denk dat ik ben, voilà; en dat zet me behoorlijk op het verkeerde been, vooral in situaties waar snel beslissen geboden is. Neem nu de avond van die akelige ontmoeting: ik weet niet zeker of ik mezelf *herken* – als u begrijpt wat ik bedoel – in mijn reacties, zowel ter plekke als achteraf. Dat ik in die terreinwagen stapte hoewel mijn intuïtie zei dat ik dat niet moest doen en er vervolgens bij de stoplichten uit sprong met het risico aangereden te worden; dat ik blind vertrouwde op de politie – waarmee ik in het verleden toch niet altijd zo'n goede band heb gehad; en dan thuis die absolute zekerheid dat we moesten vluchten, en tegelijkertijd dat indringende, betrouwbare gevoel dat ik de zaak overdreef; dat vermogen om het probleem de volgende vier dagen van me af te zetten en als vakantieganger te genieten van het zachte weer, en ook nu weer de beslissing om alleen naar Rome terug te gaan om wie weet wat voor confrontatie aan te gaan en met welke middelen. Nu ik er goed over nadenk weet ik niet waar het allemaal vandaan komt; als ik mezelf in mijn verbeelding geconfronteerd zou hebben met een dergelijk probleem, dan zou ik mezelf niet zo hebben laten reageren. Deze twijfel is nog vrij nieuw, maar eigenlijk doe ik de laatste tijd niets anders dan aan mezelf twijfelen.

Mijn onzekerheid komt ook voort uit een soort trauma. Ik ontken niet dat het een proces moet betreffen dat diepe en complexe oorzaken heeft en dat al lang geleden begonnen moet zijn zonder dat ik het gemerkt heb: wel staat vast dat ik er op brute wijze een paar maanden geleden voor het eerst mee geconfronteerd ben naar aanleiding van een eigenaardig incident dat mij overkwam met de intercom van mijn huis. We hadden mensen te eten, mijn agent en zijn verloofde om precies te zijn en een stel gemeenschappelijke vrienden – hij kunstcriticus en zij logopediste – die Anna en ik vaak zien omdat ze een zoon hebben van dezelfde leeftijd als Francesco. We hadden lekker gegeten, goede wijn gedronken, meegebracht door mijn agent, die een kenner is, en gezellig zitten praten tot elf uur. Op dat moment moesten onze vrienden weg in verband met oppasproblemen, terwijl mijn agent en zijn verloofde bleven zitten. Ik liep met ze mee naar de deur en nauwelijks had ik hem dichtgedaan of mijn blik kruiste die van mijn agent die mij tot in de hal was gevolgd. Zijn blik was boosaardig; heel boosaardig.

'Ik luister altijd naar wat mensen tegen elkaar zeggen als ze mijn huis verlaten,' siste hij terwijl hij een blik wierp op de intercom die aan de muur hing. Het leek me iets gruwelijks, iets voor een maniak; maar ik deed het toch, God zal weten waarom: terwijl hij me bleef aanstaren met die blik, pakte ik de hoorn van de haak en begon te luisteren – op grond daarvan kan ik u een heel goede raad geven: doe het nooit. Luister nooit stiekem naar wat mensen tegen elkaar zeggen terwijl ze uw huis verlaten.

Om mijn huis te verlaten moet men vier etages naar beneden met de trap, dan na de hoofdingang een binnenplaatsje over, tot men bij een buitenhek komt waar de bellen zitten. Een poosje hoorde ik alleen maar onduidelijke geluiden, passerende bromfietsen, geruis; toen het geluid van de dichtvallende voordeur, en vanaf dat moment kwamen de stemmen van mijn vrienden steeds duidelijker naar voren. Het was dus niet waar dat ze oppasproblemen hadden: ze konden het simpelweg niet langer bij ons uithouden. Hij gaf haar een pluim voor het vinden van zo'n goed excuus, en toen hij vlak langs de bellen liep, want zijn stem was zeer luid, hoorde ik dat hij mij belachelijk maakte omdat ik voor de zoveelste maal een bepaalde anekdote verteld had uit de tijd dat ik op de militaire academie zat. Ook mijn agent en zijn verloofde ('vlees noch vis') kregen ervan langs, hem noemde ze een 'parasiet'. Het geluid van hun stemmen werd zwakker terwijl ze Anna en mij, in volstrekte eensgezindheid, voor gierig uitmaakten omdat we ondanks de smak geld die ik verdiend moest hebben met Pizzano Pizza in dat armzalige huis waren blijven wonen, met dat linoleum op de vloer, met die niet bij elkaar passende stoelen, en zonder lift. Alleen de kleine Francesco bleef buiten schot, maar misschien hebben ze hem afgemaakt toen ze al te ver weg waren en ik ze niet meer kon horen.

Het valt me moeilijk om dit te vertellen, zwaar zelfs, maar ik geloof dat het belangrijk is: die twee waren vrienden van me, en het feit dat ze zo over mij, mijn vrouw, mijn huis en mijn gasten konden spreken heeft me zeer geschokt. Anderzijds, afgezien van de geldkwestie (ik heb helemaal geen smak geld verdiend), hebben ze geen onwaarheden verkondigd: ik vertel vaak anekdotes die ik al eerder verteld heb, mijn agent leeft van het percentage dat hij krijgt van de royalty's van anderen, zijn verloofde is een prachtige meid maar blinkt niet uit in de conversatie, en ons huis zou een goede opknapbeurt kunnen gebruiken. Ik had me alleen nooit kunnen voorstellen dat die twee over die dingen vielen, na al die jaren dat we bij elkaar over de vloer komen, en vooral dat ze er op zo'n rancuneuze toon over zouden spreken terwijl ze met een smoes ontsnappen aan de nazit omdat ze het niet langer uit kunnen houden.

Het zijn dingen die je uit het lood slaan.

Toen ik weer opgehangen had gniffelde mijn agent, en even hoopte ik dat hij met hen had afgesproken om een grap met mij uit te halen. Maar dat was niet het geval, die twee hadden het gemeend, en hij had geen idee van de moeilijkheden die hij had veroorzaakt.

'Niks,' zei ik tegen hem, 'ze zeiden niks.'

Ook tegen Anna heb ik niets gezegd, ik schaamde me te

zeer, maar vanaf dat moment ben ik begonnen openlijk aan mezelf te twijfelen. Hoewel de verleiding groot was, zou het stom geweest zijn de zaak af te doen met de constatering dat sommige zogenaamde vrienden in werkelijkheid grote klootzakken zijn – iets wat ik ten aanzien van die twee overigens wel gedaan heb, maar daarmee had ik het probleem niet opgelost. Nee, die twee hadden het over mij, over mijn leven, en ze waren het roerend met elkaar eens, godbetert; het mogen dan klootzakken zijn, maar zo denken ze over mij: gierig, onverdraaglijk, belachelijk. Ik heb een probleem, zij niet.

Daarom heb ik mezelf een nogal fatale vraag gesteld: en als jouw visie nu eens precies het tegendeel zou moeten inhouden van wat je tot nog toe hebt beweerd? Als volwassen worden nu eens niets te maken zou hebben met jezelf leren kennen, en als het geschenk van de ervaring alleen zou bestaan uit het inzicht dat je gewoon het prachtige woord 'niet' moet toevoegen aan de zin 'ik weet wie ik ben'? Het leek me allemaal vreselijk aannemelijk. Op je twintigste weet je nog niets over jezelf, omdat je nog nooit geconfronteerd bent met iets echt belangrijks, en je denkt dat je verwarring daaraan te wijten is. Dan krijg je steeds meer ervaringen, en elke ervaring verschaft je informatie over jezelf die tot dan toe ontbrak: in het begin is het portret dat ontstaat vaag, maar gaandeweg wordt het steeds gedetailleerder en geloofwaardiger, tot je op een dag denkt dat je genoeg informatie hebt verworven om te kunnen vaststellen dat het portret compleet is, en je maakt de balans op. Allereerst accepteer je het beeld, met moeite leg je je neer bij alle beperkingen en tekortkomingen waar het je op vastpint, en die overgave geeft je voor het eerst een beetje rust – en op die rust begin je te vertrouwen, juist omdat hij gebaseerd is op een lange periode van kennis vergaren; maar aangezien je doorgaat met het verwerven van ervaringen, gebeurt er vroeg of laat iets waardoor je volledig uit balans raakt (natuurlijk, je kunt die intercom ook niet opnemen, maar even later sterft je vader onverwachts, daarna word je geterroriseerd door een mysterieuze ontmoeting, en wie weet wat je nog te wachten staat). Dan lukt het je niet meer om van de informatie over jezelf een samenhangend geheel te maken en beginnen er heftige botsingen te ontstaan waardoor dat wat tot dan toe met zo veel naïef geduld was opgebouwd, in korte tijd tot op de grond wordt afgebroken. De geruststellende, met moeite veroverde illusie dat je wist wat je van het leven kon verwachten wordt in een oogwenk weggevaagd, en ervoor in de plaats komt het bange vermoeden dat je vanaf nu een onbekende zult zijn voor jezelf en dat je in alle omstandigheden niets overblijft dan *ter plekke* te ontdekken of je gierig bent of niet, belachelijk of niet, in het besef dat anderen in je omgeving je zeer streng kunnen beoordelen ook als ze daar geen enkel recht toe hebben, en vooral in het besef dat daar geen verandering meer in zal komen; het bange vermoeden dat het leven dat je rest in feite zal bestaan uit deze dagelijks terugkerende veroordeling – een lange weg terug, op de tast, naar de verwarring waarmee je begonnen was.

Dat is de reden dat ik me al een tijdje afvraag wat voor mens ik in godsnaam in werkelijkheid ben; en daarom denk ik dat ik er niets over kan zeggen. En ik moet weer denken aan de vraag van die journaliste, bij de prijsuitreiking: 'Bent u – pauze – een droevig mens?' Het juiste antwoord had moeten zijn: 'Dat weet ik niet.'

Intussen ben ik bijna thuis. Rome is warm en leeg, iedereen is weg. Ik rijd langzaam over de Via Ostiense; zo zonder verkeer, zelfs zonder rumoer, in de schaduw van de rijen platanen in de middenberm die trillen in de wind, lijkt hij op een Cubaanse *avenida*. Maar na drie uur langs de kust gereden te hebben, van Viareggio naar het zuiden door Toscane en Lazio, heb ik pas hier het idee dat ik de zee waarneem, alsof niet The English Cemetery (*van een ruw klimaat, met een zeer tedere historie*, zoals Pasolini zegt) recht voor me ligt maar een havenhoofd. Hetzelfde overkomt me overigens op het dakterras van mijn huis, als ik mijn blik laat gaan over de brede zuidwestelijke horizon van de stad, open en helder, maar zo weinig Romeins, met in het midden de witte driehoek van de Piramide Cestia: het lijkt alsof je je bevindt in een prachtige havenstad die je nog nooit gezien hebt – Saloniki, Alexandrië in Egypte, Smyrna – en je hebt het gevoel dat die zee van met antennes doorboorde daken maar net het uitzicht op een Levantijnse haven belemmert, sensueel en krioelend van illegale activiteiten.

Ik sta stil voor een rood licht, maar het kruispunt is verlaten. Ik draai het raampje naar beneden, en een golf van warme, ongelooflijk zoetgeurende lucht overspoelt me. Mijn huis ligt daarboven, op de top van een naamloze heuvel. Het zou een mooi moment kunnen zijn, alles lijkt opgeschort; wanneer het licht op groen springt begint niemand achter mij luid te toeteren. Ik zou nu ook gemoedsrust kunnen hebben. Maar nee, de rust is ver te zoeken, en in de storm van eerste ervaringen die weer over mij is losgebarsten, alsof ik een adolescent ben, zal ik zo dadelijk mijn auto bij mijn huis parkeren en mij met de sleutel in de hand begeven naar het hek, heel voorzichtig, voor het eerst van mijn leven, gereed om me achter een auto op de grond te laten vallen, mocht iemand op mij afkomen om me overhoop te schieten.

# 5

'Laat iedereen doen wat hem te doen staat. Laat het leven normaal doorgaan.' Zo luidden de heldere woorden die de Keizer van Japan richtte tot zijn eigen volk bij het uitbreken van de oorlog met Rusland, in 1904. Ik heb ze een tijdje geleden overgeschreven in mijn aantekeningenboekje, om ze bij de hand te hebben op het moment dat ik ze zou kunnen gebruiken, en dat moment lijkt aangebroken: behalve dat ik, toen ik ze overschreef, verwachtte dat ik er literair gebruik van zou maken, dat wil zeggen dat ik ze in de mond zou leggen van een personage uit het volgende boek over Pizzano Pizza, of misschien zelfs in de mond van de hoofdpersoon zelf, terwijl ik er nu *letterlijk* gebruik van moet maken. Aangezien bij mijn thuiskomst die middag in het warme Rome alles even rustig bleek te zijn als altijd en aangezien niemand me heeft aangevallen of is gevolgd, en ook het appartement tijdens onze afwezigheid geen bezoek heeft gehad van vreemden, beperkt *dat wat mij te doen staat* zich tot het orde scheppen in de werkzaamheden die zich opgestapeld hebben terwijl we op de vlucht waren. Brieven die je niet wilt lezen, niet bestelde pakjes ophalen, rekeningen betalen, zeventien berichten op het antwoordapparaat afluisteren – nog afgezien van de lijst die ik meegenomen heb uit Viareggio, waarop Anna alles heeft geschreven wat ik in mijn eentje zal moeten afhandelen als ik ervoor kies haar en Francesco ver van Rome te houden; en als je bedenkt dat ik ook met andere taken nog een achterstand heb vanwege de ontreddering veroorzaakt door de dood van mijn vader, dan heb ik wel vier à vijf dagen werk.

Je staat ervan te kijken als je bedenkt hoeveel actie je voortdurend moet ondernemen om de praktische zaken van het leven af te handelen. Dat heb je niet in de gaten totdat je alles uitgespreid voor je ziet liggen nadat je er een poosje niet aan toegekomen bent, en het lijkt onbetamelijk dat het zich allemaal blijft opstapelen alsof er niets aan de hand is, terwijl je vader sterft, of terwijl je op de vlucht slaat omdat iemand opeens je gezin bedreigt. Het lijkt onbetamelijk, maar dat is het niet: het is juist normaal, zelfs terecht. Mensen zoals ik moeten inzien dat hun bestaan, hoe groot de geestelijke intensiteit ervan ook moge zijn op bepaalde momenten, of hoezeer het ook onder druk kan komen te staan door onheilspellende gebeurtenissen, gebaseerd blijft op het dagelijks metabolisme van praktische zaken. En als er in een dergelijk bestaan een kracht schuilt, wat ik geloof, dan is die kracht méde te danken aan het verworven vermogen om met dat metabolisme om te gaan zonder los van jezelf te raken. Ik heb jaren geschaakt en zeer fundamentele lessen geleerd van sjofele Russische meesters die tijdens toernooien clandestien iconen van nepgoud verhandelden – en Berkut-verrekijkers en gesmokkelde camera's – en ten minste twee dingen heb ik goed begrepen: het eerste is dat je wanneer je aangevallen wordt – maar ook als jij degene bent die aanvalt – zeer veel aandacht moet besteden aan de onbelangrijke stukken, dat je die moet verdedigen en verzorgen alsof ze juist niet buiten het actieve spel vallen, en dat je een globaal overzicht over de dingen moet bewaren; het tweede is dat er, vanaf een bepaald niveau, in de wereld altijd tientallen mensen het beter zouden doen dan ik – reden dat ik het schaken eraan gegeven heb.

Vandaar, ook al lijkt het misschien absurd, dat de eerste echte handeling die ik heb verricht ter verdediging van mijn gezin het opstellen was van een lijst van taken die de komende dagen gedaan moesten worden, in volgorde van belangrijkheid, om zo snel mogelijk de onoverzichtelijke kluwen te ontwarren. Ik heb nauwgezet gewerkt, voortdurend vechtend tegen de verleiding om me uit te strekken op het ligbed op het balkon en me in de middagzon over te geven aan mijn zorgen. Ik heb alles energiek afgehandeld, zonder af te dwalen, maar zelfs als ik had gewild, zou ik, ondanks de vreugdedans rond de onzinnige zaken waar ik me aan had gewijd, niet in staat zijn geweest om het hoofdprobleem uit het oog te verliezen, gezien het feit dat er twee berichten op het antwoordapparaat stonden van een inspecteur van het politiebureau van de wijk Esquilino, een zekere mevrouw Olivieri, die mij vroeg om zo snel mogelijk bij haar langs te komen om mijn aangifte in te vullen; ik heb me echter beperkt tot het opschrijven van deze twee berichten op een vel papier, samen met de elf andere berichten, zonder ze speciale aandacht te geven – ervan uitgaande dat hun urgentie objectief zou moeten blijken en dat ze de eerste plaats op mijn lijst alleen zouden kunnen verwerven na een eerlijke strijd met alle andere lopende zaken. 'Laat het leven normaal doorgaan,' verdomme: Japan heeft die oorlog overweldigend gewonnen.

Ik heb natuurlijk ook Anna gebeld, om te zeggen dat alles rustig was; en pas toen ben ik eindelijk op het zonnebed gaan liggen op het balkon met een flinke gin-tonic op mijn lege maag en heb ik me de luxe gepermitteerd om na te denken.

De middag loopt uiterst langzaam ten einde, zoals dat alleen in juni gebeurt op deze breedtegraad. Vóór mij, in de verte, gaat een vliegtuig schijnbaar angstig laag over de platte, groene rand van de Gianicoloheuvel, die doorkliefd wordt door de wolkenkrabber – zo noemen ze hem – op piazza Rosolino Pilo. Maar het is gezichtsbedrog, dat weet ik, daar ben ik achter gekomen. De hemel is vol wervelende zwaluwen, en het verkeerslawaai – getoeter, optrekken van motoren, ambulances – bereikt mij gedempt en lijkt natuurlijk en geruststellend. Ik drink mijn gin-tonic op en dwing mezelf om me alles weer voor de geest te roepen wat ik de laatste vier dagen gepoogd heb verre van mij te houden: een onbekende, gewapende man heeft me herkend in een rij buiten Stazione Termini, heeft mij overreed, laten we het zo zeggen, om in zijn auto te stappen en vervolgens heeft hij er glimlachend blijk van gegeven iets over mijn zoon te weten wat nog niemand weet. Zo is het gebeurd, vier dagen geleden. Het is ongetwijfeld ernstig, maar door de tijd die eroverheen is gegaan zijn de scherpe kantjes er al af, zo zeer dat het op dit moment eerder een *bericht* lijkt dan een herinnering. Hoe zag die man eruit? Lengte? Ogen...? Haren...? Als ik morgen naar inspecteur Olivieri wil om mijn aangifte te tekenen (zo heeft de politie mijn verzoek om bescherming duidelijk opgevat), zal ik toch op zijn minst een paar aanwijzingen moeten verschaffen. En toch, hoewel het mezelf in de eerste plaats vreemd voorkomt, herinner ik me die man niet meer. Ik herinner me dat hij glimlachte, maar zijn glimlach herinner ik me niet meer. Ik herinner me dat hij onder zijn colbert een overhemd met korte mouwen droeg, maar de kleur herinner ik me niet meer, noch van het overhemd, noch van het colbert. Wat voor onderzoek kunnen ze in godsnaam instellen, als ik zelf al niet in staat ben om ze enige nuttige informatie te geven?

Ik besluit om nog een gin-tonic te nemen. Terwijl ik de kamer inloop om hem te maken en dan weer naar het balkon om hem op te drinken voel ik me al enigszins licht in mijn benen, en dat vind ik prettig. Ik ga weer liggen, drink, haal adem; ik voel me draaierig worden in mijn hoofd – heel goed. Ik drink bijna nooit, maar als ik het doe wil ik zo snel mogelijk resultaten zien, en daarom drink ik liever op een lege maag – en met resultaten bedoel ik precies het gevoel van lichtheid dat ik nu heb: niet de echte dronkenschap, alleen een lichte beneveling van het brein, dat kleine beetje dat nodig is om het los te bikken uit de kalkaanslag van de ratio en ruimte te maken voor onzinnige dingen. Ja, het gaat goed met me: de langzaam naderende schemering, de daken van Rome, de warmte, de zwaluwen, de enigszins benevelde zintuigen en het brein dat bereid is zich neer te leggen bij de meest onwaarschijnlijke oplossingen voor mijn probleem. Bijvoorbeeld de mogelijkheid dat een onlogisch universum de spot met ons drijft – waarom niet? – een universum waarin gebeurtenissen plaatsvinden zonder oorzaak, zonder verband, zoals in tekenfilms. Op dit moment ben ik best bereid om dat te geloven. Helemaal geen natuurlijke orde der dingen, alleen een zinloos mengsel van grote en kleine voorvallen, individuele en collectieve, die de wizards van de rede soms, op een bepaalde plaats, en dan nog alleen puur toevallig, met elkaar in verband kunnen brengen: een universum met het beeld en de gelijkenis van de *shuffle*-knop op een cd-speler. Niks God, niks Big Bang, hoogstens een dik boek zoals Melville zich voorstelt aan het begin van *Moby Dick*, waarin de dingen staan die moeten gebeuren, maar dan zonder de handtekening van de drie Schikgodinnen, zonder schepper, zonder enige uitleg. Iemand leest erin en brengt ten uitvoer wat hij kan op het geschikte moment. Opeens zou de man van die avond geen probleem meer zijn, omdat hij gewoon zijn plicht gedaan zou hebben: hij is daar toevallig, hij heeft in het grote boek gelezen: 'iemand moet een auto stelen, een pistool in zijn riem steken en tegen een zekere Gianni Orzan zeggen dat zijn zoon eindelijk heeft leren fietsen,' en dat heeft hij uitgevoerd: maar hij heeft het niet op mij gemunt, hij weet niet eens wie ik ben, en ik zal hem nooit meer zien. De zinloze wereld, het zou fantastisch zijn om te ontdekken dat het zo werkt, en dat ik alles in mijn leven verkeerd heb gedaan.

Opeens, bijna ter ondersteuning van deze hypothese, begint een stem precies onder mijn balkon te vloeken: het is een jonge, gebroken stem als van iemand die zijn longen uit zijn lijf schreeuwt en tegelijkertijd huilt. En hij vloekt, hij vloekt alleen maar. Ik blijf even liggen luisteren op het bed; het vloeken gaat door, dan sta ik op en loop naar de balustrade op de rand waarvan ik zeven jaar geleden, toen Francesco begon te lopen, groen draadgaas van zeker een meter hoog heb aangebracht om elk risico, à la Connor Clapton, te vermijden: het verstoort het uitzicht, maar zonder dat gaas zouden Anna en ik letterlijk geen moment rust hebben.

De stem gaat door met vloeken: het is een reeks van drie verschillende vloeken die telkens herhaald wordt in dezelfde volgorde – eerst de Maagd, dan God, dan weer de Maagd. Er klinkt absolute wanhoop in die kreten, een geheel van woede, pijn, razernij, haat, gekweldheid, frustratie, dat evenwel een vreemd evenwicht gevonden lijkt te hebben in deze eentonige solo, zonder crescendo en zonder variaties. Eerste vloek. Tweede vloek. Derde vloek. Pauze. Eerste vloek. Tweede vloek. Derde vloek. Pauze. Enzovoort, met de regelmaat van een inbraakalarm.

Natuurlijk is de vloeker onzichtbaar. Ik geloof wel dat ik weet uit welk huis het komt, van de eerste verdieping van een flatgebouw achter het mijne; op het oog een bescheiden appartement waarvan de ramen wijdopen staan, met grijs, afbladderend pleisterwerk en een balkonnetje waar een aan de muur gehechte jasmijn in bloei een hevige strijd voert met bezems en waslijnen over de uiteindelijke bestemming: openlucht berghok ofwel een fris en geurig hoekje waar je een sigaret kunt roken op een avond als deze en waar je, leunend op de ijzeren balustrade met uitzicht op een stukje hemel tussen de omliggende flatgebouwen ter grootte van een deurmatje, kunt nadenken over hoe het in het leven had kunnen gaan en hoe het niet gegaan is. Maar ik ben er zelfs niet zeker van of het dat huis wel is. Het is vreemd dat zich geen enkele andere stem verheft boven die van de vloeker, zoals je zou verwachten, een vrouwenstem bijvoorbeeld die hem smeekt op te houden of een mannenstem die dreigt te gaan slaan; niemand: onze man moet wel alleen thuis zijn. Een ander vreemd element is de totale afwezigheid van bijgeluiden, hetgeen het moeilijk voor te stellen beeld oproept van een jongen die alleen vocaal over zijn toeren is en die krijsend vloekt zonder door het huis te razen, zonder iets kapot te slaan, zonder zich zelfs te kunnen bewegen, zou je haast denken.

Een jongen, aan zijn bed gebonden, alleen gelaten, ten prooi aan een ontwenningscrisis: dat is het enige waar ik aan kan denken.

Intussen heeft het gevloek verscheidene mensen in de omliggende huizen naar hun raam doen komen, die met luide stem commentaar beginnen uit te wisselen, wat voor mij reden is om de aftocht te blazen. Waarschijnlijk weten ze precies wie degene is die vloekt en waarom; maar hoewel ook mijn nieuwsgierigheid daar naar uitgaat, wil ik die niet op deze manier bevredigen, via buurpraatjes over de vensterbank.

Dan, plotseling, houdt het vloeken op, net zoals het begon, en eigenlijk is dat nog veel mysterieuzer: waarom? Wat is er in godsnaam gebeurd? Ik blijf nog een poosje luisteren, voor het geval het alleen maar een iets langere pauze blijkt te zijn; maar de voorstelling lijkt echt afgelopen, en het enige wat ik hoor is mijn bel.

Ik loop het huis weer in, en dan begint ook de telefoon te rinkelen: ik voel me nu niet meer draaierig in mijn hoofd, het gevloek heeft op mij gewerkt als een emmer koud water, toch word ik een beetje overrompeld door deze onverwachtse gelijktijdigheid, met alle nieuwe vragen die dat oproept (Wie zou het zijn? In welke volgorde moet ik de bellen beantwoorden? Hoe laat is het?). Een ogenblik blijf ik halverwege staan, dan, zonder echt een besluit genomen te hebben, geef ik voorrang aan de buitenbel en loop naar de deur. Als ik het goed gehoord heb, is het de etagebel, die een beetje anders klinkt dan de bel beneden bij het straathek: daarom doe ik open in de verwachting iemand uit de flat te zien, die om een of andere onbenullige huiselijke reden, of misschien om even te praten over de vloeker, maar in werkelijkheid alleen maar omdat hij overmand is door eenzaamheid op deze eerste echte zomerse zondagavond, gedacht heeft dat hij beter...

Het is daarentegen – welk een verrassende wending – de man met het overhemd met korte mouwen onder zijn colbert.

Ik herken onmiddellijk die kop van de oudere jongere waarvan ik een paar minuten geleden dacht dat ik hem vergeten was (natuurlijk glimlacht hij), en tegelijk word ik verlamd door het bonzen van mijn hart in mijn keel. Intussen heeft de telefoon staan te rinkelen totdat het antwoordapparaat aanging, waaruit de stem van een vrouw (niet die van Anna) door het huis klonk: '...nog steeds buiten...' zegt ze, '...of eet je buiten?'

'Je tas,' zegt de man, 'ik kom je tas brengen.'

Ik ben nog steeds verlamd. Het is een vreemde gewaarwording: ik zie alles, ik neem alles waar (ik heb zelfs de indruk dat je in die toestand meer dingen waarneemt), maar ik kan geen stap doen en geen klank voortbrengen, elke zenuwimpuls loopt op niets uit, en ik voel me beroerd. Ik kan niet zeggen dat het een nieuwe gewaarwording is, omdat het min of meer is wat je in een nachtmerrie ervaart, maar in wakkere toestand is het iets heel anders. Met moeite slaag ik erin om mijn blik te richten op de handen van de man, die inderdaad de hengsels van mijn bruinleren reistas omknellen: het is hem echt, de tas die ik in de terreinwagen heb laten liggen, met computer en al.

'Hier,' zegt hij, en hij steekt zijn hand uit.

Het antwoordapparaat heeft de boodschap opgenomen, en doet tuut-tuut ten teken van einde bericht. De man glimlacht, houdt de tas halverwege in de lucht, bijna alsof hij mij een ex-voto aanbiedt.

'Ik zag de auto geparkeerd staan en...'

Ineens is mijn verlamming verdwenen. Dat merk ik omdat ik plotseling doe wat ik niet had kunnen doen op het moment dat het gedaan moest worden (toen ik de man herkende, had ik het direct moeten doen). Dan zou het zin gehad hebben, terwijl het nu eerder lijkt op het ten uitvoer brengen van een uitgestelde impuls wat een nogal komisch effect heeft, omdat, zoals bekend, het komische een kwestie van timing is, en tussen het moment waarop het gedaan had moeten worden en het moment waarop ik het doe, is genoeg tijd verstreken voor alle hypothetische bliksemacties waartegen men zich gewoonlijk verdedigt met een dergelijke daad – bedreiging met een pistool bijvoorbeeld, of een klap op je hoofd met een stok, of een slag in je gezicht, of alleen maar een gewapende vetzak die je een duw geeft en je flat binnendringt waarna god weet wat kan gebeuren. Maar geen van deze gebeurtenissen heeft plaatsgevonden, en er is eigenlijk nog helemaal niets gebeurd, omdat we beiden onbeweeglijk op de drempel zijn blijven staan, ik verlamd, hij glimlachend met mijn tas in zijn hand, waardoor het toch uiteindelijk, komisch of niet, de enige zinnige actie was die ik tot mijn beschikking had, dat wil zeggen: de deur voor zijn neus dichtslaan (slam!) en vergrendelen met de sluitbalk.

# 6

De deur van mijn huis. Ik aan deze kant, hij aan de andere.

Buiten de broze muren van kalk en holle stenen waarmee dit flatgebouw na de oorlog in allerijl is opgetrokken, in mijn eigen naamloze wijkje en verder in heel Rome, in heel Italië, in heel Europa, overal is men op dit ogenblik bezig het avondeten te bereiden, de tuin te besproeien, met de kinderen te spelen, men komt net terug van een uitstapje, men kijkt naar het journaal of naar oude Japanse tekenfilms op obscure lokale zenders met een onherkenbaar logo, zoals ongetwijfeld de kleine Francesco nu doet in Viareggio. En ik? Wat staat mij daarentegen te wachten...

'Gianni!' – zijn stem is warm, innemend, en dringt nauwelijks door het hout van de voordeur: zijn stem is zo in tegenspraak met zijn uiterlijk dat het lijkt of hij achteraf toegevoegd is, om iets goed te maken.

'Sorry, ik wilde je niet aan het schrikken maken!'

Ik ben nu niet meer verlamd, ik ben *flink*. Wat te doen? Ik zou 113 kunnen bellen, maar dat is helaas niet meer 113 maar een ander nummer dat ik me niet herinner, 118, 119 – verdomme, waarom hebben ze dat veranderd? Wat was er verkeerd aan 113?

'Gianni!'

Ik kan net het telefoonboek naar mij toe halen door een arm uit te strekken naar de plank bij de entree waar de telefoon staat – ik loop er niet heen, die kerel zou door de deur heen kunnen schieten en mij zo kunnen raken. Ik raadpleeg het voorwerk en ontdek dat 113 helemaal niet veranderd is, het staat er nog steeds, boven aan de lijst van alarmnummers, alleen te draaien 'in geval van reëel en dreigend gevaar voor personen', luidt de begeleidende tekst. Maar waarom was ik er dan van overtuigd dat dit nummer veranderd was?

'Gianni!' De bel gaat weer, twee keer. 'Ik ben een vriend van je vader! Doe nou open...'

Dat gaat me te ver. Ik weet dat ik geen antwoord zou moeten geven, niet voordat ik de politie gebeld heb, omdat ik anders net zo goed de deur voor hem zou kunnen opendoen en dat is dan dat. Maar dit gaat echt te ver.

'Vriend van wie?' Misschien schreeuw ik te hard, maar hoe moet ik weten wat de juiste sterkte is om door een deur heen te praten?

'Van je vader.'

Het is zo bot dat ik er bijna vrolijk van word. Het is in ieder geval niet bedreigend; wat al heel wat is, op dit moment.

'Wat een waanzin,' zeg ik, steeds luider.

'Het is de waarheid, Gianni.'

Dat is vier keer: hij staat erop om mij bij mijn naam te noemen.

'En hoe heet u?'

'Wie?'

'U.'

'Ik heet ook Gianni,' antwoordt hij, 'Gianni Bogliasco. Mijn naam zegt je niets maar...'

'Precies, hij zegt me niets. Dus u bent geen vriend van mijn vader.'

'Dat ben ik wel! Je moet me geloven!'

'Laat me met rust of ik bel 113!'

'Ik zal je bewijzen dat ik de waarheid spreek!'

'Ik bel 113!'

'Ik heb alleen maar je tas teruggebracht hoor!'

'Bedankt. Laat hem maar in het portaal staan.'

'Luister, ik ben me ervan bewust dat ik misschien een verkeerde indruk op je heb gemaakt die avond, maar ik ben heus een vriend van je vader. De *beste* vriend van je vader. Jezus, we hebben samen in Rusland gevangen gezeten, we hebben ons halve leven samen doorgebracht, en zijn dood was een vreselijke klap voor mij. Hoe kan ik het je bewijzen? Vraag me iets.'

Stilte.

'Wat was mijn vaders grote hartstocht?'

Maar waar ben ik mee bezig? Op het ene moment raak ik door de aanblik van die man verlamd van schrik (trouwens wat een *immense* teleurstelling om te ontdekken dat ik tegenover hem op niets in mezelf terug kan vallen, volstrekt niet in staat ben om te reageren, ondanks het feit dat ik de laatste dagen aan niets anders heb gedacht dan aan het moment waarop we elkaar weer zouden zien, en hoe ik het aan zou pakken, en hoe ik hem zou aanpakken) en vervolgens geef ik hem door de deur heen raadsels op? Die man loopt met een wapen op zak. En mijn vader heeft in zijn hele leven de naam Bogliasco nooit genoemd...

'Vertalen uit het Russisch,' antwoordt hij.

Het juiste antwoord. Het is iets wat maar weinigen weten: mijn vader vertaalde uit het Russisch, maar hij sprak er nooit over en hij had ook niet de geringste ambitie om te publiceren. Hij deed het voor zichzelf, zei hij, uit liefde: uit liefde voor de Russische taal, die hij tijdens zijn gevangenschap geleerd had.

'Hij heeft heel Sjolochov vertaald,' gaat de man door, 'en aangezien ik ook Russisch ken, kan ik je wel zeggen dat hij dat heel goed gedaan heeft, niet zoals die rotzooi die ze gepubliceerd hebben. Jij hebt zijn vertaling van *De stille Don* niet gelezen, hè?'

'Nee,' antwoord ik veel zachter, zo zacht dat het, aan de andere kant van de deur, wel eens niet hoorbaar zou kunnen zijn.

'Dat weet ik... En je vader had het daar heel moeilijk mee. Hij vond jouw oordeel belangrijk, weet je. Je zou het echt moeten lezen en dan vergelijken met de vertaling uitgebracht door Bompiani in 1941. Je bent schrijver, je zou het verschil kunnen waarderen.'

Wat een waanzin. Ik sta hier te praten over vertalingen uit het Russisch, door de voordeur heen, met de man die de laatste paar dagen mijn leven totaal in de war gestuurd heeft. De angst is natuurlijk verdwenen; in een Amerikaanse film zou het laatste stuk dialoog de angst juist hebben doen toenemen, omdat in films intellectuele moordenaars de ergste zijn; maar dit is de werkelijkheid, waarin Italiaans gesproken wordt, en maniakken die op mensen schieten hebben nog nooit van de naam Sjolochov gehoord. Ik word opeens overvallen door een groot gevoel van schaamte, dat ik bang ben geweest, zo ontzettend bang, tot een ogenblik geleden nog, schaamte vanwege alles wat ik gedaan, gedacht en gezegd heb de laatste vier dagen. Dat betekent echter dat het mysterie van die man nu opgelost is, en dat zijn aanwezigheid aan de andere kant van mijn voordeur minder absurd is dan daarvoor.

Ik verwijder de sluitbalk en doe de voordeur open, in een poging iets van mijn waardigheid te herwinnen: de man verwachtte dat niet, hij schrikt, en een fractie van een seconde zie ik hem zonder glimlach. Terwijl ik naar hem kijk *herinner ik me hem*: het beeld van hem dat ik hier voor me zie in het portaal, mijn tas tussen zijn benen, roept onmiddellijk het beeld van die avond op, toen hij voor me kwam staan om mij zijn gereduceerde tarief aan te bieden, en de beelden overlappen elkaar volledig, als twee lepeltjes. Grijze haren, roos op zijn schouders, gebroken neus, dikke pens, glimlach, de onderarmen van een worstelaar die, bloot en behaard, uit de mouwen van zijn colbert komen: meer dan op wat dan ook lijkt hij op een ex-hooker uit de jaren vijftig, versuft door scrums en grote hoeveelheden pasta – het soort dat met hun hoofd in het verband speelde, in teams met de legendarische namen Petrarca, Fracasso, Amatori, en die onvervangbaar geacht werden ook al hadden ze in hun hele carrière nog nooit een try gescoord en zouden ze dat ook nooit doen.

'U was dus geen snorder?' vraag ik hem, zonder omhaal.

'Nee, nee,' lacht hij, 'laten we zeggen dat het een ongelukkige manier van mij was om je aan te spreken die avond. Ik wilde iets aardigs doen, en vervolgens...'

Hij spreekt met een licht Toscaans accent – uit Livorno, of Pisa.

'Bent u gewapend?' vraag ik.

'Ook dat is iets wat ik je uit moet leggen, besef ik. Maar ik verzeker je dat ik die avond...'

'Ik bedoel nu.'

'Ja, ik ben gewapend.'

'Pistool?'

'Ja.'

'En bent u van plan het te gebruiken? Verwacht u mij te betrekken in een vuurgevecht?'

'Natuurlijk niet.'

'Waarom heeft u het wapen dan meegenomen?'

'Luister, ik zal je alles vertellen wat je wil weten, maar vind je niet dat je me dan beter binnen kan laten?'

Zijn stem past nog steeds niet bij zijn uiterlijk: een mooie, elegante stem. Zoals ik al zei, bijna innemend.

'Hoe wist u dat mijn zoon had leren fietsen zonder steunwielen?'

'Dat had je vader me verteld.'

'Wat?' snauw ik, 'hij was stervende toen ik het hem vertelde!'

Hij vertrekt geen spier.

'Hij heeft het me ook verteld in het ziekenhuis, de laatste keer dat ik hem heb gezien,' hij trekt een ernstig gezicht, 'twee dagen voordat hij heenging,' dan klaart zijn gezicht weer op. 'Maar moeten we echt in de deuropening blijven staan?'

'Ik sta op het punt uit te gaan,' zeg ik.
'O ja? Waar ga je heen?'
'Wat heeft u ermee te maken waar ik heen ga!'
'Ga je toevallig naar je moeder?'
'Nee.'
'Maar als je je moeder ziet, vraag dan aan haar of ik wel of geen vriend van je vader ben.'
'Ik zal het haar vragen.'
'Doe dat, zeg haar dat je mij ontmoet hebt.'
'Zal ik doen.'
'Weet je mijn naam nog?'
'Gianni Bogliasco.'
'Heel goed.'

Hij veegt met de rug van zijn hand langs zijn neus en haalt op.

'Natuurlijk zal ze ontkennen dat ze me kent,' vervolgt hij.

'Pardon?'

'Ik zei dat je moeder zal ontkennen dat ze me kent. Voor honderd procent. Maar blijf haar in de ogen kijken, en met de kennersblik van een zoon zul je merken dat ze liegt.'

En hij glimlacht. Hoe grover het geschut, hoe meer hij glimlacht.

'Ik snap het,' zeg ik, 'mag ik dan nu gaan?'
'Je tas.'
'Dat is waar ook.' Hij overhandigt me de tas, en ik zet hem op de grond, in de hal. Ik haal de computer er niet eens uit, maar pak tegelijk de sleutels van de plank en ga naar buiten. Ik heb geen flauw idee waar ik heen moet: naar mijn moeder gaan zou een uitstekend idee zijn als ze niet in Sabaudia bij mijn zuster was – die drie kinderen heeft, en een heel rijke man, een villa aan zee, en Filippijns personeel, en een Frans kindermeisje, allemaal luxe omstandigheden, de aangewezen bestemming voor een weduwe van zeventig op wie plotseling de muren van haar huis afkwamen.

Ik smijt de deur dicht en loop naar de trap, zonder op de man te letten.

'Doe je hem niet op het nachtslot?' zegt hij

'Wat?'

'Op het nachtslot. Met de sleutel.'

'Nee.'

'Stom...'

Hij haalt me in op de overloop van de onder ons liggende verdieping, en zo lopen we naast elkaar verder, zonder te spreken, tot aan de binnenplaats. Ik merk dat zijn longen piepen, een soort emfyseem: je hoort duidelijk iedere ademhaling.

'Dag,' zegt hij, als we bij het hek zijn, 'en sorry voor die avond. Het was een verkeerde opkomst.'

Hij reikt mij de hand en ik schud die zonder naar hem te kijken, mijn blik gaat naar het muurtje tegenover mijn huis, waar al jaren het opschrift BAGLIONI FLIKKER duidelijk zichtbaar is. Wie weet hoe oud de auteur ervan nu is.

'Tot ziens,' zeg ik.

Zijn hand is hard en eeltig als die van een chimpansee.

'Wie was dat die straks zo vloekte?' vraagt hij opeens, heel opgewekt.

Hij zou van mijn vaders leeftijd kunnen zijn, als zijn gelaatsuitdrukking niet zo angstaanjagend jong was.

'Ik heb geen idee.'

'Je vertrouwt me niet, hè?' (En hoe, tussen twee haakjes, mijn antwoord deze vraag heeft kunnen oproepen is weer een raadsel.)

'Niet blindelings,' zeg ik.

Hij verzinkt in gepeins. Hij schijnt niet op de hoogte te zijn van het feit dat er in de wereld zoiets bestaat als sarcasme.

'Je hebt niet helemaal ongelijk,' zegt hij. 'Maar ik mag je, en dat zal ik je bewijzen.' En liefdevol, jawel, legt hij zijn arm om mijn schouders. 'Want wij moeten praten, wij tweeën.'

'Dat is een behoefte die ik niet voel.'

Wederom vat hij mijn antwoord letterlijk op, heel serieus, en knikt zorgelijk.

'Maar ik wel,' zegt hij. 'Er zijn dingen die ik je absoluut moet zeggen.'

De liefdevolle arm om mijn schouders verstevigt zijn greep: heel licht weliswaar, maar voldoende om mijn ogen naar hem te doen opslaan en te zien dat hij glimlacht, natuurlijk. En het spel begint dat je als kind doet met je vriendjes – en waar sommige mensen – ik niet, maar hij duidelijk wel – als volwassene mee doorgaan, met onbekenden in de trein, bij stoplichten, in de lift, en dat eruit bestaat de ander te dwingen de ogen neer te slaan – om wie weet wat te bewijzen.

Ik merk dat ik het goed volhoud, wat ik niet verwachtte: zonder gêne houd ik mijn blik gericht op zijn ogen vlak voor me, sluw en traag als die van een foxterriër, die onwaarneembaar naar links en rechts draaien om de mijne te fixeren (het oude, bekende verhaal dat je in werkelijkheid altijd maar één oog tegelijk ziet), en ik verlies me zozeer in de geest van dit duel dat ik denk dat een overwinning het gevoel van schaamte zal uitwissen dat mij nog steeds drukt, schaamte voor de angst die ik de laatste dagen gevoeld heb en die ik anderen heb laten voelen. En terwijl ik hem strak aankijk, heb ik het vreemde, dubbele gevoel dat aan de ene kant mijn angst inderdaad ongegrond was, omdat het overduidelijk is dat deze man geen kwade bedoelingen jegens mij heeft (hij is hoogstens een beetje in de war en ook nog eens gefixeerd op mijn vader om redenen die mij spoedig – ik denk niet dat eraan te ontsnappen valt – onthuld zullen worden), maar aan de andere kant heb ik het gevoel dat mijn angst juist níet ongegrond was, omdat ik, als ik goed naar hem kijk, zie dat zijn gelaat op mysterieuze wijze de angst weerkaatst die een aantal mensen in de loop der tijd bij hem moet hebben gevoeld – want er is niets aan te doen: in de gelaatsuitdrukking van mensen, in de manier waarop ze glimlachen of hun kaken op elkaar klemmen of hun wenkbrauwen fronsen, maar eigenlijk ook in hun vaste fysieke gelaatstrekken, blijven uiteindelijk, met het voortschrijden van de tijd, de sporen achter van de gevoelens die zij bij anderen opgeroepen hebben. Ik heb daar altijd in geloofd, en daarom geloof ik ook zeker dat deze man, hoewel de speciale situatie die hem naar mij geleid heeft geen reden gaf tot angstgevoelens, heel wat angst teweeggebracht moet hebben tijdens zijn leven, en hij draagt er de tekenen van.

'Je hoeft helemaal nergens naartoe, hè?' zegt hij opeens, waarmee hij mij overvalt en uit de concentratie haalt waarmee ik hem het hoofd bood. Na deze (overigens juiste) opmerking, lijkt het duel me ineens zinloos, en wordt zijn blik ondraaglijk.

### BAGLIONI FLIKKER

'Kom,' zegt hij, 'ik nodig je uit voor het eten. Laten we ergens buiten vis gaan eten...'

Ik bespeur bij hem een sigarettengeur, als die van een niet goed uitgedrukt peukje. Sinds ik opgehouden ben met roken, negen maanden geleden, is dat iets kenmerkends dat ik waarneem bij mensen, en dat ik nogal weerzinwekkend vind: niet vanwege de stank op zich maar omdat het me eraan herinnert dat ook ik, twintig jaar lang, zonder me er druk over te maken, zonder me er zelfs bewust van te zijn, precies zo gestonken moet hebben (een pakje Marlboro per dag) bij alle hoogst belangrijke gebeurtenissen in mijn leven, waaronder natuurlijk de fatale eerste omhelzing met mijn pasgeboren zoon, wat volgens de *imprinting*-theorie, en vooral door de volgende zevenenhalf jaar van evenzeer stinkende omhelzingen, bij hem een onuitwisbare associatie moeten hebben opgeroepen tussen de stank van een peuk en het idee van zijn vader – ík dus: een associatie waartegen de dagelijkse heldenmoed waarmee het me al negen maanden lukt om mij verre te houden van sigaretten niets vermag, helemaal niets.

'Ik moet met je spreken over je vader,' dringt hij aan. 'Ik moet je dingen vertellen die jij niet weet...'

Schemering. In Viareggio heeft Anna op deze tijd net de tafel afgeruimd en is zij bezig de afwasmachine te laden – 'laat maar, mama, dat doe ik wel' –, met haar rubber handschoenen tot aan haar elleboog en een weerbarstige haarlok die op haar voorhoofd bungelt. In de tuin staat Francesco, zeker in tweestrijd, niet wetend of hij aan zijn grootouders wel of niet moet onthullen dat hij heeft leren fietsen zonder steunwielen, in afwachting van de terugkeer van mijn vader uit de dood. En als het waar is dat kinderen een speciaal zintuig hebben voor het waarnemen van spoken en geesten, dan zou Francesco op dit moment moeten besluiten dat het moment gekomen is. Zijn dode grootvader is teruggekeerd en het moment is dus daar om aan allen het grote geheim te onthullen. Vanaf het moment dat ik besloten heb de uitnodiging aan te nemen van deze onbekende, gewapende, stinkende man, die met me over mijn vader zal spreken, verlang ik ernaar om over hem te horen spreken, hoe dan ook, wat hij me ook te zeggen heeft – ook als hij me uiteindelijk geld wil aftroggelen – en ik wil óók over hem praten, ik wil alle details over hem in mijn herinnering terugroepen, ook al was hij wie hij was, omdat ik niet wil dat hij dood is, voilà, het is eruit, en ik lijd, ik lijd, ik lijd eraan dat hij wel dood is, en daarom heb ik, de levende, zin om aan hem, de dode, alle tijd te wijden die ik vanavond tot mijn beschikking heb, en al het geld dat ik op zak heb. Ik heb zin om dronken van hem naar huis te gaan en in slaap te vallen terwijl ik denk aan hem, en om van hem te dromen. En meer dan zo, mijn zoon, kan een dode niet terugkeren.

# 7

Opnieuw zit ik in deze auto naast deze man, uit eigen vrije wil: tot een halfuur geleden zou ik dit voor volstrekt onmogelijk hebben gehouden.

Sinds we zijn ingestapt zit de man aan het stuur zonder te spreken, waarschijnlijk tevreden dat hij erin geslaagd is mij opnieuw te strikken. Hij heeft een sigaret gerookt, zo'n dunne, van het merk Capri Superlights, en zijn colbert uitgetrokken, waardoor het beruchte overhemd met korte mouwen zichtbaar werd: het is wit, met een stijve boord als die van een klerk, en met uitzondering van de zweetplekken bij zijn oksels, is het schoon, hetgeen mij doet vermoeden dat hij er een flinke voorraad van moet hebben. Geen spoor, daarentegen, van het pistool. De asbak zit letterlijk barstensvol met peukjes, de stank waarvan een penetrante strijd voert met de geur van pijnboomhout die een verdorde, aan het spiegeltje bevestigde *Arbre magique* door de hele auto verspreidt. Onder het dashboard hangen geen losse draden meer.

'Natuurlijk,' begint hij plotseling, 'is het moeilijk om zo'n valse start als die van een paar avonden geleden weer goed te maken. Ik weet niet wat er met me aan de hand was...'

Hij kijkt naar me vanuit zijn ooghoeken, om zijn blik op de weg te houden, die overigens halfleeg is, en schudt stilzwijgend zijn hoofd; hij houdt zijn handen aan het stuur in de stand van kwart over negen, dat wil zeggen de ruimste stand, en rijdt stevig door, met zijn ellebogen wijd, als een vrachtwagenchauffeur die zijn vak geleerd heeft in een tijd dat stuurbekrachtiging nog niet bestond en die zich nu niet meer kan aanpassen. Een beetje zoals mijn krachtige aanslag op het toetsenbord van de computer omdat ik nog gewend ben aan de schrijfmachine. Het betekent dat je *achterhaald* bent...

'Ik wou aardig zijn...' begint hij weer, en haalt vervolgens zijn schouders op. 'Oké, het is niet anders. Vraag me maar wat je wilt, ik kan alles uitleggen.'

'U wilde toch met me over mijn vader spreken?'

'Later. Eerst wil ik alles ophelderen, omdat je verbijsterd bent en terecht. Wat wil je weten?'

Hij glimlacht, nog steeds. Hij denkt waarschijnlijk dat hij geruststellend overkomt, terwijl zijn oude straatboefjeskop mij in het geheel niet geruststelt.

'Van wie is deze auto?'

Dat verwachtte hij niet.

'Van mij. Hoezo?'

Toevallig zie ik het kentekenbewijs uit het dashboardkastje steken en ik pak het. Hoewel het lijkt – en ik ben me daarvan bewust – alsof ik deze handeling al gepland had voor ik mijn vraag stelde, is dat niet zo: ik was niet van plan het te controleren. Mijn gebaar is echter zo automatisch dat de man dat nooit zal geloven. Het zij zo. Ook omdat de auto op naam blijkt te staan van een zekere Gianni Fusco, geboren in Molfetta, provincie Bari, op 11 november 1929, wonende in Prato, Via del Cilianuzzo 23.

'Ik heb hem nog maar net gekocht en hem nog niet op mijn naam laten overzetten,' verdedigt hij zich zonder dat ik hem daarom vroeg.

'Hij is pas zes maanden oud...'

'Precies. Het was een koopje.'

Intussen zijn we de Via della Magliana ingeslagen, waar altijd opstoppingen zijn, altijd, en men weet niet waarom.

'Waar gaan we heen?' vraag ik.

'Ik dacht naar Fregene te gaan. Daar zijn een hele hoop restaurants.'

Hij steekt nog een van zijn dunne sigaretjes op en laat het tussen zijn lippen hangen zoals Humphrey Bogart; het ziet er niet uit, zo'n dun sigaretje. Hij inhaleert flink, en de rook drijft uit zijn neus, terwijl tegelijkertijd het gepiep van zijn longen, dat een tijdje weg was, weer terugkomt.

'Die avond bij het station,' zeg ik, 'had u de motor van de auto aan laten staan, en er bungelden allemaal draden onder het stuur. Wat was er gebeurd?'

'O, ze hadden geprobeerd hem te stelen. Net niet gelukt.'

'Ah...'

'Ik was gestopt bij een snackbar om een paar rijstkroketten te eten, en terwijl ik bij de toonbank sta zie ik het portier openstaan en een Albanees die, gebogen onder het stuur, met de draden zit te rommelen.'

Hij strijkt met zijn hand over zijn broekzak.

'Toen kwam het een keer wel van pas...'

Daar zit het pistool dus, in zijn broekzak.

'Heb je op hem geschoten?' vraag ik.

'Nee,' antwoordt hij, zonder er blijk van te geven of hij mijn sarcasme doorheeft, 'ik heb het hem alleen maar even laten zien, en toen is hij er als een haas vandoor gegaan. Schieten, nee...'

Maar dan grinnikt hij: het idee schijnt hem niet met afschuw te vervullen.

'Nou ja,' zeg ik, 'een pistool moet toch ooit eens afgaan? In films is dat een regel.'

'Ja, in *Amerika*,' steigert hij, 'In *Amerikaanse* films. Daar hebben ze al die regeltjes, climax, anticlimax, "een pistool moet ooit afgaan..." Maar Amerikanen zijn niet de enigen in de wereld die films maken. Er is bijvoorbeeld een heel mooie Russische film, *Vrede aan wie binnentreedt* heet hij, waarin de hele tijd een pistool te zien is, een echt, geladen pistool, in de handen van kinderen die het in een veld gevonden hebben; het pistool blijft steeds in beeld en jij denkt, nu gaat het af, nu komt de tragedie, maar het gaat helemaal nooit af.'

Hij stopt even om zijn peuk het raam uit te gooien, en gaat dan weer door: 'Maar wat zeg ik, hij heet niet *Vrede aan wie binnentreedt*; hij heet *Periferie*. Ja, *Periferie*; ik weet niet zeker wie de regisseur is, ik geloof dat het... Wat zal ik me eigenlijk inspannen? Jullie zijn toch allemaal pro-Amerikaans...'

Ik heb misschien iets banaals gezegd, dat ontken ik niet, maar de vraag is: wie geeft die man het recht om mij belerend toe te spreken? Over film nog wel.

'Sorry,' zeg ik, 'afgezien van het feit dat ik niet begrijp wat er verkeerd is aan Amerikaanse films, je kritiek komt uit de mond van iemand die een door en door Amerikaans overhemd draagt, met korte mouwen en een stijve boord. Draagt iedereen in Italië zulke overhemden? Nee, behalve door mormonen, worden ze verder alleen door Amerikanen gedragen. Toch draagt u ze, en u vindt dat normaal, en u trekt er ook uw colbert over aan, en weet u waarom? Omdat u ze veertig jaar lang in Amerikaanse bioscoop- en televisiefilms gezien hebt, daarom; gedragen door Hollywoodacteurs, in films met een climax, een anticlimax en pistolen die ooit eens afgaan. Tom Ewell droeg zo'n overhemd in *The Seven Year Itch* en De Niro in *Mad Dog and Glory*; Robert Blake in alle afleveringen van *Baretta* en Michael Douglas in *Falling Down*; Dennis Franz in *New York Police Department*, en Bradley Whitford in *A Perfect World* waarin hij schiet – schíet – op Kevin Costner (die ongewapend is, weet u nog, omdat een jongetje zijn pistool in een put gegooid heeft). Zo'n overhemd is zo langzamerhand net zoiets als een telefoon aan de keukenmuur, of een basket bevestigd aan de verzinkte plaat van...'

Dan gebeurt er iets raars, iets wat voor mij nogal vernederend is en mij onmiddellijk de mond snoert. De man barst uit in smakelijk gelach, wat hem in ademnood brengt, het gepiep van zijn longen versterkt en een aanval van slijmhoest veroorzaakt. Intussen kijkt hij naar mij, dan weer naar de weg, dan weer opnieuw naar mij, dan weer naar de

weg, terwijl ik hem in stilte gadesla, beledigd en ontheemd.
'Sorry,' reutelt hij, en weer begint hij te hoesten en te lachen.
'Neem me niet kwalijk maar waarom lacht u?'
'Sorry...' herhaalt hij, 'ik wou je niet...' Maar de hoest heeft nu de overhand gekregen, en de man zou er goed aan doen om het geweld waarmee de rest van zijn woorden verzwolgen wordt niet te onderschatten. Zwijgend blijf ik kijken naar het luidruchtige spektakel van zijn kwalen, terwijl hij probeert de macht over het stuur niet te verliezen.
'Ik waardeer je standpunt, weet je,' begint hij weer als de storm is gaan liggen. 'Je hebt werkelijk zéér interessante opmerkingen gemaakt' – hij hoest – 'om maar te zwijgen van het gemak waarmee je al die films uit je hoofd geciteerd hebt, met acteurs en al: indrukwekkend.' Hij hoest opnieuw, en schraapt vervolgens zijn keel. 'Je vader zei al dat je een stijfkop bent. Maar dit overhemd komt uit Bulgarije, jongeman, puur synthetisch materiaal uit Plovdiv; het bevat geen enkele natuurlijke vezel. Houd er een lucifer bij en voem!, het brandt als benzine.'
Hij kijkt naar me met die sluwe ogen van hem, doet dan het licht boven het autospiegeltje aan en buigt voorover, terwijl hij met zijn hand de boord van het overhemd naar buiten draait zodat ik het label kan bekijken.
Het label van zijn overhemd interesseert me echter in het geheel niet, ik voel me nog steeds vernederd en van mijn stuk gebracht, en ik verroer geen vin; maar hij dringt aan, hij scheurt de boord er bijna af, en lijkt bereid om de hele nacht zo door te blijven rijden, het stuur in de ene hand en de omgedraaide boord in de andere, totdat ik besluit dat vervloekte label te bekijken.
'NIKO CHIC. Nou en?'
'Je weet niet half hoeveel mensen zulke overhemden dragen in heel Oost-Europa,' begint hij weer, 'Roemenië, Oekraïne, Bulgarije: zodra de zomer begint, trekken ze alle-

maal zulke overhemden aan. Ze zijn niet aan warmte gewend, in die streken. Ben je er ooit geweest?'

'Nee.'

'Zonde...'

Er is weinig aan te doen: die man brengt me in moeilijkheden. Behalve dat hij me te vaak laat doen wat híj wil – en meestal kom ik daar ook nog eens uit als een sukkel – blijft hij te veel dingen in zich verenigen, te veel tegenstrijdigheden. Jong en oud, boerenpummel en ontwikkeld man, dreigend en minzaam, uiterlijk van een zware jongen en stem van een acteur, en verder Slavist, pistoolschutter, cinefiel, dief en slachtoffer van dieven; sinds hij mij is verschenen bij Stazione Termini, raak ik door hem gedesoriënteerd. Wie is hij? Wat wil hij van mij? Waar komt hij vandaan? Hoe heeft hij zijn neus gebroken?

'Er is iets wat je over me moet weten,' zegt hij, 'en dat is dat ik nooit in Amerika geweest ben. En verder dat Oost-Europa praktisch mijn huis is. Houd deze twee dingen in gedachten, en je weet min of meer wat je van mij kunt verwachten.'

Toen ik op het lyceum zat stond er in mijn B.C.-agenda een flitsende strip: B.C. klopt aan bij een grotwoning, en als ze opendoen zegt hij: 'Goedendag, we zijn bezig met een opinieonderzoek over...' 'Telepathie?' valt de ander hem in de rede. Het laatste plaatje was zonder tekst, en was onweerstaanbaar vanwege de uitdrukking op het gezicht van B.C.: een debiele, beetje dromerige uitdrukking, verward maar ook met iets van herkenning, van overdonderd, verslagen en verbaasd zijn: kortom, de uitdrukking op je gezicht als iemand je gedachten kan lezen. Dezelfde uitdrukking die ik nu op mijn gezicht voel, want ik had mijn vragen alleen nog maar gedacht.

'Ik ben een oude communist,' voelt hij zich verplicht eraan toe te voegen, om de zaken nog een beetje gecompliceerder te maken, want nu wordt het volslagen onaannemelijk dat hij inderdaad een vriend van mijn vader was.

Intussen is de weg smaller geworden, en voor mij onbekend. Geen grote, met gezinnen uitpuilende flatgebouwen meer, geen illegale parkeerplaatsen en geen gele lichten, maar duisternis, velden en afgelegen huizen. Voor de tweede keer vandaag reis ik tegen de stroom van het verkeer in, dat nu van het strand terugkeert naar Rome en, terwijl ik me probeer te oriënteren om te begrijpen waar we zijn, scheert een groot, landend vliegtuig plotseling over de weg, heel laag, zo dichtbij dat je de koppen van de passagiers achter de raampjes kunt onderscheiden. Maar misschien verzin ik het maar dat ik ze zie, met hun neuzen tegen het raampje gedrukt en met een uitdrukking op hun gezicht die halverwege zweeft tussen de extase vanwege de schoonheid die hun blik overspoelt en de doodsangst die ronkt in hun brein. (En, tijdens een landing, vooral 's nachts, zijn ze onlosmakelijk met elkaar verbonden, de schoonheid en de dood, de extase en de angst: zolang je kunt genieten van het grandioze schouwspel van de aarde daarbeneden, met al haar vormen en haar scherp getekende nervenpatroon van licht, betekent het dat je leven in gevaar is; als het vliegtuig, zoals juist op dit moment, zacht de grond raakt, en er gebeurt niets – in werkelijkheid gebeurt er *bijna nooit* iets – is je leven niet langer in gevaar, maar verdwijnt ook de schoonheid.)

De man hoest weer, en nog een keer, maar met minder geweld: het lijken meer naschokken na de uitbarsting van enige tijd geleden. Hij is opnieuw afgeslagen en rijdt nu van de luchthaven af en als mijn richtingsgevoel me niet bedriegt zouden we nu evenwijdig met de zee moeten rijden; maar misschien heb ik het wel helemaal mis en gaan we precies de andere kant op. Er komt ons nu trouwens geen stroom verkeer meer tegemoet, alleen af en toe een auto, wat erop wijst dat we ons op een echte secundaire weg bevinden.

'Hier heb ik in '91 meegewerkt aan de volkstelling. Ik deed dit hele gebied, Maccarese, Torrimpietra...'

Hij zegt het op een toon die heel anders is dan zijn stem, als ging het om het begin van een geheel nieuwe fase in ons gesprek.

'Ik heb het gebied stukje voor stukje afgewerkt: afgelegen huizen, kleine landhuizen, boerderijen, kleine flatgebouwen; en weet je wat me opgevallen is bij deze ervaring? Weet je wat ik ervan geleerd heb?'

Hij zwijgt, en wacht met een serieuze, vragende uitdrukking op zijn gezicht. Ik heb ze nooit uit kunnen staan, mensen die je *in alle ernst* zulke vragen stellen: ze vragen je om met een willekeurig antwoord te komen, om je vervolgens te zeggen wat ze je tegelijk al hadden willen zeggen, maar ze geven je de indruk dat ze jóuw fout verbeteren, en dat ze jóuw nieuwsgierigheid bevredigen.

'Kom, denk eens na,' dringt hij aan.

'Weet ik veel.'

'Mensen liegen,' onthult hij. 'Dát is me opgevallen. Ze liegen altijd, uit principe, ook al hebben ze niet de geringste reden om het te doen.'

En dan zwijgt hij, omdat het laatste woord op een afsluitende toon uitgesproken is. Maar het is meer een kwestie van de klemtoon verkeerd leggen, want hij is helemaal nog niet klaar. En vervolgens zegt hij dan ook:

'Natuurlijk wist ik het al, het was geen openbaring voor me. En toch, als je dan het bewijs voor je ziet in al die moeizaam ingevulde vragenlijsten, die stroom van idiote leugens over werkzaamheden, personeel en vierkante meters woonruimte, ook nadat jij, de ambtenaar, ze ervan verzekerd hebt dat die gegevens exclusief voor statistische doeleinden gebruikt zullen worden, maakt dat toch indruk op je. Laten we eens iemand nemen die op nummer 212 woont aan een gemeentelijke weg zoals deze. Je komt daar aan en op nummer 212 is niet eens een bel, en evenmin een brievenbus: de echte ingang, met bel, intercom en al, is verplaatst naar nummer 214, waar de garage zou moeten zijn. Ze doen je boven open, bieden je een stoel aan, en je ziet dat er van een aflopende vloer een trapje is gemaakt, je daalt af naar de garage die omgebouwd is tot een rustiek vertrek, keurig betegeld, met scheidingswanden, een mooi keukentje, een bank, een televisie, een hobbelpaard voor het kind: eigenlijk kun je wel zeggen dat dat het enige deel van het huis is dat je te zien krijgt, en je begrijpt dat ze naar deze benedenverdieping uitgeweken zijn en daar veel meer wonen dan op de bovenverdieping. Dan neem je de ingevulde vragenlijst in en zie je dat nummer 212 nog steeds aangegeven wordt als de ingang van het huis, en bij het hokje "andere ingangen" hebben ze zonder enige aarzeling "geen" aangestreept. Ze liegen met stelligheid en dat geeft een gevoel van veiligheid. Je hebt er geen idee van hoeveel vragenlijsten met dat soort leugens ik aan het CBS heb overhandigd; leugens die ik zelf, na slechts twee bezoeken aan die huizen, zou hebben kunnen doorprikken. Vind je dat niet fascinerend? Ze liegen bij een volkstelling. Fascinerend, toch?'

Daar gaan we weer, zijn vraag eindigt met *toch*. Ik weet al hoe dat werkt – en juist daarom kan ik niet tegen die manier van doen: hij is in het geheel niet geïnteresseerd in mijn antwoord en dat zal ook geen letter veranderen aan wat hij te zeggen heeft. Hij heeft mijn antwoord nodig om zijn betoog voort te zetten, om weer in de juiste versnelling te komen na stationair gedraaid te hebben.

Ik moet wel iets zeggen, verdomme nog aan toe.

'Dat valt wel mee.'

'En dan te bedenken dat ze ook tegen elkaar liegen' – begint hij weer, mijn theorie bewijzend – 'dat wil zeggen dat kinderen tegen hun ouders liegen en ouders tegen hun kinderen, dat broers en zusters tegen elkaar liegen en dat man en vrouw tegen elkaar liegen (allemaal kletspraat natuurlijk; maar soms gaat het ook over belangrijke dingen), en dan besef je dat zelfs de wereld die je het best denkt te kennen niets anders is dan één grote illusie, en dat het niet stom is om in die illusie te geloven, maar dat het juist getuigt van gezond verstand; het is een noodzakelijke voorwaarde om jouw wereld, om de hele wereld te laten doorgaan met...'

Nee, deze man is echt behoorlijk in de war. Nu heeft hij zichzelf onderbroken, zomaar, opeens, op het hoogtepunt van zijn sociologisch betoog, en de auto plotseling stilgezet bij een splitsing met verkeersborden die alles behalve Fregene aangeven – ik heb overigens het gevoel dat we kortgeleden deze splitsing al een keer gepasseerd zijn.

'Kut,' mompelt hij.

Ik heb niets te zeggen, en ik hou dus mijn mond, maar het is een vreemde situatie. Ik probeer alleen de reden vast te houden waarom ik me hier bevind, naast deze man, aangezien er geen in het oog springende band tussen hem en mij is: hij moet met mij over mijn vader spreken, daarom ben ik hier. Ik zie hem nadenken, roerloos, hoesten, dan weer roerloos, een grote gestalte die last heeft van de koplampen van iedere passerende auto. Wat gaat er in zijn hoofd om? Ik ontkom niet aan de gedachte dat niemand weet dat ik hier bij hem ben; als hij nu zijn pistool zou trekken en mij een kogel door het hoofd zou jagen, zomaar, voor de grap, en vervolgens mijn lijk zou achterlaten bij deze splitsing, zou dat het raadselachtige misdrijf van deze zomer worden. Mijn dood zou gespreksonderwerp zijn van een heleboel mensen, en ook mijn leven, dat op fantasierijke wijze opgedist zou worden door journalisten die ik nooit gezien of gekend heb. Om over mij te kunnen vertellen zou elk van hen deze splitsing als uitgangspunt nemen, en tot de kortzichtige, absurde conclusies komen waartoe je logischerwijs komt, als je bij je verhaal over mij uitgaat van deze splitsing waar ik helemaal niets mee te maken heb.

'Waarom staan we stil?' vraag ik, zo vriendelijk als ik kan.

Hij kijkt me aan en glimlacht.

'Het schijnt me niet te lukken om in Fregene te komen,' zegt hij.

8

Verdwaald...

Het lijkt onmogelijk om hier te verdwalen, vlak bij Rome, op een heldere avond in juni, met de bedoeling om in Fregene te gaan eten – ik, in Rome geboren uit Romeinse ouders, en het vreemde wezen naast me dat zojuist nog heeft verklaard dat hij dit gebied 'stukje voor stukje' heeft afgewerkt voor de volkstelling; en toch is het zo, we zijn verdwaald. Ik zie hem naarstig zoeken in de vakken van de portieren, van de stoelen, van het dashboard, op zoek naar een kaart naar ik aanneem – en ook al heb zo langzamerhand begrepen dat alles met hem anders zit dan het lijkt, toch ontkom ik er niet aan om op te merken dat zijn manier van zoeken – in het wilde weg, nerveus – meer past bij een dief dan bij de eigenaar van een auto. Hoe dan ook, hij vindt geen kaart, even aannemend dat hij daar naar zocht: behalve de papieren die ik al bekeken had, komt er alleen wat beschimmelde troep te voorschijn, muffe crackers, een aan flarden gescheurde 'Stadsgids' (evenwel niet van Rome maar van Genua), en een schimmelig boek dat gehavend is door een... ja, het lijkt net een *beet* – Clio Pizzingrilli, kan ik nog net lezen op het omslag 'Het einde van de... volgen...': niet de beet van een mens, zou je zeggen, te oordelen naar de breedte van de kaak, een scherpe, ronde, regelmatige beet door het hele boek heen, zoals je ze ziet in sandwiches in de tekenfilms van Yogi Bear.

'Laat maar...' mompelt hij.

Hij gaat weer tegen de rugleuning aan zitten die een onheilspellend gekraak voortbrengt, dan haalt hij zijn schouders op en met een zeer expressieve grimas op zijn gezicht – die ík niet zou kunnen produceren – deelt hij mij mee dat het uiteindelijk in het geheel niet belangrijk is waar we ons bevinden. Hij begint me weer te fixeren, door de stilte is zijn piepende ademhaling weer hoorbaar, de blik in zijn ogen is van een intense helderheid, en ik weet dat hij op het punt staat, hier en nu, op deze absurde plek, de ware reden van zijn verschijning in mijn leven te onthullen. U moet zelf natuurlijk maar uitmaken of u het gelooft, maar ik weet het voordat hij het doet: er is geen enkel logisch verband waardoor je het aan ziet komen, en ik zou ook niet kunnen uitleggen hoe het komt dat ik het weet, maar ik weet het: *hij staat op het punt om het te doen*. En dit besef is nauwelijks tot me doorgedrongen of hij doet het.

'Je vader was ook communist,' zegt hij.

'Wat!'

'Met opzet had ik het straks over mensen die dingen verborgen houden,' gaat hij door. 'Ik probeerde het onderwerp aan te snijden, maar ik wist niet waar te beginnen. Maar ik heb er al te veel omheen gedraaid, daarom kan ik het je beter recht voor zijn raap zeggen, zoveel maakt dat ook niet uit. Het echte verhaal van je vader is heel anders dan het verhaal dat jij kent. Hij was als jongen al communist en dat is hij gebleven tot zijn dood aan toe. Het is het belangrijkste in zijn leven geweest, het communisme.'

Er passeert een vrachtauto, de luchtverplaatsing doet ons wrak schudden.

'Er is een dorp in Toscane,' zeg ik, 'ik kan even niet op de naam komen maar die komt wel weer terug, waar de bewoners een wedstrijd doen in wie het sterkste verhaal kan vertellen. Ik weet niet wat je kunt winnen, hammen geloof ik, maar ik weet zeker dat als u meedoet met dit...'

'En hij was niet alleen communist,' onderbreekt hij mij, 'hij was een agent van de KGB.'

Pauze.

'Een spion,' voegt hij eraan toe.

Ik denk dat op dit moment mijn reactie, objectief gezien, van belang is, ik denk dat er in elke film nu een close-up van mij zou zijn: maar zoals ik een ogenblik geleden na het eerste deel van zijn onthulling, vervuld was van sarcasme, zo voel ik me nu leeg, ik weet niet waarom, en er komt geen reactie. Niets, geen enkele reactie. Tenzij roerloos blijven zwijgen een reactie is.

'Nu ben ik iets onwaardigs aan het doen,' herneemt hij, 'vanuit een bepaald gezichtspunt, omdat ik een plechtige eed breek die ik op verzoek van je vader nog een keer herhaald heb de laatste keer dat ik hem zag, twee dagen voordat hij stierf: ik heb gezworen dat ik je niets zou vertellen, nooit, om wat voor reden dan ook.'

Hij hoest, dan zet hij tot mijn verrassing de auto in zijn versnelling en rijdt zonder aarzeling de weg op die, volgens het bord, naar de snelweg leidt.

'Ik heb het gezworen omdat het geen zin heeft om met een stervende in discussie te gaan, maar ik was het er niet mee eens, en hij wist dat, en ik ben nooit van plan geweest om me eraan te houden, aan die eed. Want ik vind het niet terecht dat een zoon niet mag weten wat voor man zijn vader in werkelijkheid was. Zolang hij leefde had ik geen keus, maar nu kan ik me echt niet meer aan die eed houden, dat wil ik ook niet, omdat dat verkeerd zou zijn, Maurizio, en jij weet dat...'

Een ogenblik heft hij zijn blik ten hemel, alsof hij zich rechtstreeks tot mijn vader richt, die inderdaad Maurizio heette, hoewel het zelfs de kleine Francesco niet gelukt is om te geloven dat hij echt *naar de hemel* was gegaan; dan slaat hij zijn blik weer neer, net op tijd om een bijna stilstaande Panda zonder licht te ontwaren waar we tegenaan dreigen te knallen. En ik heb de indruk dat de man, terwijl hij de auto in een lagere versnelling zet om de Panda te passeren alsof er niets aan de hand is – het scheelde echter maar een haar – en tegelijkertijd zijn met roos bedekte kop schudt, op het punt staat in huilen uit te barsten. Hij doet niets bijzonders, zoals zuchten of met zijn neus trekken, maar die indruk heb ik opeens heel duidelijk. Als het nu eens geen totaal onbekende betrof, als hij echt een vriend van mijn vader was, zoals diegenen die hem echt in het ziekenhuis zijn komen opzoeken – Attanasio bijvoorbeeld, of professor Di Stefano, of generaal Terracina –, die bij ons thuis kwamen vanaf mijn kinderjaren en die ik dientengevolge heb zien vergrijzen en dikker worden met steeds sterkere brillenglazen, jaar na jaar, maaltijd na maaltijd, bridgedrive na bridgedrive, mijn hele leven lang, en met wie ik uiteindelijk een soort ongewilde, matte, kille – want ik was niet echt op ze gesteld – maar toch authentieke vertrouwdheid ontwikkelde; welnu, als het een van hen betrof zou ik er niet aan twijfelen, dan zou ik zeggen dat hij écht op het punt stond om in huilen uit te barsten. Maar deze man ken ik niet. Misschien ben ik wel in de war, en sta ik zelf op het punt om in huilen uit te barsten.

'En het heeft me heel wat inspanning gekost,' herneemt hij, 'om tot vandaag te wachten, om je niet apart te nemen tijdens de begrafenis en het je daar al te zeggen, in de regen, te midden van al die schoften, die fascisten. Jouw vader was niet zoals zij en dat moet jij weten: hij moest veinzen dat hij dat was, en dat heeft hij gedaan, goed gedaan, zijn hele leven, maar hij heeft nooit iets met hen gemeen gehad, zij waren zijn *vijanden*. Je vader was communist, Gianni, hij is bijna vijftig jaar spion geweest, en die eed lap ik aan me laars: die last zou ik niet kunnen meenemen in het graf.'

Opeens wordt hij stil, maar hij kan nog niet klaar zijn: misschien moet hij het vervolg nog verzinnen, misschien bedenkt hij het wel ter plekke, terwijl hij met zijn armen wijd aan het stuur zit.

Veel sneller dan daarvoor schieten we over duistere landweggetjes. Terwijl boven ons de vliegtuigen blijven aanvliegen, vlak op elkaar, de een na de ander, rijden we af en toe langs verlichte huizen, en langs donkere stukken die zich uitbreiden op de akkers en die een vluchtige blik gunnen op een prikkelende schoonheid, die mij verrast.

'Drie vragen,' zeg ik. 'Eerste vraag: was u echt op de begrafenis van mijn vader?'

'Zeker. Als je wilt kan ik de namen opnoemen van de aanwezigen, één voor één. Andreotti, generaal Olivetti Pratese, die idioot van een Gramellini, de Terracina's, de gebroeders Urso die speciaal uit Rome gekomen waren, en verder Attanasio, Anzellotti, Scano...'

'Laat maar. Tweede vraag: bent u soms ook een spion?'

'Ja.'

We draaien scherp naar rechts en slaan een bredere weg in, met bomen langs beide kanten waarvan de stammen wit omcirkeld zijn.

'Eigenlijk *vier* vragen. Derde vraag: we waren toch verdwaald? Waar gaan we dan nu naartoe, met deze snelheid?'

'Nog steeds naar Fregene. Maar ik weet alleen maar hoe ik er moet komen via de snelweg: misschien waren we er al dichtbij, maar het leek me beter om terug te gaan naar de snelweg, de afslag Fregene te nemen en de weg te volgen die ik ken.'

'Vierde vraag: verwacht u oprecht dat ik...'

'Hoor eens,' onderbreekt hij mij, 'mag ik jou ook wat vragen? Zou je me met "jij" willen aanspreken?'

'Wat maakt het voor verschil?'

'Het verschil dat "u" me een vreemd gevoel geeft. Alsjeblieft. Jij beseft het niet, maar nu je vader dood is ben ik, afgezien van je naaste familieleden, waarschijnlijk degene die het meest van je houdt op de hele wereld.'

'Patsboem...'

'Ik overdrijf niet, Gianni. En ik ga je nog iets zeggen wat je moet weten: het is niet toevallig dat jij Gianni heet, zoals ik...'

Het is echt moeilijk om met deze man om te gaan. Iedere keer als hij met grof geschut komt, en je je gerechtigd voelt om daar iets van te zeggen, komt hij onmiddellijk daarna met nog grover geschut. Hij lijkt op bepaalde tegenstanders die ik heb ontmoet bij schaaktoernooien – vooral Joegoslaven – die altijd rücksichtslos twee aanvallen combineerden, de een verborgen in de ander. Ik wist het, ik verwachtte het, maar uiteindelijk verloor ik toch.

'Oké, zoals je wilt. Vierde vraag: verwacht je dat ik je zal geloven?'

Het 'jij' zeggen werkt niet, het is bespottelijk.

'Zal ik je zeggen wat ik hoop?' zegt hij en even, terwijl hij zich omdraait om me aan te kijken, lijkt hij op Jack Palance (ik weet niet waarom, want eigenlijk is hij heel anders, kleiner, dikker). 'Ik hoop dat je me zult laten praten. Dat hoop ik. Nu ik mijn eed gebroken heb hoop ik dat jij me de kans zal geven om tot op de bodem te gaan, en je dit krankzinnige verhaal in zijn geheel te vertellen...'

'Krankzinnig, daar zegt u een waar woord...'

Terwijl ik zeg, 'daar zegt u een waar woord', komt er een beetje wit speeksel mee dat, zeer zichtbaar, blijft kleven aan het dashboard voor me. Ik veeg het weg met mijn mouw, alsof er niets aan de hand is, maar hij moet het gezien hebben.

'Ik weet het,' herneemt hij, 'het is een krankzinnig verhaal. Maar als je me het niet eens laat vertellen, als je bij alles wat ik zeg vragen begint te stellen en opmerkingen te maken, dan wil dat zeggen dat je vader gelijk had, dat ik je niets zou moeten vertellen, maar ik zal niet rusten...

Wat moet ik doen, beginnen? Ik heb je iets heel góeds te zeggen, nu, waarom zou ik dat niet doen? Waarom zou ik nog langer wachten?'

'Maar luister eens,' zeg ik, 'bent u al niet bezig met het vertellen van uw krankzinnige verhaal? Heeft u tot nu toe niet alles gedaan wat u wilde? Heb ik u soms belet iets te doen? U bent in mijn leven gekomen met een pistool in uw riem en u heeft me geterroriseerd... dat is het juiste woord, *geterroriseerd*, met wat u over de kleine Francesco zei, zonder u zelfs maar aan mij bekendgemaakt te hebben. Ik ben midden in de nacht gevlucht als een bange wezel, beseft u dat, ik heb mijn vrouw van streek gemaakt, mijn schoonouders van alles op de mouw moeten spelden, zonder erachter te kunnen komen wat er aan de hand was: toch ben ik nu hier en hoor u zeggen dat mijn vader, generaal in het leger, praktiserend katholiek, fervent anticommunist, gestaald christen-democraat, op particuliere audiëntie ontvangen door vier pausen en bevriend met Andreotti (met wie hij overigens bijna iedere ochtend naar de mis ging), en volgens mij ook in het geheim lid van Gladio – wat hij echter ontkende –, een *communistische spion* was. Beseft u wel hoeveel vragen ik u zou kunnen stellen? Iets meer dan vier!'

Ik merk dat ik deze laatste woorden op een strenge toon uitspreek, als die van een kostschoolleraar, waar ik volstrekt geen greep meer op heb en die, in de gegeven situatie, nogal belachelijk klinkt: een teken dat ik het hierbij moet laten. Ik ken mezelf; van nu af aan zou ik alleen nog maar tot vervelens toe de dingen herhalen die ik al gezegd heb, en daarbij steeds meer mijn greep op de toon verliezen, en gaandeweg ook op de woorden – en mijn argumenten, die nu nog onweerlegbaar schitteren in al hun helderheid zouden ten slotte aanzienlijk verbleken. Het is altijd een van mijn gebreken geweest, en het is bijna niet te geloven dat ik het deze keer op tijd merk: gewoonlijk gebeurt dat erná, als het te laat is.

'Overigens lukt het mij niet om "jij" tegen u te zeggen,' besluit ik mijn betoog, 'want ziet u, als het u lukt weerstand te bieden...'

Ik sla mijn ogen neer, tevreden over mijn preek en nog meer tevreden over het feit dat ik mezelf op tijd onderbroken heb, maar dan zie ik, tot mijn afschuw, dat er nog meer speeksel meegekomen is uit mijn mond en aan het dashboard is blijven kleven. Maar hoe is dat mogelijk? *Ik spuug niet terwijl ik spreek.* Dat zou ik toch weten, verdomme; dan had ik dat allang geweten, dan zou ik er een complex van gekregen hebben, dan zou ik er obsessief op verdacht zijn, en al die vreselijke trucjes toepassen, zoals om de drie woorden slikken, of zoveel mogelijk je hand voor je mond houden alsof er niets aan de hand is, wat in de praktijk het effect heeft van een uithangbord waarop met grote hoofdletters staat wat je zou willen verbergen: PAS OP! IK SPUUG TERWIJL IK SPREEK – maar deze trucjes zorgen er in ieder geval voor dat je het dashboard van anderen niet bevuilt op die manier. En terwijl ik furieus de zaak nogmaals schoonveeg met mijn onderarm, raak ik ervan overtuigd dat mijn speekselvorming een tijdelijke verandering moet hebben ondergaan, het kan niet anders, door die twee gin-tonics op mijn nuchtere maag en doordat ik vanaf vanochtend negen uur niets meer gegeten heb, en ik heb inderdaad erge honger, en daar komt de stress van deze onvoorstelbare avond nog bij. Maar ik spuug niet terwijl ik spreek, goddomme.

'Je hebt gelijk,' zegt hij, 'en ik bied mijn excuses aan. Maar je moet niet denken dat ik me niet in jou verplaatst heb, weet je, dat ik niet naar de dingen heb gekeken vanuit jouw standpunt...'

Hij steekt weer een sigaret op, en deze keer voel ik een scherpe steek in mijn lendenen, omdat een lekkere sigaret mij nu ook heel goed zou uitkomen. Maar niet een van de zijne, die vind ik zo walgelijk dat ik de aandrang alle moeite van de laatste negen maanden teniet te doen voor een Capri Superlights weet te weerstaan. Maar ik vraag me af wat er gebeurd zou zijn als hij een Marlboro had opgestoken, als in het vakje achter de versnelling, waar hij het pakje bewaart, het magische rood-witte merk had liggen glimmen.

'Na de stommiteit die ik die avond uitgehaald had,' herneemt hij, 'had ik vervolgens de mooie gedachte...'

Hij schudt zijn hoofd en haalt een hand over zijn bezwete gezicht. Intussen zijn we bij de snelweg aangekomen. Maar hij neemt de oprit in de richting van Civitavecchia, terwijl ik er bijna zeker van ben dat we al voorbij Fregene zijn, en dus terug zouden moeten gaan, richting Rome.

'Maar weet je,' vervolgt hij, 'de dood van je vader heeft me geschokt, en het lukt me niet meer om helder te denken. Ik heb altijd gedacht dat ik vóór hem zou sterven, omdat het zo had moeten gaan. Ik was er niet op voorbereid om hem te overleven, en om in mijn eentje de hele last van deze zaak te moeten torsen.'

'Hé, kijk uit!' schreeuw ik.

Hij is zonder te kijken de snelweg opgereden, de gek, en terwijl het kabaal van woedend getoeter ons overspoelt, zie ik in het spiegeltje dat een Golf gedwongen is een scherpe zwenking te maken om een aanrijding met ons te vermijden, terwijl op hetzelfde moment op de inhaalstrook een donkere Saab met groot licht komt aanstormen. Mijn hart bonst in mijn keel en ik heb nog net tijd om te denken: het is zo ver, nu komen we allemaal om, besmeurd met olie, in zo'n afschuwelijke opeenstapeling van wrakken die je op de televisie ziet. Dat er niets gebeurt komt alleen omdat de Saab doorrijdt zonder vaart te verminderen – ongelooflijk, onverantwoord, maar ook door de hemel gestuurd – en met 180 kilometer per uur door deze onverwachte hinderlaag van het lot schiet, zoals een motorrijder op de kermis door een brandende hoepel. De Golf, geschampt, stuitert opnieuw naar rechts, en dan weer naar links, nog steeds toeterend, in een slalom die auto's van topklasse tijdens testritten hebben doen omslaan; maar hij slaat niet om, en wanneer hij weer terug is op de inhaalstrook is de Saab een bolide die verdwijnt in de verte, en slaagt de chauffeur van de Golf erin om weer grip te krijgen op de situatie.

Bij dit alles zijn wíj, de *oorzaak*, gewoon doorgereden, onverstoorbaar en onverschillig als Mister Magoo: zonder te remmen, zonder te zwenken, zonder een verontschuldigend gebaar, niets, en dat is het waarschijnlijk, meer dan onze manoeuvre, wat de bestuurder van de Golf razend maakt, die nu naast ons komt rijden en ons via het raampje begint te overladen met scheldwoorden, terwijl hij hysterisch blijft claxonneren. We draaien beiden ons hoofd, om naar hem te kijken, en we bewaren een vreemd, kalm stilzwijgen, terwijl deze onbekende – een lelijke jongeman, met piekig haar en een paars gezicht, volledig buiten zichzelf – alle adrenaline over ons uitstort die door zijn aderen stroomt. Hij legt echter net iets te veel echte *haat* in zijn uitbarsting: maar met een laatste verwensing geeft hij gas net voordat ik wil reageren – ik weet niet precies hoe ik gereageerd zou hebben, waarschijnlijk ook met het uitkramen van beledigingen – maar vooral net voordat mijn gastheer naast me reageert, wiens reactie waarschijnlijk heel wat dreigender zou zijn geweest. Het ziet er inderdaad naar uit dat deze driftkop goed getimed heeft: hij zal nooit weten dat hij zijn scheldkanonnade heeft afgevuurd op een kleine meter afstand van iemand met een pistool, en de herinnering aan hoe hij deze avond eerst een ongeluk heeft weten te voorkomen en ons vervolgens naar hartelust heeft uitgescholden zonder dat een van ons durfde te reageren, zal hem in de toekomst goed van pas komen op momenten dat zijn gevoel van eigenwaarde in een dal zit.

De man aan mijn zijde – ik weet nog niet hoe ik hem moet noemen: Gianni? De vriend van mijn vader? *De spion?* – knippert nog even pesterig met zijn grote licht, en werpt vervolgens zijn sigarettenpeuk uit het raampje en ziet in de achteruitkijkspiegel hoe hij uiteenspat met een minuscule, stille explosie. Daarna wendt hij zich naar mij en, het hoeft geen betoog, hij glimlacht.

'Laten we een afspraak maken,' zegt hij. 'Ik concentreer me nu op het rijden en breng je heelhuids naar Fregene, naar het restaurant, om daar vis te gaan eten zoals ik je heb beloofd...'

CERVETERI-LADISPOLI 8 KM: ik had gelijk, we zijn voorbij Fregene, we moeten omkeren. Maar hij merkt het niet eens...

'...en daar met een bord lekkere gegrilde gamba's voor ons vertel ik je het hele verhaal vanaf het begin. Die eed lap ik aan me laars. Jij moet deze dingen weten. Daarna moet je maar besluiten of je ze gelooft of niet.'

Wat een waanzin, denk ik. Wat een vreselijke waanzin. Het is de meest waanzinnige avond van mijn leven. En hij rijdt heel rustig, *geconcentreerd*, naar Civitavecchia, in de overtuiging dat hij naar Fregene gaat, en hij merkt het niet. CERVETERI-LADISPOLI 7 KM. Wat te doen? Ik zal het hem moeten zeggen, hij merkt het niet.

En ik heb honger...

# 9

Eindelijk zijn we in Fregene aangekomen. Niet in het meest bekende en levendige deel, vlak bij het vroegere vissersdorpje, dat in de jaren zestig extra glans kreeg door de beroemde filmsterren die er af en toe neerstreken, maar in het andere deel, voorbij het militaire terrein dat de kustweg in tweeën splitst: het *burgerlijke* deel, met zijn aaneenschakeling van saaie, nietszeggende en – 's nachts – duistere, weer in het niets verdwijnende etablissementen, waar we langs zijn gegleden tot we er een gevonden hadden waarvan het restaurant nog open was.

Geheel toevallig zijn we dus terechtgekomen in een zaak, Cutty Sark genaamd, gebouwd als kopie, niet van een zeilschip maar van een oceaanstomer, met afgeronde hoeken en patrijspoorten en terrassen van cement en uit buizen bestaande relingen en met geglazuurd pleisterwerk dat in het duister luguber en bleek oplicht, vol kleine barstjes. Van buiten gezien leek het op zijn minst een ruim opgezette zaak; maar toen we eenmaal een enorme hal door waren, bevonden we ons in een donkere en verrassend nauwe doorgang, waar fluorescerende buizen aan de muur de woorden 'disco bar' vormden en een groepje Afrikaanse jongens naar MTV op de televisie keken; daarna komen we, via een glazen deur, weer buiten, onder een namaak rieten overkapping die in werkelijkheid gemaakt is van bekleed plaatijzer, en de zaak wisselt weer van gedaante, met een snelheid waarmee dat alleen in dromen gebeurt, en wordt een *petit restaurant* aan het strand. Aan de oude Cutty Sark denkt intussen niemand meer.

Een meisje op rolschaatsen glijdt onmiddellijk op ons af, om ons naar een 'rustige' tafel te leiden, waarbij ze doelt op het gekwetter van een tafel met vijftigers, een beetje beschonken, en daardoor misschien een beetje pathetisch maar zeker niet irritant. Ze heeft korte, gitzwarte haren, is heel mooi en grotendeels bloot, ze draagt alleen shorts die aan haar billen gekleefd zitten en een minuscuul hemdje dat tot haar navel reikt en nog minusculer wordt door haar brutale borsten, die de opdruk 'Roller Betty' op het hemd doen dansen als in een achtbaan. Ze schaatst nonchalant maar wel goed en kauwt kauwgom als iemand die spijt heeft van elke keuze die hij in zijn leven gemaakt heeft. Ze maakt de tafel gereed en overhandigt ons het menu, vervolgens roetsjt ze naar het fosforescerende binnenste van de discobar waar vervolgens een man uit komt van een jaar of vijfenveertig, stevig gebouwd en opzichtig gekleed, van wie je je heel goed kan voorstellen dat hij betrokken is bij het leed van het meisje, gezien het feit dat hij gruwelijk op haar lijkt. Terwijl hij ons suggesties doet ten aanzien van het menu ('de salade van zeevruchten is een droom', 'een op bestelling gemaakt hapje risotto'), klinkt uit zijn mobiele telefoon, in de zak van zijn gebloemde hemd, het muziekje uit *Rambo*, geloof ik: hij zou kunnen opnemen of hem afzetten, en hij neemt op en blijft even luisteren, terwijl hij zijn voorhoofd fronst, en stamelt dan dat hij het druk heeft en later terug zal bellen. Daarna verontschuldigt hij zich, maar het telefoontje heeft hem duidelijk in de war gebracht, want hij blijft nu wachten op onze bestelling, vergetend dat hij begonnen was ons bepaalde gerechten te suggereren. Ik noch de man herinner hem daaraan en uiteindelijk gaan we af op onze intuïtie: hij neemt spaghetti met inktvissaus, ik met venusschelpen; dan gamba's en groente van de grill voor twee personen.

'En een beetje behoorlijke porties graag,' zegt Bogliasco tegen hem, 'stevige porties.'

Dan loopt de man weg en daar zitten we, tegenover elkaar, en we bewaren een tactisch stilzwijgen dat ik niet van plan ben te doorbreken. Ik ben bereid om hem zijn hele verhaal te laten vertellen, maar ik zal er hem zeker niet om vragen. Integendeel, als hij zich bedacht zou hebben en me helemaal niets zou vertellen, en als we, verstrikt in stilzwijgen, onze maag zouden vullen, en hij me na het eten naar Rome terug zou brengen, zonder iets te zeggen, en bij de ingang van mijn huis afscheid van me zou nemen met een handdruk ('dag', 'tot ziens'), alsof er niets aan de hand was, en zo uit mijn leven zou verdwijnen, op een nog krankzinniger manier dan hij erin gekomen is, voor altijd, dan zou dat ideaal zijn. Ik zou hem om geen enkele verklaring vragen.

Terwijl ik naar hem kijk, bedenk ik dat als ik erin zou slagen hem te hypnotiseren, ik hem zou kunnen opleggen om precies zo te handelen, en dat alles misschien dan weer zo zou worden als het was: maar zelfs als ik een fakir was, zou het me niet lukken om zijn nerveuze ogen te bedwingen. En nu probeert hij míjn blik te vangen met zijn heen en weer schietende ogen, zonder enige gêne, waaruit blijkt dat de lange stilte hem geenszins ontmoedigd heeft, en dat de voorstelling gaat beginnen.

'Goed,' vangt hij aan, 'ik vertel je alles vanaf het begin, oké? En het begin is het einde van de Tweede Wereldoorlog, Gianni, toen de Russen...'

Hij schrikt op.

'M'n pillen...'

Hij vist een flesje uit zijn tas, haalt er twee witte pillen uit en schiet ze – letterlijk – in zijn keel. Aangezien ze ons nog geen water gebracht hebben, slikt hij ze droog door, zoals de Dikke dat doet met spijkers. Dan stopt hij het flesje weer in zijn zak. En bij dat alles blijft hij natuurlijk glimlachen.

Waar de pillen voor zijn, zullen we nooit weten.

'Ik zei,' herneemt hij, 'dat direct na de oorlog de Russen,

evenals de Amerikanen en de Engelsen overigens, hun spionageactiviteiten tot het uiterste opvoerden. Dat waren gouden tijden voor de spionage; probeer je eens voor te stellen hoe het was in het in vier sectoren opgedeelde Berlijn vóór de bouw van de muur, of ook in Italië onmiddellijk na de bevrijding. Alle knappe koppen waren actief in de spionage, dat staat vast...'

Het meisje arriveert met een fles water en een fles wijn. Ze maakt ze onhandig open, vooral de fles wijn, waarvan ze de kurk verpulvert. Bogliasco let er niet op en gaat door.

'Bovenal was het zaak om die chaos zoveel mogelijk uit te buiten, maar ook moesten er plannen voor de toekomst opgezet worden, en die toekomst zag er niet rooskleurig uit. Het was 1945, Gianni, de puinhopen in Europa smeulden nog na: bij zo'n gigantische verwoesting was het zich voorbereiden op de volgende oorlog het meest voor de hand liggende wat een geheime dienst kon doen. Daarom werden er activiteiten georganiseerd van allerlei aard, ook extreme, met doelwitten van het hoogste niveau, uitgespreid over zeer lange perioden: de Amerikanen gaven deze activiteiten aan met de initialen *L.T.*, *Long Term*, de Russen daarentegen met het meer poëtische *boetylka v morje*, 'fles in zee': en het leek inderdaad op het stoppen van boodschappen in een fles, die je dan in open zee achterliet in de hoop dat sommige hun bestemming zouden bereiken – hoewel, eerlijk gezegd, die bestemming helemaal niet zo duidelijk was, destijds. Jouw vader, Gianni, was een van die flessen...'

Hij grijpt de fles Frascati, en vult eerst mijn glas en dan het zijne; hij drinkt en merkt de stukjes kurk in de wijn pas op als ze tussen zijn lippen blijven zitten. Hij spuugt ze uit alsof het de gewoonste zaak van de wereld is, en kijkt me recht in de ogen.

'Je vader was een Rus,' zegt hij, bijna fluisterend. 'Een kozak, om precies te zijn.'

Met zijn duim verwijdert hij de brokjes kurk die in het

glas zijn achtergebleven en drinkt verder zonder enige interesse te tonen voor mijn reactie. Een reactie die niet komt, omdat ik hem volledig onderdruk en mij inspan om geen spier te vertrekken waar ik – voorzover ik dat kan beoordelen – goed in slaag; maar ik moet toegeven dat de hufter me weer verrast heeft – een *kozak* nog wel.

'Zijn echte naam was Arkady Fokin,' herneemt hij. 'Hij was een jonge officier in de contraspionagedienst van Stalin tijdens de Tweede Wereldoorlog, en hij was een soort genie. Op vierentwintigjarige leeftijd was hij al majoor in het Rode Leger, had hij twee studies afgemaakt en bezat nog allerlei andere talenten – waaronder zijn schaaktalent dat jij, voorzover ik weet, van hem hebt geërfd. Hij sprak drie vreemde talen vloeiend: Engels, Duits en Italiaans. Hij was piloot, had een buitengewoon sterke constitutie, en was zeer ontwikkeld. Hij was een van de besten, zo niet de beste, op wie de NKGB – het heette toen nog geen KGB – toentertijd kon rekenen – en hem werd een uitzonderlijk moeilijke opdracht toevertrouwd: hij moest zich omvormen tot Italiaan, gaan werken bij de Italiaanse militaire geheime dienst en een leidende positie verwerven via een regulier carrièrepatroon.'

Hij houdt even op, met opzet, om het effect van zijn woorden te peilen, maar ik geef nog steeds geen krimp. Ik knipper met mijn ogen, maar dat komt door vermoeidheid.

'En dat heeft hij gedaan, Gianni,' herneemt hij. 'Want jouw vader heeft die missie *volbracht*; voorzover ik weet is hij de enige van degenen die belast werden met een dergelijke opdracht – in Engeland, in Frankrijk, in Duitsland – die hem volledig heeft uitgevoerd. De enige butylka vi morie die op zijn bestemming aangekomen is...'

Daar is Roller Betty weer, pijlsnel komt ze aan met de borden in haar hand en remt met veel kabaal op een afstand van enkele centimeters van onze tafel. Ze schept de spaghetti op, het zijn werkelijk supergrote porties. Dan pikt ze een schaal van een naburige tafel, zet die voor mij neer, voor het afval.

'Eet smakelijk,' zegt ze, en vertrekt.

Bogliasco bestudeert even zijn bord, een berg spaghetti doordrenkt met een pikzwarte saus, en het lijkt of hij ideeën aan het verzamelen is over hoe hij dit zal aanpakken. Dan vouwt hij het servet uit en steekt het in de boord van zijn overhemd, niet met een puntje, maar goed ingestopt over de hele breedte, alsof het een slab is.

'Eet smakelijk,' zegt ook hij. Dan draait hij een flinke hoeveelheid spaghetti om zijn vork, die hij optilt om de inkt eraf te laten lopen, en zet er dan zijn tanden stevig in waarbij hij zijn hele mond besmeurt met zwart. Terwijl hij begint te kauwen, veegt hij zijn mond af met het servet, waarop hij een zwarte v drukt die lijkt op een zwaluw in volle vlucht.

'Welnu,' begint hij opnieuw, al kauwend, 'het doel van je vaders missie was niet *spioneren*. Bij hem ging het niet om neuzen in dossiers, om via chantage informatie van hoge pieten los te krijgen, of om informatie het land uit te smokkelen, en ook niet om een of andere vijandige agent te ontmaskeren of weer een ander te elimineren die dubbelspel speelde. Dat was niet het niveau waarop iemand van het kaliber van je vader ingezet werd – dat was meer míjn niveau, en dat is een volstrekt ander verhaal: vergeleken bij je vader, spéélde ik spion, als je begrijpt wat ik bedoel. Hoe is je spaghetti?'

'Lekker.'

'De mijne niet zo,' zegt hij terwijl hij weer een vork vol naar binnen werkt. Hij veegt zijn mond af met het servet (weer een zwarte indruk, ditmaal een kruis) en steekt weer van wal: 'Nee, de missie van je vader was fundamenteel: de oorlog. Met het vooruitzicht van een oorlog tussen de twee machtsblokken waarin Europa zich aan het opdelen was, en ik heb het over een echte oorlog, Gianni, ik heb het over invasies, veldslagen, bombardementen, snap je? – zou de aanwezigheid van een man als je vader in de generale staf van een vijandelijk leger van onschatbare waarde geweest zijn. Begrijp je? Er breekt een nieuwe oorlog uit en hij, een hoge officier uit het Russische leger, bevindt zich hier, vermomd als hoge officier in het Italiaanse leger, en op dat moment komt hij in actie. Dat was zijn missie, vanaf 1945...'

Weer een vork vol, weer mond afvegen, slok wijn, en door. Die man is een mannetjesmaker, dat is het. Hij werkt die troep met grote happen naar binnen en tegelijkertijd vuurt hij zijn projectielen af, om zijn nek een servet dat hij omwerkt tot een schilderij van Franz Kline, op zijn gezicht altijd die uitdrukking die theatraal effect sorteert, de vierkante bouw van de traditionele Cosa Nostra vertegenwoordiger, de dikke worstachtige vingers die hun best moeten doen om het glas niet te verbrijzelen: het wordt me duidelijk, alles is gericht op het *uitbeelden* van een type. Je hebt van die mensen, ik heb ze al eerder meegemaakt, die zichzelf spelen met de verve van een acteur, alsof ze weten dat ze geen grote rol spelen in het leven en zich verplicht voelen om ieder optreden maximaal gewicht te geven, waardoor ze juist irritant worden; als ze maar indruk maken.

Of hij is echt acteur, en zit ik in een candid-camera opname, hetgeen alles zou verklaren.

'...een zeer ernstige crisis in Afrika, in Cuba, in Zuid-Amerika,' zegt hij, 'maar de oorlog waarvoor jouw vader je vader is geworden is nooit uitgebroken, hoewel bijna niemand weet hoe weinig het in werkelijkheid gescheeld heeft. Daarom heeft zijn meesterlijke prestatie praktisch nergens toe gediend; hij is vijftig jaar undercover gebleven en heeft het vreemde leven geleid dat jij hebt gekend; vreemd voor een man zoals hij: elke ochtend naar de mis, bevriend raken met fascisten en reactionairen, zich nestelen in het burgerlijke bestaan dat deze mensen leiden, en met zijn zoon ruziën over politieke zaken.'

We hebben vrijwel tegelijkertijd onze spaghetti op. Ik heb zeer gulzig gegeten omdat ik werkelijk uitgehongerd was, en hij heeft intussen misschien wel duizend woorden gesproken.

Hoe heeft hij dat in godsnaam klaargespeeld?

'Maar wat had hij anders kunnen doen?' begint hij weer. 'Hij had natuurlijk *verraad* kunnen plegen; en reken maar dat hij heel wat geheimen had kunnen onthullen... Ik wil maar zeggen dat hij, als hij was overgelopen, daarvan profijt had kunnen hebben; maar, weet je, je vader nam het communisme serieus, iets waar mensen nu om beginnen te lachen als je het zegt, maar voor hem was het een plechtig, verheven levensdoel, omdat de wereld onrechtvaardig is, en wat hem betreft had Marx de weg aangegeven om haar te verbeteren, punt uit. Vandaar dat het nooit bij hem is opgekomen om van vlag te veranderen, om zich neer te leggen bij de welvaart van de kapitalistische wereld en om echt te worden wat hij veinsde te zijn. Nee, Gianni, hij haatte het leven dat hij hier leidde, en zijn haat is in vijftig jaar geen gram minder geworden. Maar hij had geen keus, hij moest doorgaan met dat leven. Hij was verstrikt geraakt in zijn missie.'

Hij steekt een sigaret op, de ellendeling.

'En hij heeft ook nooit overwogen om naar Rusland terug te keren, zelfs niet toen het duidelijk was dat die oorlog, waarvoor hij elke ochtend klaarstond om in actie te komen – terwijl hij de mis bijwoonde met Andreotti, waar je het zelf al over had – er nooit zou komen. Want intussen had hij hier iets zuivers gevonden: hij had jullie, zijn gezin en hij hield zielsveel van jullie. Ondanks het constante gevoel van liefde en loyaliteit ten aanzien van zijn vaderland, kon hij jullie hier niet achterlaten, en ook niet allemaal daarheen brengen. En waarom zou hij eigenlijk? Om te zien hoe rode vlaggen verbrand werden voor het Kremlin? Om de teloorgang bij te wonen van alles waarvoor hij zijn leven had opgeofferd, om getuige te zijn van de triomf van een kapitalisme dat nog smeriger en weerzinwekkender was dan wat hij hier achtergelaten zou hebben? Nee, hij had geen keus. De enige keus die hij had was om jou ooit de waarheid te zeggen of niet. En op het moment dat hij besloot om je niets te zeggen, om je de vader die je dacht te hebben niet af te nemen, zijn onze wegen gescheiden. Want het is niet goed, volgens mij...'

Het is zover, ik moet nu reageren. Tot nu toe ben ik in staat geweest om me in te houden, maar nu, opeens, voel ik dat ik dat niet meer kan. Het is iets in je lichaam, denk ik, iets met je zenuwen: mijn slapen kloppen, het bloed stijgt met kracht naar mijn hersens, en ik kán geen kalmte meer veinzen, omdat dit alles iets onverdraaglijks heeft, en het onverdraaglijke kun je niet verdragen.

'Hallo,' schreeuw ik naar de rolschaatster.

Maar ik kan toch ook niet in discussie gaan met deze man, omdat hij wat mij betreft een beeldscherm is, een cd-rom, het is een uithoudingsproef, en ik moet het uithouden: het is het enige verstandige wat ik kan doen, wat voor machinaties er ook achter zitten, al was het inderdaad die vervloekte candid-camera.

Deze keer komt het meisje rustig aangereden en remt voorzichtig op de punt van haar schaats.

'Zou u alstublieft de borden weg kunnen halen?' zeg ik grommend. 'We zijn al een halfuur klaar met eten.'

Het zal hoogstens vijf minuten zijn. Ze verstijft en kijkt me strak aan: ze zal me wel een hufter vinden, niks aan te doen, ik kan het niet helpen – ik voel me zelfs al beter. Ze kijkt me strak aan, ook in haar vernedering blijft ze mooi, en misschien brult een stem vanbinnen: kom op, Roller Betty, laat je tanden zien, laat je niet zo behandelen! Doe wat! Je moet het niet laten bij spugen in zijn gamba's, je bént geen serveerster! Gooi de tafel omver van die lul, verziek de hele zooi, maak er gebruik van om je in één klap te bevrijden van een baan en een vader die jou op dit moment beletten naar de disco te gaan met je vriendinnen, gekleurde pilletjes te slikken en als een bezetene te dansen op je schaatsen, en zelf te kiezen, mythische leeuwin van Fregene, door welke mislukkeling je opgepikt wil worden...

Maar ze doet niets, klaarblijkelijk kán zij het ook niet. Ze kan het boeltje er niet bij neergooien, ze kan de ketens niet afschudden, ze kan alleen maar de borden van tafel halen, zoals ik haar opgedragen heb, zonder een woord te zeggen, en wegglippen. We worden allemaal *voortgedreven*, er is niets aan te doen.

'Goed' – kan ik niet nalaten te zeggen – 'Bent u klaar met uw verhaal? Interessant, maar helaas geloof ik het niet.'

Hij schudt zijn hoofd, glimlacht. Mijn onvermogen om het stilzwijgen – en dus de controle over de situatie – te bewaren, schijnt hij vermakelijk te vinden.

'Nee, Gianni. Ik ben nog niet klaar.'

'O nee? Wat ontbreekt er dan nog aan?

Hij drukt de sigaret uit in de asbak. Niet goed, want de sigaret gaat niet uit, en hij moet hem weer uitdrukken, en nog steeds gaat hij niet uit, en ik heb *behoefte* om te roken, verdomme, maar dat mag ik ook al niet. Maar ik mag wel drinken.

'Alle vragen die door jouw hoofd gaan en die jij me nu moet stellen, ontbreken nog.'

'Maar u had toch gezegd dat u vragen niet op prijs stelde?'

Gianni, hou op met je sarcasme, hij hoort het niet eens, 'hij is er niet op gebouwd'...

'Ook ontbreken alle antwoorden die ik je moet geven,' vervolgt hij, 'want voor elke vraag die je me stelt heb ik een antwoord, voor elke bedenking heb ik een verklaring.'

Zwijg, Gianni. Zwijg. Hou je mond.

'Luister, ik heb een idee,' zeg ik. 'Waarom stelt u zelf die vragen niet? Stel zelf de vragen en beantwoord ze, in uw eentje. Ik ben er zeker van dat dat beter zal gaan.'

Maar ga dan ook weg. Het is de perfecte uitsmijter om mee op te stappen: voeg er nog even 'tot ziens' aan toe, leg het servet op tafel en wegwezen. Het is zo eenvoudig...

Maar ik doe het niet, en in de tijd die ik nodig heb om het niet te doen wordt het me meedogenloos helder dat ik het nooit zal doen, want er blijkt een nieuwe grens te zijn die ik nu bij mezelf ontdek: als een of andere kerel me absurde verhalen over mijn vader vertelt, en ik besluit hem te negeren, en dat lukt me een poosje maar op een bepaald moment lukt me dat toch niet meer, en ik doe botte, arrogante uitspraken waarna ik zou moeten opstappen en mijn eigen gang gaan, welnu, *dan stap ik niet op*, dan zit ik aan mijn stoel genageld en sla een absoluut modderfiguur. Het is goed om die dingen te weten.

En hij? Ik wed dat de arme man zich verkneukelt, terwijl hij opeens een uitstraling heeft van oprechte verbazing; maar ook deze uitstraling is volgens mij een sluw gespeelde rol, hij lijkt op inspecteur Columbo als deze in het openbaar moet spreken.

'Oké, zoals je wilt,' grinnikt hij. En het gaat hem absoluut goed af: het wordt nu zelfs een spelletje...

'Goed,' zegt hij, 'eerste vraag: hoe is het je vader gelukt om zich om te vormen tot Italiaan?'

Hij doet alsof hij een beetje gegeneerd is, met een uitdrukking van 'moet je mij nu zien', maar hij voelt zich daarentegen volkomen op zijn gemak: het lijkt alsof hij in zijn leven nooit iets anders heeft gedaan dan zichzelf vragen stellen.

'Jouw vader' – antwoordt hij zichzelf – 'is kapitein Maurizio Orzan geworden in 1945, onmiddellijk na het einde van de oorlog. Vanaf januari 1943, na de val van Chertkovo, waren er duizenden Italianen in de krijgsgevangenkampen, en de Sovjet geheime dienst had zeer gedetailleerde informatie in handen gekregen over alle Italiaanse officieren die krijgsgevangen waren gemaakt. Deze Orzan bleek de ideale man; hij was een van de weinige overlevenden van een detachement dat praktisch weggevaagd was, hij had geen moeder meer, was niet getrouwd, had geen broers of zusters en, heel belangrijk, hij kwam uit Pola, in Istrië – dat, zoals je weet, na de wapenstilstand, op Joegoslavisch grondgebied kwam te liggen: dus *hij zou niet naar huis hebben kunnen gaan.*'

Roller Betty arriveert met de gamba's – reeds gepeld, dus uit de diepvries – en hij onderbreekt zichzelf, maar blijft duidelijk de situatie in de hand houden, alsof hij alleen maar op de pauzeknop gedrukt heeft: hij moet een van die mensen zijn die nooit de draad kwijtraken en voor wie je het meest beducht moet zijn. Het meisje bedient hem eerst, dan mij, vervolgens zet ze de schaal met groente op een hoek van de tafel en vertrekt.

'Begrijp je,' begint hij weer, en eet een gamba met zijn handen. 'Orzan had geen plek om naar terug te keren, naar zijn vrienden en familie. Dat was van fundamenteel belang voor je vader: het was van fundamenteel belang dat, als hij eenmaal als Orzan naar Italië teruggekeerd was, de kans om ontmaskerd te worden teruggebracht zou zijn tot...'

'Sorry als ik u onderbreek,' zeg ik, 'maar denkt u dat ze erin gespuugd heeft?'

'Wat zeg je?'

Eindelijk heb ik hem op het verkeerde been gezet.

'Denkt u dat de serveerster in mijn bord heeft gespuugd?'

'Waarom zou ze?'

'Omdat ik haar onheus bejegend heb. Heeft u opgemerkt hoe ze straks naar me keek, met die haat in haar ogen?'

Zijn hand met daarin een gamba blijft halverwege steken.

'Herinnert u zich Tiberio Murgia,' vervolg ik, 'die kleine, met het snorretje, die Ferribotte speelde in de film *I Soliti Ignoti*? Hij was geen acteur: hij was ober in de Re degli Amici, in Via della Croce, en daar zag Monicelli hem, en kreeg toen het idee om hem die rol in de film te laten spelen. Na het succes van *I Soliti Ignoti* gaf Murgio zijn baan als ober op en werd echt acteur. Hij speelde in alle Italiaanse komedies de rol van de kleine Siciliaan, hoewel hij overigens niet eens Siciliaan was maar Sardijn. Weet u wat hij tegen Monicelli zei om uitdrukking te geven aan zijn erkentelijkheid voor het feit dat hij zijn leven veranderd had? Weet u welke parel van wijsheid hij hem schonk? "In een restaurant," zei hij, "moet je nooit gehaktballen bestellen en nooit ruzie maken met de ober." Dat zei hij tegen hem.'

Ik kijk naar mijn bord, naar de vijf gamba's die een rondje vormen, het slablad als garnituur en het partje citroen.

'Volgens mij heeft ze erop gespuugd,' zeg ik. 'Ik eet ze niet op.'

Hij, daarentegen, eet zijn gamba wel op, een heroïsche daad, maar hij heeft er dan ook al eentje opgegeten; hij haalt zijn schouders op en verwaardigt zich niet om met mij in discussie te gaan over dit onderwerp – *hoeveel spuug van obers zullen we in ons leven gegeten hebben?* – dat toch wel eens walgelijk belangrijk zou kunnen zijn; maar ik weet zeker wat hij nu denkt, ook al heb ik het niet gezegd, het zou niet menselijk zijn als hij het niet dacht: het meisje, denkt hij, zou ook in mijn bord gespuugd kunnen hebben.

'Sorry, ik heb u onderbroken. Wat zei u ook alweer?' Nu gaat het hard tegen hard, vriend.

Ik zie hem knikken, en hij kijkt naar beneden zoals Steve McQueen als hij *verdraagt*. Om zijn ogen weer op te heffen moet hij een beroep doen op zijn Pavlov glimlach, als ware het een krik. Het moet hem heel wat inspanning kosten om weer door te gaan met zijn verhaal; hij lijkt op een olifant die zich opricht...

'Die kapitein Orzan,' hervat hij botweg, 'was gevangene in een kamp in Siberië, zo'n heel zwaar kamp waar je niet meer levend uitkwam. Op een dag komt er uit Moskou een delegatie van de NKGB in dat kamp, met een dwingende opdracht: het ophalen van gevangene Orzan om hem over te brengen naar een ander kamp. Aan het hoofd van die delegatie stond jouw vader, die vervolgens vier dagen samen met Orzan door Siberië is gereisd. Je kunt niet zeggen dat er tussen hen een vriendschap is ontstaan, maar ze leerden elkaar wel kennen, ze spraken met elkaar, twee mensen die contact met elkaar kregen binnen het kader van een onbeschrijfelijke tragedie; en toen je vader hem een kogel door het hoofd schoot, bij zonsopgang, terwijl hij sliep, wat de start was van zijn eigen missie, deed hij iets wat hem daarna nooit meer...'

'Een ogenblik,' onderbreek ik hem. 'Weet u wat ik de mooiste filmscène vind? Ik bedoel, in absolute zin de mooiste.'

Hij schudt zijn hoofd, glimlacht. Zijn blik heeft de intensiteit van een bezetene, maar ook met de mijne valt niet te spotten, veronderstel ik.

'Dat is een scène uit *Ricotta*' – ga ik verder – 'als Pasolini Orson Welles een van zijn gedichten uit *Mama Roma* laat lezen. Het is een moment waarop de troupe pauzeert, de typische lunchpauze van de Italiaanse filmwereld, een loom uur, drukkend warm, de geschroeide velden rondom Cinecittà op de achtergrond, met Romeinse wachters in harnassen die gevulde broodjes eten en de twist dansen. En Welles begint het gedicht voor te lezen aan de ober die hem zijn glaasje ginger ale heeft gebracht. Orson Welles leest het overigens in het Italiaans, wat maar weinig mensen weten, maar het is toch nagesynchroniseerd en weet u wie zijn stem doet? Giorgio Bassani. Weet u wie Giorgio Bassani is?'

'De schrijver?'

'Precies. Ik vroeg het u omdat hij een beetje verwaarloosd is, terwijl het een meester was. Híj doet dus de stem van Orson Welles. En weet u wat? Ik ken dat gedicht uit mijn hoofd. "Ik ben een kracht van het verleden," ik zweer dat ik het helemaal uit mijn hoofd ken, "louter in de traditie ligt mijn liefde, mijn wortels heb ik in bouwvallen, kerken, altaarstukken, verlaten gehuchten in de Apennijnen of in de Vooralpen waar mijn broeders woonden..."'

Mijn stem wordt luider, iemand draait zich om en kijkt naar mij.

'...Langs de Via Tuscolana zwerf ik als een dwaas, als een hond zonder baas langs de Via Appia. Of ik kijk naar de schemering en het ochtendgloren boven Rome, boven de Ciocciaria, boven de wereld, de eerste daden van de Posthistorie waar ik getuige van ben, een gunst van het geboorteregister, op de uiterste rand van een begraven tijdperk...'

Nu ga ik zelfs staan – ongelooflijk – en mijn stem wordt nog luider.

'...Een monster is hij die geboren is uit de ingewanden van een dode vrouw. En ik, volwassen vrucht, meer van deze tijd dan wie dan ook, op zoek naar mijn broeders...'

Ik pauzeer even, net zoals Orson Welles in de film.

'...die er niet meer zijn.'

Nu kijken ze allemaal naar me. Alle vijftigers aan de grote tafel en nog een paar stellen tegenover ons, zelfs Roller Betty: in hun afwachtende blik, en in de radeloze stilte die opeens over ons allen gedaald is, proef ik het succes van mijn plotselinge uitbarsting. Ik heb ze allemaal plat gekregen.

'Daarna' – ik ga zitten en praat weer zachter – 'sluit Orson Welles het boek, doet zijn bril af en vraagt aan de ober: "Heeft u er iets van begrepen?"'

Kijk nou eens waartoe je in staat bent, denk ik. Wie had dat nu gedacht?

'Kent u een mooiere scène dan deze...' besluit ik.

Nu zou ik gewonnen moeten hebben. Ik ben verbaasd over mijn eigen gedrag – en het gaat nog door, want er is nog één stel dat naar me kijkt en ik glimlach, hef mijn glas en drink op hun gezondheid – maar nu zou hij toch moeten erkennen dat ik hem de baas ben, want als ik hiertoe in staat ben, dan kan ik nog heel veel andere dingen doen, dan heb ik nog een onbeperkt repertoire van provocerende acties die ik zou kunnen inzetten, tot het bittere eind, totdat ik hem de mond heb gesnoerd: gezien dit alles zou hij toch moeten erkennen dat het afgelopen is en ermee ophouden – ook al weet ik heel goed dat het bijna nooit zo gaat, dat bijna nooit iets ophoudt als het afgelopen is.

En het houdt inderdaad niet op, omdat hij zo *oneerlijk* is om door te gaan.

'Ik begrijp wat je voelt,' zegt hij. 'Denk niet dat ik dat niet begrijp. Maar ik heb je ook dit verhaal verteld omdat ik wil dat je weet wie jouw vader was. Ik wil niets voor je verborgen houden. Maar ook al is Orzan de enige mens die jouw vader in zijn leven gedood heeft, en ook al was hij al bijna dood, de herinnering aan die daad is hem altijd blijven kwellen, omdat één keer doden veel erger is dan vele malen. Ook toen ik hem opzocht in het ziekenhuis, en hij lag te ijlen, volgespoten met morfine, heb ik hem horen fluisteren: "Arme Orzan...Arme Orzan." Nog steeds, na vijftig jaar...'

Het is waar, dat zei mijn vader in zijn ijltoestand: 'arme Orzan'. Maar dat sloeg op hemzelf: zo eenvoudig is het. Maar *deze gedachte* alleen al, deze gedachte is dodelijk, omdat het betekent dat zijn schaamteloosheid het nog steeds wint van de mijne, en dat hij, wat voor houding ik ook inneem, mij zal blijven drijven naar dat beslissende punt waarop alles voorgoed onzeker wordt, en ik gedwongen zal zijn om *bewijzen* te leveren ter verdediging van iets wat noch verdedigd, noch bewezen, noch verklaard hoeft te worden, omdat het verdomme niet om een veronderstelling gaat, het is simpelweg de werkelijkheid zoals ik die mijn hele leven beleefd heb: ik heb dus niet gewonnen, ik heb verloren.

'Maar toch geef ik het op,' voegt hij eraan toe. 'Het is overduidelijk dat je niet van plan bent om naar me te luisteren, daarom...'

Hij maakt met een bevelend gebaar Roller Betty duidelijk dat ze de rekening moet brengen.

'Ik begrijp het overigens wel,' voegt hij eraan toe.

Hij glimlacht, steekt een sigaret op, en slaat zijn ogen weer neer, ditmaal zonder dat hij op iemand lijkt.

Er volgt een stilte.

Ik heb dus gewonnen. Ha! Nog één verhaal, misschien nog maar één zin, en het zou voldoende geweest zijn om mij te doen instorten als een wankele muur, want zijn vragen houden me wel bezig en hoe. Mijn hersens zijn als een razende in de weer om het sedentaire, strenge, christen-democratische beeld van mijn vader te vervangen door de romanfiguur van een jonge sovjetofficier die midden in de kille steppe, na het einde van de oorlog, een arme krijgsgevangene uit Istrië een kogel door zijn kop jaagt om vervolgens diens plaats in te nemen en daar tot het einde van zijn dagen gewetenswroeging over te hebben. Nog één tikje en ik zou begonnen zijn te... Maar dat weet hij niet. Niet wetende dat ík me al overgegeven heb, geeft hij zich over. Hoeveel kunstwerken op veilingen zullen er op deze manier toegewezen zijn.

Ik kijk om me heen, ik kijk naar al die mensen die, na het intermezzo van mijn korte optreden, zich weer gericht hebben op hun eigen zaken. De vijftigers van de grote tafel zijn zwijgend aan het vertrekken, zonder de opgewektheid die ze tijdens de maaltijd zo tentoongespreid hebben. Het zou absurd zijn te denken dat Pasolini hen heeft uitgeput, van wie zij nog minder afweten dan hij van hen geweten zou hebben als hij nog leefde, en wiens aanwezigheid ze niet eens hebben kunnen bespeuren in mijn uitbarsting, wat daarentegen hun ouders dertig jaar geleden wel zouden hebben gekund, blindelings, instinctmatig, als honden die een aardbeving aan voelen komen. Ze zijn moe, dat is alles, het is al laat, ze gaan naar huis en bergen hun goede humeur weer op. De mannen hebben grijzend haar, zijn gebruind, slank, het zijn sportieve lui van de tennisclub, uit wier ogen constant iets straalt van 'binnenkort ga ik eens een mooie reis maken'; en hun vrouwen zijn allemaal nogal mooi, maar van een vluchtige schoonheid, eenvormig door de ingrepen van de plastisch chirurg, wat hen bijna onderling verwisselbaar maakt. Op deze leeftijd waren mijn vader en moeder niet zo, en ook hun vrienden die op bezoek kwamen niet: goed, het waren andere tijden, maar hun manier van leven had iets strengs, iets winters, iets waarmee deze nieuwe bourgeoisie duidelijk niets te maken heeft. Mijn vader zou trouwens nooit zijn gaan eten in een restaurant als dit, zo verloederd door modeverschijnselen, zo troosteloos. We zijn vijftig meter van de zee verwijderd – want de zwarte streep voor me is de zee – en je merkt het niet eens. Nee, dit is geen geschikte plek voor mijn vader, zelfs niet om over hem te *praten*; het heeft niets te maken met het burgerlijke idee van betrouwbaarheid, van onveranderlijkheid dat hij altijd om zich heen heeft willen voelen: hout, geen plastic, boeken, geen tijdschriften, God, niet de Malediven. Hier maakt echter alles de indruk van tijdelijkheid waardoor je tegelijk alweer denkt aan de volgende verwisseling van eigenaar, als de man met het gebloemde hemd geruïneerd is en de zaak voor de zoveelste maal wordt gerenoveerd. Op een winterse dag, tijdens de werkzaamheden, terwijl de sirocco raast, zal Roller Betty hier voorbijkomen, niet echt toevallig, en naar binnen gaan, en ze zal om zich heen kijken zoals ik dat nu doe, en de werklui zullen stoppen met hameren en zullen naar haar kijken, en de voorman zal op haar afkomen en zeggen: 'Wat zoek je hier?', en de ogen van Roller Betty zullen op zoek gaan naar de strepen die ze op de vloer gemaakt heeft met haar schaatsen maar ze zullen zelfs de vloer niet meer vinden, omdat die ook verwijderd is om elk spoor uit te wissen van het etablissement zonder geschiedenis waar zij werkte, en zij zal antwoorden: 'O, niets,' en weer vertrekken.

Intussen zit Bogliasco stilzwijgend te roken, geheel ingetogen, in een houding die bijna aristocratisch zou zijn als hij er anders uitgezien had: maar als onze blikken elkaar weer kruisen, zie ik in zijn blik onmiddellijk hetzelfde refrein terugkomen als toen hij zei dat mijn vader een kozak was, een fles in de zee, een spion, een moordenaar – de ervaren mannetjesmaker is terug. Het is nog lang niet afgelopen. En niemand heeft gewonnen, er was niets te winnen.

'Luister,' zeg ik tegen hem, 'waarom ben je bij mij gekomen? Waarom niet bij mijn zuster?'

'Je zuster is anders,' antwoordt hij. 'Zij mag het echt niet weten.'

'Precies. Zij zou namelijk de politie hebben gebeld.'

'Natuurlijk.'

'En mijn moeder? Waarom zegt u niets tegen haar? Zij is tenslotte met hem getrouwd.'

Roller Betty arriveert met de rekening. Hij kijkt er niet eens naar en overhandigt haar een creditcard.

'Je moeder weet het, Gianni.'

Gianni Costante is de naam op de creditcard.

# 10

*Eerste hoofdstuk*

*Het moment is gekomen, lieve kinderen, om een geheim te onthullen dat jullie zal verbazen. Ook al zou hij het niet goed vinden (ik ben namelijk bezig mijn eed te breken) heb ik besloten jullie de hele waarheid te vertellen over Pizzano Pizza. Ja, het moment is gekomen en jullie moeten het weten. Diegenen onder jullie die vanaf het begin zijn avonturen gevolgd hebben, maar ook degenen die nog nooit van Pizzano Pizza gehoord hebben en die dit boek cadeau gekregen hebben waarbij gezegd werd dat jullie eens wat moeten lezen in plaats van altijd maar videospelletjes te spelen met Lorenzo (want waar videospelletjes zijn is altijd een Lorenzo, er is geen ontkomen aan, en als jullie dat niet geloven, als jullie denken dat het vriendje met wie je videospelletjes speelt Giulio of Valerio of Giacomo of Giacopo of Massimiliano heet, of als jullie denken dat je in je eentje speelt, of zelfs dat je helemaal nooit speelt, dan is dat des te meer reden om jullie nu de waarheid over Pizzano Pizza te vertellen, want dan zullen jullie begrijpen hoe makkelijk het is om je te vergissen in het leven, ten aanzien van een heleboel dingen).*

*Lieve kinderen, leg dit boek even neer en ga naar de keuken om een hapje klaar te maken (brood met mayonaise, stel ik voor, en een half glas melk), en ga daarna lekker zitten lezen in de meest comfortabele stoel van jullie huis; of sluit je op in je kamertje en ga op je bed liggen als een Romeinse Keizer, dat wil zeggen op één zij, terwijl je doorknabbelt aan je hapje, en het geeft niet als je een beetje kruimelt: zoals ik net al zei, staan jullie op het punt om de hele waarheid te vernemen, en de waarheid moet je met een volle maag onder ogen zien en in een toestand van lichamelijke rust. Vertrouw op mij, doe wat ik jullie zeg. Haal wat te eten. Zoek een plekje uit. Ik wacht hier, ik ga niet weg. De waarheid die ik jullie moet vertellen over Pizzano Pizza en zijn geheim loopt ook niet weg. Terwijl ik hier op jullie wacht zal ik voor jullie een tekening van een ruimteschip maken. Zomaar, omdat ik daar goed in ben, en ook omdat hij misschien later nog van pas kan komen, wie weet. Een vertrekkend ruimteschip.*

*(tekening van een vertrekkend ruimteschip)*

Goed, jongens, daar gaan we. Toch, nu we hier zijn, merk ik hoe moeilijk het is om die beruchte waarheid te benaderen, en voel ik de behoefte om er eerst met jullie een beetje in het algemeen over te praten, met een grote aanloop, om vervolgens langzamerhand het onderwerp aan te snijden. Ik voel de behoefte om jullie eraan te herinneren hoe normaal het eigenlijk is dat mensen vaak geheimen hebben, en dat de wereld vol is met leugens; niet alleen met slechte leugens, voor een of ander duister doel, maar ook onschadelijke, onschuldige, noodzakelijke leugens, ja zelfs goede leugens.

Ik voel de behoefte om te beginnen bij de Kerstman, bijvoorbeeld. Het is een leugen, dat weten jullie nu wel: de waarheid is dat de Kerstman niet bestaat, dat er geen vliegende rendieren bestaan, dat de arrenslee niet bestaat, dat zijn huis op de noordpool niet bestaat en dat zo'n dikkerd als hij zich onmogelijk door de schoorsteen kan laten zakken.

Daar is nooit iets van waar geweest: jullie ouders kochten eind november de cadeautjes in de grote winkelcentra, vóór de grote drukte, of (dat hangt van je ouders af) een paar dagen voor kerst in gewone winkels in de stad, als het in die winkelcentra te druk was; zij verstopten de cadeaus altijd, zoals jullie weten, achter in de bergruimte, weggemoffeld tussen kapotte lampen en oude versleten kleden, en op de avond voor kerst werden jullie vroeg naar bed gestuurd met de smoes dat de Kerstman verlegen is en bang om gezien te worden; en als ze zeker wisten dat jullie in slaap gevallen *waren gingen ze op hun tenen de cadeautjes halen, maakten er op de keukentafel mooie pakjes van met gekleurd papier, en legden die onder de boom. En de volgende ochtend voerden ze een heel toneelstuk op, 'laten we heel zachtjes dichterbij komen', 'zou hij wel gekomen zijn', 'mmm, ik heb een naar voorgevoel', en de fanatiekelingen hadden steenkool van suikergoed in de gang gestrooid om jullie bang te maken. En min of meer gaat het zo altijd, in de hele wereld, want de Kerstman bestaat niet. Toch is er geen kind aan wie deze leugen niet verteld wordt, en niet alleen door de ouders, maar ook door de juffrouw op school, door de televisie, door alle familieleden en zelfs door de gekke oom, die je kietelt tot je er niet meer tegen kan en die, als je moeder er niet is, op het bed gaat staan te springen en door de spiraal zakt.*

*Is dat nu een complot?*

*Nee, het is alleen maar een voorbeeld van de leugens waar ik het over had, die goede, onschuldige leugens waar de wereld op drijft. Misschien kan de wereld er ook wel buiten, daar heb ik het niet over, maar die leugens zijn er nu eenmaal en het zijn er heel veel, en als je er even over nadenkt, weten jullie heel goed waarom ook jullie vrij vaak van die leugens vertellen. Net zoals ik er zeker van ben dat ook jullie geheimen hebben. Maar dat van Pizzano Pizza is alleen een beetje spectaculairder, schokkender en spannender dan jullie geheimen, het is afgeschermd door leugens zoals die rondom de Kerstman, alleen een beetje ingewikkelder dan die van jullie.*

*Want de waarheid, eindelijk ben ik op dit punt aangeland, is dat Pizzano Pizza geen kind is, zoals ik jullie heb doen geloven. Hij is een marsmannetje. En hij heet niet Pizzano Pizza, maar Qlxxzw'kvsfqz (op Mars bestaan geen klinkers). En hij is geen negen jaar oud, maar zesenzeventig – en zoals je weet zijn de jaren op Mars veel langer dan de jaren op aarde, omdat Mars verder van de zon af ligt en veel meer tijd nodig heeft om eromheen te draaien, dus hij is al behoorlijk op leeftijd.*

*Maar dat is nog niet alles, moeten jullie horen: Pizzano Pizza is niet zomaar een willekeurig marsmannetje. Hij is een geheim agent van Mars met een missie op de Aarde. Een spion.*

*Ik wed dat jullie sprakeloos zijn. En bij jullie rijst nu de verdenking dat dit de leugen is, en dat ik jullie deze leugen vertel. Maar denk nu eens na: waarom zou ik jullie zo'n leugen vertellen? Wat valt er voor mij te halen? Het is heus niet makkelijk om tegen jullie te zeggen wat ik zeg; het zou veel makkelijker zijn om door te gaan met het vertellen van zijn avonturen, alsof er niets aan de hand is: waarom zou ik het me zo moeilijk maken? En jullie kennen me toch, tenminste diegenen die al een ander boek over Pizzano Pizza gelezen hebben, weten wie ik ben, en ik hoop wel dat ik jullie vertrouwen gewonnen heb. Als ik nu een onbekende zou zijn met een vreesaanjagend uiterlijk, en 's nachts plotseling voor jullie was komen staan, gewapend met een pistool nog wel, en als ik dan jullie zoiets zou vertellen, dan zou ik het begrijpen: maar ik ben het, en ook al hebben jullie me nooit gezien, we hebben toch heel wat tijd samen doorgebracht; en daarom bestaat er tussen ons een soort vertrouwensbasis. Overigens, als het kan helpen om al jullie twijfels weg te nemen, kan ik jullie een idee geven van mijn uiterlijk. Hier volgt een zelfportret:*

*(zelfportret van de Verteller met een opgezwollen wang)*

*Ja, dat ben ik (terwijl ik een kastanje eet, hetgeen de zwelling van de wang verklaart). Vinden jullie mij iemand die 's morgens opstaat om te verzinnen dat mensen marsmannetjes zijn met een geheime missie?*

*Nee, leggen jullie je er maar bij neer: Pizzano Pizza is een marsmannetje dat naar de aarde gestuurd is met een supergeheime missie, en om die missie te volbrengen heeft hij de gedaante aangenomen van een negenjarig aards kind. Dat is de zuivere waarheid.*

*Ik weet dat er nu in jullie hoofd duizend vragen beginnen rond te gaan, en jullie moeten me geloven als ik zeg dat ik het juist als mijn taak beschouw om al die vragen te beantwoorden. Maar omdat dit een verhaal is, moeten jullie me wel de tijd geven. Laat mij vertellen, en je zult zien dat jullie nieuwsgierigheid stukje voor stukje zal worden bevredigd.*

*Welaan. Laten we beginnen bij het begin. Of liever gezegd, resumeren, zoals dat heet. Dit is het kind Pizzano Pizza, dat door de tijd reist, gezeten op zijn stoeltje:*

*(tekening van Pizzano Pizza op zijn stoeltje)*

*Dit daarentegen is Qlxxzw'kvsfqz, de spion van Mars die naar de Aarde gestuurd is met een supergeheime missie:*

*(tekening van een marsmannetje)*

*Zoals jullie zien is er tussen de twee geen enkele gelijkenis. Toch zijn ze beiden hetzelfde wezen. En het is niet zo dat alle avonturen waarover jullie in de vorige boeken hebben gelezen niet waar zijn: het is allemaal precies gebeurd zoals ik het jullie verteld heb, behalve dan dat er in het kind van negen die de avonturen beleefde, een volwassen marsmannetje verborgen zat dat bezig was met de uitvoering van zijn zeer belangrijke geheime missie.*

*Maar waaruit bestond die missie dan, zullen jullie je afvragen, die zo belangrijk en zo geheim was dat hij drie boeken lang voor jullie verborgen is gehouden?*

*Het antwoord is: de geheime missie van Pizzano Pizza bestond eruit dat niemand te weten mocht komen dat hij een geheime missie had.*

*En ik wed dat jullie nu zullen vragen: maar waarom mogen we het nu wel weten en eerst niet? Wat is er veranderd?*

*En dat, kinderen, is een goede vraag, een heel goede vraag: het is de ideale vraag om het eerste hoofdstuk mee te besluiten. Niet dat ik jullie geen antwoord wil geven, maar zoals ik al gezegd heb, dit is een verhaal, en in verhalen is het een goede regel om maar enkele vragen direct te beantwoorden. Geloof me, het is beter om de rest nog even uit te stellen. Vertrouw op mij, ga door met lezen, en op het juiste moment zullen jullie ook daar een antwoord op krijgen. Laat me nu het ware verhaal van Pizzano Pizza vertellen vanaf het echte begin...*

# 11

Eerste vloek. Tweede vloek. Derde vloek. Pauze. Maagd. God. Maagd. Pauze. Enzovoort.

De zon zakt langzaam in de Gianicoloheuvel, en de muezzin van de beschimping heeft de litanie van gisteren weer opgevat, met dezelfde wanhoop als gisteren. Het is wonderbaarlijk hoe snel je aan dingen went: terwijl ik weer op het zonnebed lig op het balkon, weer een gin-tonic drink op een lege maag, op ongeveer dezelfde tijd als gisteren, lijkt het tierende gevloek van deze arme jongen me al onderdeel van het landschap, niet mysterieuzer dan het getoeter van het verkeer beneden op straat, of het gekrijs van de zwaluwen die in de lucht cirkelen. Het kost me inspanning om de vragen weer op te roepen die mij gisteravond verontrustten: wie is het die zo vloekt? Waarom lijdt hij? Waarom hoor je geen andere stemmen dan de zijne, en ook geen andere geluiden? Zou hij echt aan zijn bed geketend zijn?

Ik sta op en loop naar de balustrade om even te kijken, door het kindergaas heen.

Net als gisteren, maar in nog groteren getale, verdringen grijze kopjes zich bij de omliggende vensters: vooral oude mensen, die gechoqueerd zijn en misschien ook wel bang geworden door deze mysterieuze stem die maar door blijft razen: Maagd. God. Maagd – uit alle macht. Ze knipogen en fluisteren naar elkaar van venster tot venster, met een bezorgde blik; wie weet wat ze aan het uitbroeden zijn om deze boze geest uit het flatgebouw te verdrijven (de wraak van de rustige burger op het lijden); ze maken een opgewonden indruk, en hebben niet geaarzeld om de tv-quizzen, die in hun huizen drenzen, te laten voor wat ze zijn. Net zoals gisteren blaas ik de aftocht: dit zijn de momenten waarop het slechtste in de mensen bovenkomt, dat kun je beter niet zien.

Ik keer terug naar het bed en strek me uit. Ik geniet van een vreemdsoortige gemoedsrust, onvoorstelbaar tot gisteren, en ik wil dat niet bederven. Toch heb ik nog niets gedaan van de dingen die ik zou moeten doen: de zo zorgvuldig opgestelde lijst met werkjes ligt nog steeds, onaangeroerd, onder de telefoon, en de Vespa, waarmee ik door het verkeer had moeten manoeuvreren om ze uit te voeren, is de hele dag blijven staan – verzopen als ik me niet vergis – met een ketting vastgemaakt aan het eenrichtingsbord op de stoep van onze flat. Ik heb er gewoon geen tijd voor gehad. Ik moest *werken*, omdat mij vanochtend een genade ten deel is gevallen die ik lang niet meer gekend heb, en door het ontbreken waarvan ik uitgeput raakte. Ik besef heel goed dat het woord 'inspiratie' belachelijk kan klinken in de mond van een kinderboekenschrijver, maar ik zou echt niet weten hoe ik dat wat mij vanochtend bij het ontwaken overviel, beter zou kunnen definiëren. Opeens wist ik wat ik moest schrijven: de windstilte van de afgelopen maanden was voorbij, en ik kon niet wachten om te beginnen. Dat heeft me vanzelfsprekend verrast, omdat ik in slaap gevallen was in de schoot van een ijlend vraagteken, en alles zag ernaar uit dat ik de hele dag nodig zou hebben om me te bevrijden van die loden last. Echter, toen ik vanochtend wakker werd, is de stortbui die ik gisteravond over me heen gekregen heb, weggevloeid in de enige richting waar problemen, onrust en verwarring juist gebruikt worden om tot een oplossing te komen, en voordat ik het goed besefte zat ik al aan mijn computer, teruggezogen in de goede oude achtbaan van woorden die vanzelf toestromen. De hele dag heb ik een bijzonder gevoel van lichtheid gehouden, terwijl de pagina's zich opstapelden en ik de verloren lust om te schrijven weer hervond — schrijven zonder te stoppen om de telefoon op te nemen, om te eten of om aan je eigen zaken te denken, zonder aan iets anders te denken dan het binnenhalen van de grote vis die eindelijk toegehapt heeft. Dat dit alles vervolgens geen betrekking heeft op een werk van groot literair belang maar slechts op een kinderboek is, zoals men pleegt te zeggen, mijn zaak, in die zin dat het verbonden is met mijn lot: een lot dat ik onvoorwaardelijk aanvaard, laat dat duidelijk zijn. Ten prooi aan de inspiratie schrijft Kafka *De gedaanteverwisseling* en ik *Het geheim van Pizzano Pizza*: nou en? Ik heb er zelfs nooit van gedroomd om een groot schrijver te zijn, roem en onsterfelijkheid behoren niet tot mijn ambitie: ik ben er tevreden mee als het me lukt een of ander behoorlijk idee te bedenken dat mijn vingers de toetsen van het vermaledijde toetsenbord doet aanslaan zodat ik er een eerlijke boterham mee kan verdienen voor mijn gezin: niets meer, maar ook niets minder, godnogaantoe. De creatieve crisis laat ik graag aan genieën over.

Ik besef dat het gruwelijk cynisch klinkt, als je het zo vertelt: een onbekende man breekt zijn eed en onthult dat je net overleden vader een spion was waarbij hij je dwingt, ook al is het maar even, om de dingen vanuit een krankzinnige optiek te zien waarin elk moment van je verleden niets anders wordt dan een onderdeel van een minutieuze dekmantel; en de volgende ochtend, nog voordat je de moeite hebt genomen om de duizend redenen op te sommen die dit verhaal gewoonweg belachelijk maken, vlieg jij naar je computer en verwerk je het als origineel verhaal in een kinderboek, je maakt er een onderhoudende vertelling van — ja zelfs *handelswaar* gezien het feit dat je een professional bent — en lost op deze manier je writer's block op. Wat een afschuwelijke wereld, niemand gaat vrijuit. Maar het was niet zo vreselijk om te doen; ik heb het nu eenmaal gedaan, en het heeft me opgelucht – het mag dan misschien geen schone zaak zijn, hele middagen doorbrengen met de elektronische spelletjes van Microsoft is ook geen schone zaak, of het scherm vullen met 'Gianni Orzan Hoofd vol Kuren Kapitein van Avonturen', honderden keren herhaald in tientallen verschillende lettertypes; en ik vind ook dat het feit dat ik het schrijven weer opgepakt heb een beter mens van me maakt, ook al is het maar een beetje, ook al zal niemand het merken, en ook al zal ik, wat goed mogelijk is, morgen de geschreven bladen herlezen, ze lelijk vinden en weggooien – want dat is mijn plicht: schrijven, weggooien en opnieuw schrijven, en mezelf verbeteren in een dagelijkse strijd met de witte haai van het witte blad.

Ik heb niets kwaads gedaan. Ik ben trouw gebleven aan mijn taak. Ik heb als uitgangspunt iets genomen wat me overkomen is en ik ben gaan schrijven. Wat is daar voor kwaads aan? Elke schrijver doet dat, en het schuldgevoel dat nu aan me probeert te knagen is geheel misplaatst. Overigens, toen het me niet lukte om maar één regel te schrijven, had ik ook een schuldgevoel, en toen was het nog groter.

En ook is het niet helemaal waar dat ik de hele dag alles heb laten sloffen: ik heb twee keer de telefoon opgenomen, dus ik heb een beetje tijd aan mijn medemens besteed. Het eerste telefoontje was van de moeder van het kind in coma. Ik herkende haar niet onmiddellijk, omdat ze zich op het antwoordapparaat alleen maar bekendmaakte als 'de moeder van Matteo', en toen ik naar de telefoon rende om op te nemen, was ze al bezig afscheid te nemen. Gelukkig was ze nog aan de lijn, en ik denk dat mijn dag er heel anders uitgezien zou hebben als ik niet op tijd was geweest (door hoeveel variabelen wordt ons leven wel niet beïnvloed), want ik zou koortsachtig aan een reeks telefoontjes begonnen zijn, naar de organisatoren van de prijs, naar de plaatselijke journalist, naar de gaande burgemeester, naar de komende burgemeester en naar het ziekenhuis van het stadje, om te pogen haar nummer te achterhalen en haar terug te bellen; maar dat was gelukkig niet nodig, des te beter. Na me nogmaals bedankt te hebben, zei de vrouw dat ze morgen naar Rome zou komen, om een expert te raadplegen of het een goed idee was om het kind over te brengen naar een speciaal centrum in Oostenrijk, en dat ze het leuk zou vinden om mij te ontmoeten voordat ze weer naar huis ging. Net als op de avond van de prijsuitreiking sprak ze over haar leed op een koele toon, zonder grote droefheid, en nam zonder emotioneel te worden dodelijke termen als 'irreversibel' en 'laatste poging' in de mond. Ik zei haar dat ik haar graag zou ontmoeten en we hebben een afspraak gemaakt voor morgen elf uur. Toen ik haar vroeg welk deel van de stad haar het beste uitkwam, antwoordde ze dat het voor haar geen enkel verschil maakte – als het maar wel in de buitenlucht is, voegde ze eraan toe. Ter plekke kon ik alleen maar komen op het café in het park tegenover Porta San Paolo, vlak bij mijn huis, en daar hebben we afgesproken: maar niet omdat het mij goed uitkomt, laat dat duidelijk zijn.

Nadat ik opgehangen had duurde het even voordat ik weer aan het werk kon komen: ik begon te bedenken hoe voorbeeldig de strijd is die deze vrouw voert tegen de medische wetenschap, die het zinloos vindt haar 'laurierhaag' in leven te houden, die het aanwenden van het apparaat dat hem in leven houdt beschouwt als een 'therapeutisch exces', en die met het geduld van een aasgier wacht op het moment waarop ook deze moeder, zoals alle moeders in deze situatie – uitgeput, ontmoedigd en door iedereen verlaten –, zich neer zal leggen bij het idee dat onze hele treurige maatschappij heeft van haar zoon, dat wil zeggen een kadaver waar alle bruikbare organen keurig uit verwijderd moeten worden en dat vervolgens plechtig begraven moet worden met een door de bisschop opgedragen dodenmis. Ik zat te denken dat ik, in haar plaats, me precies zo zou gedragen als zij, en een verhaal van Raymond Carver schoot me te binnen waarin op een bepaald moment de verteller zijn vrouw op het hart drukt dat ze, mocht hij ooit in coma geraken, nooit de stekker eruit mocht trekken, onder geen beding. Ik ben het verhaal in mijn boekenkast gaan zoeken, heb het gevonden en, omdat ik plotseling heb besloten om het boek morgen aan de vrouw cadeau te doen, heb ik de betreffende passage overgenomen in mijn aantekenboekje (hij was overigens al duidelijk onderstreept), want als ik geen tijd heb om een nieuw exemplaar te kopen, of als ik er niet in slaag het te vinden, geef ik haar het mijne. De passage luidt als volgt: 'Nee. Niet de stekker eruit trekken. Ik wil niet dat je de stekker eruit trekt. Laat hem erin zolang het kan. Wie zou daar tegen kunnen zijn? Zou jij daar tegen zijn? Ben ik misschien iemand tot last? Zolang de mensen het aankunnen om naar me te kijken, zolang ze niet beginnen te krijsen zodra ze me zien, haal je er mooi niks uit. Je laat me doorleven, begrijp je? Tot het einde. Nodig vooral mijn vrienden uit om afscheid van me te nemen, maar doe niets voorbarigs.'

Het tweede telefoontje kwam van de kleine Francesco, dat wil zeggen na een stortvloed van liefdesuitingen van Anna. Hoewel ik het gesprek natuurlijk verwachtte, was ik er toch niet op voorbereid, en lukte het me niet haar iets te vertellen over de vorige avond. Omdat ik nog geen moment had besteed aan het zoeken van de juiste woorden om zo'n verhaal over te brengen, kon ik er ook geen woorden voor vinden, en bleef ik onmededeelzaam als een kind. Ik heb haar toegesproken met die algemene, inhoudsloze, geruststellende woorden die meestal helemaal niet geruststellend klinken. Ik heb haar ook niets verteld over mijn creatieve aanval, maar ik ben wel eerlijk geweest over het feit dat ik nog geen van de dingen had gedaan die ik moest doen, waaronder het opbellen naar de school van de kleine Francesco om zijn afwezigheid tijdens de laatste dagen van het schooljaar aan te kondigen. En hier had ik verwacht dat Anna zou protesteren, omdat ze op dit punt zeer had aangedrongen, vanwege een schoolconcert waar hij een belangrijke rol in zou spelen: ik had alleen maar de onderwijzeres ervan op de hoogte moeten stellen dat hij niet mee zou kunnen doen, zodat ze tijd zouden hebben om de rollen opnieuw te verdelen. Anna zit in de oudercommissie, en met dat soort zaken is ze heel consciëntieus; ik verwachtte dat ze erover zou vallen, want ik had eigenlijk best even kunnen bellen, maar, tot mijn verbazing, zei ze er niets van. Zij deed ook laconiek, zelfs gejaagd, en al met al was het een vreemd gesprek: maar ik werd te zeer in beslag genomen door mijn verzwijgen om er aandacht aan te besteden. Pas toen ik ophing besefte ik dat zij nog worstelde met die mysterieuze gewapende bruut, die er blijk van had gegeven alles over onze zoon te weten: een dreiging die uit mijn leven verdwenen was maar niet uit het háre, en tegelijk met het tedere gevoel dat je hebt bij iemand die nog steeds datgene ervaart wat al uit jouw bewustzijn is verdwenen – J.D. Salinger heeft dit mooi beschreven – bespeurde ik ook de druk van deze afstand tussen ons tweeën, en de noodzaak om die zo snel mogelijk te overbruggen door haar alles te vertellen, wat ik ook zal doen, vanavond nog, straks, zodra ik de woorden ervoor heb gevonden. Zodra ik weer alle verantwoordelijkheden op me genomen heb waar ik mezelf, om weer schrijver te worden, een hele dag van heb ontheven...

En dan stopt de Stem. Net als gisteren, opeens vloekt hij niet meer, en net als gisteren lijkt het even of er iets ontbreekt aan de warme junihemel, aan de snel naderende zonsondergang. Een lang ogenblik lijkt het of alles onderbroken wordt totdat duidelijk is of het alleen gaat om een langere pauze of dat dit het gewoon is voor vandaag en dat het morgen weer doorgaat op dezelfde tijd. En zo is het inderdaad, want deze twee dagen is de Stem helder geweest: er bestaan geen langere of kortere pauzes; het is díe pauze of niets. Het duurt echter een paar minuten voordat de Aarde, hier beneden, daarin berust en haar gewone draai herneemt, terugvallend op haar kille vermogen om het zonder alles te kunnen stellen. En ik, voor vandaag ontheven van al mijn verplichtingen behalve één, van al mijn verantwoordelijkheden behalve één, ik ervaar deze onderbreking als een geschenk, omdat hij me nog lichter maakt, mijn blik bevrijdt en onbelemmerd langs de horizon laat dwalen met een boog als die van de zon. De daken. De bomen. De roodwitte antenne op de top van Monte Mario. Driekwart van de koepel van de Sint Pieter. De Piramide. De gashouder die de kleine Francesco om een of andere reden het 'Colosseum van het postkantoor' noemt. Een zeemeeuw, die zwijgend zweeft, met volledige beheersing over zijn vlucht, en onmiskenbaar in mijn richting komt, steeds dichterbij, totdat hij vlak voor mij neerstrijkt – ongelooflijk – op de balustrade. Hij begint me aan te kijken, parmantig, met zijn loerende roofvogelblik en zijn gekromde snavel, terwijl hij zijn kop van de ene kant naar de andere beweegt om mij nu eens met het ene oog, dan weer met het andere in te kaderen, alsof er tussen de twee beelden verschil bestaat – en waarschijnlijk is dat ook zo. Hij kijkt me aan met zo'n kracht dat ik een kostbaar ogenblik lang niets anders ben dan de vage, onbeduidende vorm die hij ziet, en ik voel een absolute, volmaakte rust die ik altijd zou willen kunnen terugroepen; dan vertrekt hij, opeens, stort zich in de leegte en verdwijnt achter de rand van de balustrade waar hij in de verte weer bovenuit komt, zich niet bewust van mij, op weg naar elders.

Met één lange, laatste slok drink ik de gin-tonic op en ga weer liggen. De zon gaat onder, de dag is voorbij. Ik moet nadenken over wat me te doen staat. Ik moet Anna bellen. Ik moet eten want ik heb honger. Onverwachts keert het bewustzijn terug, komt de stroom weer op gang van gedachten, prikkels, verplichtingen en herinneringen die van mij en alleen van mij zijn. In alles begint het *Principium Individuationis* te kloppen dat mij weer vastpint op mijzelf en dwangmatig herhaalt – zonder ooit uit te leggen waarόm – dat ik ik ben en dat ik niet ben wat die meeuw zag, en vooral dat ik niet die meeuw ben; dat dit mijn balkon is en niet een grijs punt in de blauwe lucht waar je kunt neerstrijken om op adem te komen; en dat wat ik hoor de bel van mijn huis is, dat het echt mijn bel is die gaat, en dat degene die belt op zoek is naar mij, naar de *ik* die er een hele dag in is geslaagd om *niet* te zijn, en, even geleden, een fantastisch moment lang, om *niets* te zijn, en die ik nu onverbiddelijk, heel bewust, weer ben.

## 12

Er zit een kijkglas in de deur. We gebruiken het bijna nooit maar het zit er.

Vervormd door het ronde vissenoog dat het hele trapportaal inkadert staat Gianni Bogliasco/Fusco/Costante te wachten, onwrikbaar als een brandkraan, in zijn hand een gevulde plastic tas met allerlei uitsteeksels. Ik geloof niet dat hij vermoedt dat hij wordt bekeken, toch glimlacht hij zoals gewoonlijk. Het moet echt een soort geconditioneerde reflex zijn. Wat nu, doe ik open of niet?

Ik doe open.

'Ik heb wat te eten meegebracht,' begint hij alsof het de normaalste zaak van de wereld is. Ik nodig hem niet uit binnen te komen, maar ik belet het hem ook niet, en hij komt binnen. Hij kijkt even rond en knikt met zijn hoofd.

'Leuk hier.'

Dan, omdat de wereld van hem is, en hij altijd kan doen waar hij zin in heeft, begint hij het huis te bezichtigen. Hij gaat de kinderkamer in; komt er weer uit; gaat mijn studeerkamer in; blijft daar iets langer; komt er weer uit; verdwijnt in de slaapkamer; daar is hij weer. Steeds knikkend en glimlachend. Ik ben niet van mijn plaats geweest, heb zelfs de voordeur niet gesloten.

'Heel goed,' oordeelt hij. 'Eenvoudig maar comfortabel. Je ziet dat jullie smaak hebben.'

Daarna schudt hij met de overvolle tas, die maar zo'n beetje bungelt; hij moet behoorlijk zwaar zijn.

'Waar zal ik dit laten?' vraagt hij. 'Het is nog warm.'

'Doet u maar alsof u thuis bent.'

'Dank je.'

Zoals gisteren al verscheidene keren het geval was, merkt hij mijn sarcasme volstrekt niet op. Hij is onkwetsbaar. (Of deugt mijn sarcasme niet?) Hij wacht misschien één, twee seconden of ik hem voor zal gaan, maar als dat al zo is gunt hij me niet de tijd om die beslissing te nemen en loopt de woonkamer in, en weer is hij onzichtbaar. Overigens zullen we nu te weten komen of het de eerste keer is dat hij dit appartement betreedt of dat de bezichtiging een toneelstukje was – bij hem is alles mogelijk. Want als het de eerste keer is dat hij mijn huis ziet, weet ik wat er gaat gebeuren: dat gebeurt namelijk altijd als iemand voor de eerste keer mijn woonkamer inkomt.

'Goh, wat een balkon!' hoor ik hem roepen.

Dat overkwam mij en Anna ook, toen die kerel van de makelaardij ons het appartement liet zien. Het is namelijk een bescheiden huis, het gebouw is slecht onderhouden, en het balkon zit aan de achterkant, onzichtbaar vanaf de straat en je kunt het je niet voorstellen totdat je de woonkamer binnenkomt en het ziet, ruim, licht, met een weids uitzicht op Rome. Het is echt een verrassing.

'Fantastisch,' hoor ik hem, wat zachter, zeggen. 'Zoiets verwacht je niet.'

Ik ga bij hem staan. Hij staat bij de balustrade en houdt het gaas vast, in de ban van de zonsondergang.

'Fantastisch,' herhaalt hij, 'je kunt ook de Sint Pieter zien.' Dan draait hij zich plotseling om. 'Er zijn niet zo veel balkons in Rome met zo'n uitzicht. Is het huis van jou?'

'Nee, we huren het.'

'O. Betaal je veel?'

'Ach...'

'Hoeveel?'

Ik weet niet precies hoe ik naar hem kijk, maar hij voelt zich wel onmiddellijk verplicht om eraan toe te voegen:

'Als ik niet onbescheiden ben...'

Wat volgens mij niet hetzelfde is als 'laat maar zitten, dat zijn mijn zaken niet', maar het is altijd beter dan niets.

'Eén punt vier,' antwoord ik.

'En jij klaagt!'

'Ik klaag helemaal niet.'

'Daar moet je zuinig op zijn, neem dat van mij aan, op een huisbaas die één punt vier per maand vraagt voor een huis met zo'n balkon. Soms een vriend van je?'

'Nee.'

'O nee? Wie is het dan?'

Ik probeer hem net zo aan te kijken als straks, maar dit keer werkt het niet, en hij voegt er dan ook niets aan toe.

'Iemand' – antwoord ik – 'die ik via een makelaar heb gevonden.'

'Je bent een geluksvogel, jongen, dat mag gezegd,' hij schudt zijn hoofd, 'één punt vier...'

*Jongen.* Ik ben geen jongen.

'Kom, we gaan eten, anders wordt het koud.'

Hij haalt een hoeveelheid pakjes uit de tas en legt ze op de tafel – vettige pakketjes, schaaltjes van aluminiumfolie, twee blikjes bier en twee plastic bekers die direct beginnen te wankelen in de frisse zeewind, en als niemand iets doet waaien ze zo weg. Dan begint hij de pakketjes open te maken, één voor één, waarbij gevulde rijstkroketten, in deeg gebakken mozzarella, Ascolaanse olijven, rijstballetjes, aardappelkroketten en nog meer gebakken zaken te voorschijn komen. Genoeg voor een weeshuis.

'Bij de Piramide is een van de beste rosticceria's van Rome: wist je dat?'

'Welke, Di Pietro?'

'Dat is 'em. Kom je er ooit?'

'Ik haal er gegrilde kip als ik alleen ben.'

Ik grijp nog net een van de bekers die op het punt staat weggeblazen te worden, en vul hem met bier. Daarna vul ik ook de andere, en werp mij op de geroosterde aardappels die bovenop liggen in een schaal. Ik heb honger.

'Trouwens' – licht hij toe – 'sinds ze de zaak helemaal hebben opgeknapt, is hij een beetje achteruitgegaan: nu lijkt het een willekeurige pizzeria, keurig, zelfs comfortabel, terwijl de echte rosticceria vies, klein en stinkend moet zijn: precies zoals Di Pietro vroeger was. Maar ondanks de verburgerlijking blijft hij voor sommige dingen fantastisch. Probeer eens een van deze...'

Hij reikt me een zeer vettig uitziend soort schoenzooltje aan: het is het laatste wat ik zelf vrijwillig zou hebben uitgekozen, maar ik weet heel goed dat mijn wil een onbelangrijk detail voor hem is. Hij wacht tot ik het zooltje aanpak en er een hap van neem, en terwijl ik begin te kauwen, geeft hij informatie:

'Het is een ovensandwich: kende je die al?'

Ik schud van nee, terwijl ik probeer mijn tong niet te verbranden aan de kokendhete vulling.

'Een stevige hap, vind je niet?'

De smaak is wel goed. In een gebakken pizzakorst zit kaas, en gekookte ham, geloof ik. Waar ik van griezel, is het straaltje olie dat je mond in spuit terwijl je kauwt...

'Een beetje vettig...' zeg ik.

'Vertel mij wat,' reageert hij, met een onvervalst Romeins accent, met open klinkers zoals dat van Celentano in *Rugantino*.

'Dat maakt het juist lekker,' gaat hij verder, terwijl hij er ook in eentje hapt. Dan, al kauwend, gaat hij door met praten:

'Ik weet niet hoe het met jou zit, maar ik ben een expert in rosticceria's. Ik heb er ook een boek over geschreven: *Under 10*, heet het: een gids voor rosticceria's in Italië, waar je kan eten – kón eten, de prijzen liggen nu hoger – voor minder dan tienduizend lire. De volgende keer neem ik het wel voor je mee...'

Kijk aan. Ook schrijver.

'Ik heb namelijk altijd in rosticceria's gegeten,' vervolgt hij. 'Ik heb ze zien komen, gaan en van gedaante zien veranderen, in Rome, Genua, Livorno, Napels en Milaan waar het zo langzamerhand tenten voor de rijken geworden zijn, maar, geloof me, tot twintig jaar geleden waren er fantastische zaken onder. Ik heb minstens drie generaties Italiaanse rosticceria's getest, beste vriend...'

Hij maakt zich meester van een rijstkroket, en *slurpt* hem meer dan dat hij hem eet, zoals Gassmann doet met de crème caramel. Ik blijf aardappelen uit de schaal vissen – heel vet, heel krokant, doordrenkt met knoflook en rozemarijn en juist daarom waanzinnig lekker.

'En zal ik je eens wat zeggen? Als ik in het buitenland ben, is het dat wat ik van Italië het meeste mis. Niet de kunst, niet het klimaat of de Italiaanse restaurants, die je tegenwoordig overal hebt, maar de rosticceria's. Misschien komt het omdat ik geen moeder gehad heb die voor me kookte, zelfs niet toen ik klein was, maar als ik een echte rosticceria binnenkom, zo een die er nog net zo uitziet als veertig jaar geleden, met die schemerige verlichting en de geur van frituur die in je kleren gaat zitten, voel ik me thuis. Voor mij is het pure poëzie: die mannetjes met hun smerige schorten en altijd vette handen, die verwelkte vrouwen die hun leven hebben doorgebracht achter de kassa, de kwieke manier waarop ze jou je wisselgeld teruggeven, terwijl ze doen of ze je heel goed kennen ook al zien ze je voor het eerst...'

Hij drinkt zijn bier op, vist ook een aardappel uit de schaal, en dan nog een. En nog een.

'Uw pillen,' zeg ik.

'Wat zeg je?'

'U vergeet uw pillen in te nemen.'

Hij verstijft.

'O ja,' zegt hij, en hij voelt in zijn broekzak terwijl hij zijn hoofd schudt. Hij vindt het flesje en herhaalt de handelingen van gisteravond, slikt weer twee pillen zonder erbij te drinken, hij maakt er alleen een snelle hoofdbeweging bij.

'Nou,' zegt hij terwijl hij me aankijkt, 'aan jouw waarnemingsvermogen mankeert niets...'

Hij slikt nog een keer – ze zijn zeker halverwege blijven steken – en stort zich enthousiast op de schaal met aardappelen, alsof hij ze weg wil werken voordat ik er nog eentje kan nemen.

'En dan die smaken...' begint hij weer, 'dít zijn volgens mij volmaakte smaken. Probeer die rijstbal eens...'

Hij hapt in een rijstballetje, en ik doe hetzelfde: lekker, inderdaad. In twee happen heeft hij het op, dan drinkt hij de beker met bier leeg en omklemt op een ingewikkelde manier met twee handen de in deeg gebakken mozzarella waaruit rijkelijk olie druipt en, na de eerste hap, ook een mozzarella-achtige witte vloeistof – wat hem noodzaakt zich voorover te buigen met de typische reflex van de hamburgereter, terwijl hij de hele stoel achteruitschuift en het hoofd naar voren strekt om die druipende vloeistoffen naar een leeg kommetje op tafel te leiden.

'Ze zijn machtig,' vervolgt hij, met een overvolle mond en een stem die opeens diep uit de keel klinkt. 'Ze volgen hier natuurlijk niet de modegrillen van het moment, ook weer uit Amerika afkomstig natuurlijk: koken zonder vet, cholesterol free...'

Hij moet even zijn mond houden om te slikken, anders stikt hij. Zijn uitspraak van het Engels is overigens perfect.

'Maar daarbinnen is het oorlog,' begint hij weer, en zijn stem is weer normaal geworden, 'en de eigenaar van de rosticceria is een soldaat in de loopgraven, die er de hele dag voor vecht om genot te verschaffen aan diegene die net geld genoeg heeft om zijn honger te stillen...'

Hij heeft de mozzarella op en begint aan een aardappelkroket. Net als gisteravond gaat het zeer snel, ondanks het feit dat hij gelijktijdig praat en eet. Dat moet een heel precieze techniek zijn.

'Want met truffels is het makkelijk om smakelijke gerechten te maken, en met paddestoelen en met balsamicoazijn van twee miljoen lire per liter wordt iedereen een goede kok: maar probeer het maar eens met rijst, brood, aardappelen en aardnotenolie van een paar centen. Dan wordt het net zoiets als oorlog voeren met een geweer en een bajonet, dat is voor helden. Daar zit hem het verschil...'

Hij maakt de laatste aardappel soldaat, die onder in de bruinige olie dreef. Ik had hem ook graag genomen.

'Mmmnn,' mompelt hij, 'ruik je het? We bevinden ons op de uiterste grens van de smaak. Nog even verder en het wordt soldatenrantsoen, varkensdraf, en de kunst van de kok van een rosticceria bestaat uit het vermogen om die grens zo dicht mogelijk te benaderen zonder hem ooit te overschrijden. Begrijp je de moeilijkheid, de *grandeur*? Je klanten volstoppen met calorieën voor een paar centen, hun honger stillen, maar ze ook het grootst mogelijke genot verschaffen, en dat alles zonder ze te vergiftigen. In de restaurants, daarentegen, geven ze je dit soort dingen als hors d'oeuvre, gewoon, als modegril, en ze verstaan de kunst om er iets verfijnds van te maken: ze bakken ze waar je bij zit en verzuipen ze in de verkleinwoordjes, "twee *kroketjes*", "twee *olijfjes*", "een *mozzarellaatje*"... Vervolgens splitsen ze je bedorven mosselen in de maag en loop je geelzucht op.'

Het is vreemd, maar ik ben het met hem eens. Misschien zou hij het prettig vinden om dat te weten, maar ik wil niet dezelfde fout maken als gisteravond, ik houd mijn mond. Ik blijf geloven dat vroeg of laat, bij een hardnekkig en ondoordringbaar stilzwijgen, ook de meest praatzieke gesprekspartner zich uiteindelijk ongemakkelijk zal gaan voelen. En dat is precies wat ik wil: dat hij zich ongemakkelijk voelt, één keertje maar. Wat betreft de rosticceria's heeft hij echter gelijk, het zijn verrukkelijke zaken.

Intussen is het eten bijna verdwenen, en ook de honger. Ik ben al opgehouden met eten, hij peuzelt nog wat Ascolaanse olijven, maar je ziet aan zijn blik dat hij verzadigd is, en dat hij het meer uit plichtsgevoel doet: iets anders waar we het, denk ik, over eens zouden zijn is dat restjes van de rosticceria onmiddellijk oneetbaar worden. Dus of je eet alles op of je ontdoet je snel van wat overblijft. En als ik zie dat ook hij met eten ophoudt, en eindigt met een grote slok bier, en – ah – een sigaret opsteekt, sta ik op en begin de boel bij elkaar te schuiven.

'Hulp nodig?' vraagt hij, zonder zelfs enige *aanstalten* te maken om zich te verroeren.

'Nee, laat maar.'

Nu komt het smerigste karwei, dat snel afgehandeld moet worden. De doorsijpelende restjes, de slecht opgestapelde lege schaaltjes, de proppen papier: ik haal al die vette troep bij elkaar en breng het naar de keuken, zonder adem te halen, en gooi het meteen in de vuilniszak. Dan was ik mijn handen, die druipen van het vet, en voordat ik terugga naar het balkon haal ik twee biertjes uit de ijskast, want ik heb nog steeds dorst, en dat zal voor hem ook wel gelden. Hij is weer gaan staan, vlak bij het gaas: ik geef hem een van de twee blikjes, hij knikt als om te zeggen 'goed idee', trekt het blikje open en neemt een grote slok, de brandende sigaret tussen zijn vingers. Zijn belangstelling schijnt nu uit te gaan naar de zwaluwen, die verwoed rondvliegen voor het balkon. Zijn jasje staat open, en zijn buik puilt uit zijn broek onder het Bulgaarse overhemd met korte mouwen – hetzelfde als gisteren, deze keer, vies en gekreukeld. Geen spoor van het pistool, geen bobbel in zijn broekzak: heeft hij uit respect voor mij zijn wapen niet meegenomen?

'Ze worden gewoon zwaluwen genoemd maar dat is fout,' zegt hij. 'Zwaluwen zijn groter en blijven op het land. Dit zijn *huiszwaluwen*...'

Hij blijft nog even de zwaluwen bestuderen (ik heb nog

nooit van huiszwaluwen gehoord), gaat dan weer zitten en schuift op in mijn richting.

'Je zit vanavond niet op je praatstoel, hè?' zegt hij.

Ik strek me uit op het bed en leg mijn handen onder mijn nek.

'Nee.'

Ik heb vreselijk zin om te roken, verdomme. Hij rommelt met zijn tong in zijn mond en maakt daarbij de geluiden waaraan Anna zich zo ergert, om restjes tussen zijn tanden te verwijderen. Hij laat zich zakken in zijn stoel en zucht.

'Kijk eens wat mooi...'

Het is inderdaad een moment van grote schoonheid: de lucht heeft een onwezenlijke metallic-blauwe kleur, en door de wind blijft hij glanzen als glazuur. Het is warm, en de jasmijn op mijn balkon verspreidt een haast ondraaglijk sterke geur. Overal glimmen de lichtjes van Rome, de monumenten stralen zelfs licht uit. Alles schijnt erop te wijzen dat er een juiste manier is om je over te geven aan de nacht van een decadente metropool met een rijke geschiedenis, en dit is die manier.

'Luister,' zeg ik opeens. 'Waarom bent u hier gekomen?'

En daar gaan we weer, waarom heb ik gesproken? Het stilzwijgen had effect, hij leed eronder. Waarom heb ik gesproken?

Hij haalt zijn schouders op.

'Omdat ik zin had om een praatje met je te maken.'

'En als ik er nu eens niet was geweest? Als ik nu eens bezoek had gehad?'

'Dan was ik weer weggegaan.'

Hij richt zijn blik naar de lucht, om een vliegtuig te volgen dat vlak boven ons flikkerend zijn weg zoekt.

'Luister, ik geloof uw verhaal niet,' zeg ik.

Hij richt zijn blik weer op mij en doet verbaasd.

'Welk verhaal?'

'Dat verhaal over mijn vader. Ik geloof het niet.'

'Waarom kom je daar nu mee?'
'Omdat het de reden is van uw komst.'
'Nee. Ik wilde alleen maar een praatje maken.'
'Een praatje, ja...'
'Ja, een praatje. Is dat zo gek?'
'En waarover had het dan moeten gaan, dat praatje?'
'Je kunt over zo veel dingen praten.'
'O ja? Zoals?'
'Dat weet ik niet. Over zo veel... Je kunt over films praten...'

Hij laat een boer, een lange, geluidloze, en een zware biergeur bereikt mijn neus.

'Over zo veel...' herhaalt hij, en hij kijkt weer naar de lucht.

Wat moet ik doen? Ik wens van deze man af te komen: wat moet ik doen? Gisteravond heb ik me laten meesleuren, ben ik de strijd aangegaan en heb ik gepoogd om hem duidelijk te maken hoe belachelijk het is, objectief gezien, wat hij me wil doen geloven, maar het heeft niet gewerkt, en hij heeft voor elkaar gekregen wat hij wilde: hij wilde zijn verhaal vertellen, en hij heeft het verteld. Vanavond is hij wat omzichtiger geweest, en heb ik hem kunnen weerstaan, heb ik hem bijna vernederd met mijn stilzwijgen, maar hij is hier nog steeds, onverschrokken, en geniet van het windje op mijn balkon en laat boeren in afwachting van het juiste moment om weer te beginnen. Hij staat er beslist beter voor dan ik, ook nu. Maar er moet toch een manier zijn om van hem af te komen, het moet me toch lukken de woorden te vinden om hem uit te leggen dat hij vergeefse pogingen doet, en dat hij mij mijn hele leven lastig kan blijven vallen, maar dat hij me er nooit van zal kunnen overtuigen dat mijn vader een Russische spion was, omdat mijn vader geen Russische spion wás.

'Luister,' begin ik, maar dat is geen sterke opening, omdat ik altijd met 'luister' begin, het is een soort stopwoord dat mijn taal aantast, en daar ben ik me van bewust, maar hoewel ik het weet glipt het er steeds tussendoor, hetgeen betekent dat ik niet volledig grip heb op mijn woorden, zelfs niet nu ik een helder inzicht heb gekregen in wat er aan de hand is.

'Hoort u eens,' vervolg ik, 'let goed op wat ik u te zeggen heb...'

Ik zwijg even, om te zien of hij van plan is me te laten praten of niet. Hij zwijgt ook. Hij kijkt me aan en zegt niets, ten teken dat hij, die gesprekken beschouwt als een snookerwedstrijd, waarbij de een solo speelt tot hij een fout maakt en vervolgens plaatsmaakt voor het spel van de ander, erkent dat ik aan de beurt ben. Daar gaan we...

# 13

'Ik geloof uw verhaal niet,' zeg ik, maar natuurlijk verwoordt deze zin niet het heldere inzicht dat bij mij opgekomen was: maar dat was weer verdwenen, in een flits, zoals het gekomen was. Ik herinner me dat het inzicht iets te maken had met een zekere kracht, die wij over ons voelen komen en die ons het recht geeft de dingen te laten gebeuren zonder ons te verzetten, onder het voorwendsel dat we erdoor meegesleurd worden terwijl dat niet zo is. We zijn gewoon nieuwsgierig om te zien wat er gebeurt; het zou erop neerkomen dat ik hem zou uitleggen – in algemene bewoordingen, wat altijd beter is – waarom ik hem tot mijn huis heb toegelaten en hem zo zijn gang heb laten gaan en waarom hij nu hier de baas zit te spelen op mijn balkon; en even had dit alles een uiterst overtuigende maar blijkbaar vluchtige vorm aangenomen in mijn hoofd, want helaas was het weer verdwenen voordat ik het kon vastleggen in een betoog: en ik weet al dat ik het me over god weet hoeveel tijd weer zal herinneren, en dat het dan geen nut meer heeft. Hij is overigens ook teleurgesteld, bijna in verlegenheid gebracht, door mijn beknoptheid: zwijgend blijft hij me aanstaren, en het lijkt alsof hij niet kan geloven dat dat alles is, alsof hij ergens een valstrik vermoedt. Ik herinner me dezelfde uitdrukking in de ogen van bepaalde tegenstanders – in de tijd dat ik aspirant-schaakmeester was en iedereen grote dingen van me verwachtte – als ik, op het hoogtepunt van een zeer nonchalant en defaitistisch gespeelde partij, eindelijk besloot om een bepaalde combinatie te proberen: ik gaf ze de *indruk* dat ik hen in moeilijkheden kon brengen, maar na twee zetten gaf ik het op. Hun teleurstelling was dan bijna nog groter dan de mijne...

'Ik wil u dus bedanken voor de maaltijd,' stamel ik, 'of liever voor de maaltijden, die van gisteren en die van vanavond, maar als u nu nog verder met mij wilt praten, zult u mij een pistool op de borst moeten zetten, want ik ben niet van plan, uit vrije wil...'

De telefoon gaat.

'Anna,' zeg ik.

Ik kijk op mijn horloge: halftien, en ik heb nog steeds niet gebeld. Ik spring op om de telefoon aan te nemen voordat het antwoordapparaat start, en laat hem op het balkon voor gek zitten – wat uiteindelijk veel meer duidelijkheid verschaft dan welke woorden dan ook.

'Hallo.'

'Papa?'

Francesco. Wat heerlijk om op dit moment zijn stem te horen. Wat een opluchting te bedenken dat hij bestaat, dat het geen kwestie is van wel of niet geloven. Wat heerlijk om hem, zoals altijd, zonder enige aarzeling te horen beginnen ('Wat ben je aan het doen?', 'Wat doet Pizzano Pizza?', 'Wanneer kom je?') en vervolgens te merken dat hij opeens, maar nog steeds zoals altijd, dichtklapt en onmededeelzaam wordt en mijn vragen nauwelijks met 'ja' of 'nee' beantwoordt ('Ga je nog zwemmen, visje van me?' 'Ben je nog naar het pijnboombos geweest?'), alsof hij plotseling alle belangstelling voor mij heeft verloren, alsof ik hem heb gestoord bij een fantastisch spelletje dat nu zonder hem doorgaat. Alle kinderen doen echter zo, dat is bekend, het is een kwestie van het verslappen van hun aandacht voor iets wat, zoals inderdaad de telefoon en de technologie in het algemeen, hoort bij de wereld van de volwassenen. Juist om die reden vinden ze zoiets aanvankelijk aantrekkelijk maar om dezelfde reden verveelt het hen weer net zo snel, omdat ze gek worden van de broosheid, de eentonigheid en de opgelegde regels – en het is alleen daarom, laat dat duidelijk zijn, en niet omdat hij geen zin zou hebben met zijn vader te spreken, dat de kleine Francesco mij plotseling laat zitten en de telefoon aan Anna geeft. Het is verdomme het *medium*, dat niet bij hem past...

'Gianni?' de stem van Anna is onzeker alsof ze net wakker is geworden.

'Hallo. Alles goed?'

'Sorry hoor. Francesco heeft je uit eigen beweging gebeld,' is haar vreemde reactie.

'Dat is toch niet erg?'

'Nee, maar misschien was je ergens mee bezig...'

Anna klinkt kil, afstandelijk.

'Wat heb je,' zeg ik. 'Ben je boos?'

'Nee...'

'Is er een probleem?'

'Nee, nee...' herhaalt ze. Maar er is wel een probleem, natuurlijk is er een probleem: zij denkt nog steeds dat we allemaal gevaar lopen...

'Luister,' zeg ik. 'Ik stond op het punt je te bellen, want alles is opgelost: we worden door niemand bedreigd, wat die avond gebeurde was één groot misverstand, die man was helemaal geen buitenstaander.'

'O,' zegt zij. 'Wie was het dan?'

'Het was... een oude intendant van mijn vader,' improviseer ik. 'Iemand die dacht dat ik hem wel had herkend. Een keurige man, hij heeft mijn tas teruggebracht en alles is opgehelderd. Het was echt een kolossaal misverstand. We hoeven ons nergens meer druk om te maken: niemand wil ons kwaad doen, alles is weer bij het oude.'

'Des te beter,' zegt zij, en er valt een vreemde stilte. Vreemd omdat ze nu zou moeten gaan lachen, mij in de maling nemen, of, als ze er nog geen vrede mee heeft – en daar zou ze alle recht toe hebben – meer uitleg eisen, mij bestoken met vragen. Maar ze zwijgt.

'Het leek me al vreemd...' besluit ze, na een flinke pauze: en de toon van haar stem is nog steeds koud en ongemakkelijk, alsof dat het probleem niet was. Maar als dat zo is, dan gaat het niet goed, want dat wás het probleem; is er nog iets anders?

'Misschien was ik wel een beetje paranoïde,' zeg ik, 'maar ik verzeker je dat het ter plekke niet makkelijk te begrijpen was, met dat pistool dat hij in zijn riem droeg en vooral zonder dat hij tegen mij zei wie hij was. Hij heeft zich dat overigens ook gerealiseerd en heeft me...'

En dan wordt de situatie nog ingewikkelder omdat Bogliasco de woonkamer binnenkomt met in zijn handen de tas waaruit de gefrituurde happen gekomen zijn, en die nog niet helemaal leeg is, want hij haalt er een videocassette uit en laat die aan mij zien. Dan gebaart hij mij om door te gaan met bellen en niet op hem te letten, maar begeeft zich dreigend in de richting van de videorecorder, en dat gaat niet goed.

'...zijn verontschuldigingen aangeboden,' vervolg ik, terwijl ik hem gebaar te stoppen, *niets aan te raken*, maar als antwoord krijg ik alleen maar een van zijn geruststellende gebaren die me geenszins geruststellen.

'Goed,' zegt Anna, 'het belangrijkste is dat jullie het opgelost hebben...'

'Hij is nu hier...' fluister ik onhandig opdat hij me niet hoort terwijl hij om de televisie heen snuffelt met de cassette in de hand.

'O...'

Maar wat is er aan de hand? Je kunt toch onmogelijk zo afstandelijk blijven als je ergens van bevrijd wordt, want dát zou het effect van mijn woorden op haar moeten zijn, de bevrijding van het angstige gevoel bedreigd te worden zonder te weten waarom.

'Anna,' zeg ik, 'wat is er?'
'Niets.'

Intussen heeft de man de televisie aangezet, met het geluid uit, en is hij aan het rommelen geslagen met de afstandsbediening van de videorecorder. Hij heeft een verrassend leesbrilletje opgezet – verrassend voor hem – klein, elegant, met een zeer fijn metalen montuur dat schittert in het licht. Mijn vader had er ook zo een.

'Luister,' zeg ik, 'morgen kom ik naar Viareggio en dan leg ik je alles uit, maar het belangrijkste was dat jij het wist. Of ik bel je later nog terug, als je wilt... Goed?'

'Nee, dat hoeft niet.'

'Weet je dat zeker? Wil je liever nu meteen praten?'

Ondanks mijn gefluister verstaat hij alles prima, en heft zijn armen op om mij van zijn kant als het ware toestemming te geven om hem weg te sturen – *dat zou er nog bij moeten komen* – wanneer ik wil, om met mijn vrouw te praten. Maar intussen gaat hij niet weg en hij schuift de cassette in de videorecorder

'Nee, nee,' zegt Anna. 'We spreken elkaar morgen wel...'

'Blijf alsjeblieft rustig...'

'Ja. Welterusten.'

Ik leg de telefoon erop en als ik nu alleen was, zou ik god weet hoe lang blijven nadenken, onbeweeglijk, en me zorgen maken over het waarom van Anna's uiterst vreemde gedrag. Ik ben echter niet alleen, ik zit opgescheept met die man, die mijn tijd en ook mijn aandacht opeist...

Een bulderend geluid. De man heeft, ik weet niet hoe, het volume van de televisie op zijn hardst gezet, waardoor het liedje dat uitgezonden wordt, verandert in een oorverdovende uitbarsting. Ik spring op om in te grijpen, maar hij weet onmiddellijk de knop te vinden om hem zachter te zetten.

'Sorry,' zegt hij, 'ik heb per ongeluk...'

'Mag ik weten waar u mee bezig bent?'

'Niets,' zegt hij. 'Alles is in orde. Ik wilde je alleen iets laten zien. Hij staat al goed, het is een heel klein stukje...'

Hij geeft me niet eens de gelegenheid om 'oké' te zeggen (ik zou trouwens niet 'oké' gezegd hebben), en drukt op 'play' van de afstandsbediening van de videorecorder. We horen het moeizame in werking treden van hefbomen en mechanieken, en dan begint de aanlooptijd die men bij de weergave via magneetband nooit heeft kunnen elimineren: twee dodelijke seconden die onverdraaglijk zijn als je er goed over nadenkt, omdat ze ons herinneren aan het mislukken van de utopie van de absolute vooruitgang, dat onverbiddelijke duidelijk worden van de grenzen van de technologie waardoor vandaag een directe vlucht van Rome naar New York nog steeds acht uur duurt, net zoals twintig jaar geleden, en de meest uitgekiende verbrandingsmotor van de laatste generatie dezelfde buitensporige hoeveelheid warmte produceert en verliest als die van de auto van de Dikke en de Dunne. Twee seconden die, hier en nu, bij mij een onverwachtse nerveuze verwarring veroorzaken ten aanzien van wat ik nu dadelijk zal zien, omdat het echt van alles zou kunnen zijn, gezien het individu dat het me laat zien. En als het nu iets blijkt te zijn dat ik niet wil zien – bloederige taferelen, bijvoorbeeld, die ik niet verdraag, of een of ander filmpje opgenomen voor chantagedoeleinden – dan heb ik niet meer de vrijheid om niet te kijken, want op dat moment heb ik het al gezien. Een nodeloze verwarring die steeds heviger wordt – mijn vader die iets gênants doet? Ík die iets gênants doe? Ze duren inderdaad heel lang, deze twee seconden –, totdat de tape eindelijk begint en de tors van Clint Eastwood op het scherm verschijnt midden in een veld, met een cowboyhoed op en in politie-uniform, die 'oké' zegt.

Op een paar meter afstand knielt Kevin Costner, bloedend en verkrampt van pijn, om iets tegen een kind te zeggen. 'Ik wil je iets geven,' zegt hij.

Het is het einde van *A Perfect World*, ik herken het onmiddellijk; ik werp een blik op de man, om te begrijpen wat hij van me wil, en hij gebaart me om te blijven kijken.

In de verte, aan het einde van het veld, houdt een rij politiemannen Kevin Costner onder schot, omdat ze niet weten dat hij ongewapend is. 'Houd je gereed,' zegt de agent met de verrekijker. 'Als hij één beweging maakt...' zegt Bradley Whitford, met het geweer in de aanslag.

Dan komt Laura Dern tussenbeide, ook zij met een verrekijker: 'Nee. Nog even!'

Weer naar Costner, geknield op het veld, die tegen het kind zegt: 'Op een dag zul je er misschien heen gaan...' en hij gaat met zijn hand naar de achterzak van zijn spijkerbroek.

'Hij pakt zijn pistool,' zegt de agent met de verrekijker.

Kevin Costner haalt een ansichtkaart van Alaska uit zijn zak, en Clint Eastwood draait zich om naar zijn collega's en maakt een ontkennend gebaar met het hoofd, omdat hij begrepen heeft wat er te gebeuren staat; maar Bradley Whitford, met het geweer op scherp...

Klik. Met het indrukken van een knop op míjn afstandsbediening heeft Bogliasco om een of andere reden besloten de band te stoppen bij dit beeld: een close-up van de handen van Bradley Whitford die het geweer omklemmen, de wijsvinger op het punt de trekker over te halen, het horloge dat glimt aan zijn pols, de manchet van zijn overhemd die uitsteekt onder de mouw van...

Het is niet te geloven.

*De manchet van het overhemd die uitsteekt onder de mouw van zijn colbert.* Dat wil zeggen dat hij geen overhemd met korte mouwen draagt. Dat wil zeggen dat deze man alles registreert wat ik zeg, en vervolgens elke bewering van mij controleert – híj controleert míj – en de fouten noteert die ik maak, en vervolgens mij thuis opzoekt om mij ermee te confronteren, met gebruikmaking van mijn televisie, mijn videorecorder, terwijl ik een telefoongesprek zou moeten voeren met mijn vrouw die een probleem heeft.

'Nu moet je niet denken dat ik dit met opzet ben gaan controleren,' zegt hij, 'en vervolgens hier ben gekomen om te bewijzen dat je je vergist hebt: zo stom ben ik nu ook niet. Ik was alleen onder de indruk van het feit dat jij gisteren deze film noemde, omdat het een film is die ik ook heel mooi vond, ondanks de Amerikaanse makelij, vooral het gedeelte waarin de bandiet zegt dat hij niet weet wat hij met die negers, die hij vastgebonden en gekneveld heeft, gedaan zou hebben als het jongetje niet op hem geschoten had. Want *zo werkt het*,' zegt hij opgewonden, 'misdadigers hebben geen flauw idee wat ze zullen doen, voordat ze het doen: ze hebben een pistool, oké, ze richten het op mensen, oké, maar ze denken nooit echt aan schieten voordat ze het doen, en als iemand hen onderbreekt, zoals in deze film gebeurt, zullen ze nooit weten of ze het echt gedaan zouden hebben of niet. En volgens mij is het feit dat goed en kwaad zich in een gebied van volkomen gelijkwaardigheid bevinden, de ware essentie van de misdaad, in die zin dat er niet veel voor nodig is om van iemand een misdadiger te maken, zonder dat hij dat hoeft te *beseffen*, terwijl misdadigers in Amerikaanse films zich er altijd zo bewust van zijn dat ze slecht zijn, altijd zo zelfingenomen...'

Hij onderbreekt zichzelf alsof hij ontwaakt uit een droom.

'Oké, ik wou je zeggen dat je gisteren een film hebt genoemd die ik erg mooi heb gevonden...' zijn stem hervindt de kalmte die hij verloren had tijdens zijn uitweiding, 'en ik kreeg zin om hem nog eens te zien, en vandaag heb ik hem gehuurd, en ben ik hem gaan bekijken, en toen ik bij de scène kwam waar jij het over had, déze scène, moest het me wel opvallen dat het overhemd van... hoe heet die acteur?'

'Bradley Whitford...'

Een bewonderende grijns komt op zijn gezicht, en hij blijft zwijgen. Ik ben gewoon verbijsterd op dit moment, want deze man is gek, het is een solipsistische, paranoïde, krankzinnige mythomaan, in volle actie, die met zijn handen een baksteen zou kunnen verbrijzelen, en hij staat een halve meter van me af – genoeg redenen waarom het niet vreemd zou zijn om bang te worden. Maar het feit blijft dat de manchetten opvallend zichtbaar zijn: hoe is het hem verdomme gelukt...

'Ik wil je alleen maar zeggen,' herneemt hij, 'dat dingen anders kunnen zijn dan je denkt, of dan hoe je je ze herinnert. Dat is alles. Als het er alleen maar om ging je tegen te spreken, had ik dat gisteravond kunnen doen, toen je vertelde over die scène uit *Ricotta*: want Orson Welles leest dat gedicht niet voor aan een ober, zoals jij zei, maar aan een journalist, en dat herinnerde ik me zonder te hoeven...'

Daar gaan we weer: weer overtreft hij zijn reeds zware geschut met nog zwaarder geschut.

'Wat heb ik dan gezegd?'

En ik trap erin. Er is niets aan te doen.

'Laat maar zitten...'

'Nee, ik laat niets zitten. Wat heb ik gezegd?'

Hij trekt een grijns, die zijn boosaardigheid maskeert als verlegenheid, met uiterste precisie.

'...Je zei dat Orson Welles het gedicht voorleest aan een *ober*, maar hij leest het voor aan een... Maar wat doet het er eigenlijk toe, ik had er niet over moeten beginnen...'

Inderdaad, aan een journalist, een stompzinnige journalist die hem wil interviewen. En ik heb gezegd dat het een *ober* was, dat is zo, dat herinner ik me heel goed. Waarom? Hoe heb ik me juist met die scène kunnen vergissen, terwijl ik hem nota bene uit mijn hoofd ken? Misschien omdat we in een restaurant zaten (maar er was geen ober, er was alleen maar dat meisje op rolschaatsen), en omdat mij juist verteld was dat mijn vader iemand gedood had, en omdat ik misschien – nee, niet misschien, *heel zeker* – ontsteld was; of misschien gewoon omdat de beruchte miljoen neuronen die je per dag verliest vanaf je dertigste, na het ondermijnen van de buitenranden (hoeveel varianten van de Nimzo-Indische verdediging kun je je herinneren op dit moment? Zeven? Acht? Negen? Hoe heetten de onderofficieren die mij straften op de militaire academie? Sabella of Savella? Schillaci of Scillace? Of Squillace?) de actieve kern van je geheugen beginnen aan te tasten, dat gedeelte waarop je elke dag rekent, en waar je automatisch uit put zonder erop verdacht te zijn dat lange mouwen kunnen veranderen in korte, of journalisten in obers, omdat anders het eind zoek is...

'Wat ik wil zeggen,' vervolgt hij, 'is dat je soms ergens absoluut zeker van bent, je zou er je hand voor in het vuur steken, en toch is het nooit zo geweest. Omdat je je het niet goed herinnert, of omdat iets zich altijd op een bepaalde manier aan je heeft voorgedaan, terwijl het in werkelijkheid anders was...'

Ik ga op de bank zitten. Of om het preciezer te formuleren, ik plof neer als een zoutzak. Ik wil dit allemaal niet: ik wil niet dat de dingen anders zijn. Ik wil ze me niet vaag herinneren.

Hij gaat naast me zitten en legt een hand op mijn schouder.

Ik wil niet dat deze man mij aanraakt...

'Probeer je in mijn situatie te verplaatsen, Gianni. Jij hebt zekerheden, en ik kom ze aantasten met een ongelooflijk verhaal. Denk je dat ik me daar niet van bewust ben?' Hij haalt zijn poot van me af. 'En denk je dat ik niet weet dat ik een weinig... eh... laten we zeggen een weinig betrouwbaar uiterlijk heb? Ik weet het, ik zie er niet uit, maar wat kan ik eraan doen? Zo ben ik nu eenmaal, zo ben ik altijd geweest, en dat is ook nooit een probleem voor me geweest: geen vrienden, behalve je vader, geen verloofdes, echtgenotes, kinderen, sociaal leven nul komma nul. Alleen maar hoeren, geheimen en schuilplaatsen, altijd veinzen niet te weten wat ik wist, en te weten wat ik niet wist... Niet dat ik spijt heb, begrijp me goed, maar hoe kan ik nu betrouwbaar overkomen na zo'n leven als het mijne. Ik zou niet eens meer moeten leven, theoretisch gesproken, met het leven dat ik heb geleid.'

Hij grinnikt.

'Om je de waarheid te zeggen, ben ik eens gestorven, één keer, in 1972; gestorven en begraven. Ik heb een echte grafnis op het kerkhof van Livorno, met mijn naam erop en al: er ligt alleen een Luxemburger in. Als ik in de buurt ben, breng ik er altijd een bosje bloemen, en terwijl ik er ben, zet ik ze in het bekertje... goed, het is pathetisch, ik weet het, maar het ontroert me... Want ik denk dat als ik echt zal sterven, dat er geen Luxemburger zal zijn die hetzelfde zal doen op mijn graf, en er zal niet eens een graf zijn, om de eenvoudige reden dat ik niemand heb op de hele wereld. En als ik bij mijn graf aan zulke dingen sta te denken, overkomt het me de laatste tijd dat ik begin te huilen als een idioot...'

Hij schudt zijn hoofd, diepbedroefd.

'Aan de andere kant is het normaal,' voegt hij eraan toe, terwijl hij zijn neus ophaalt, 'oud worden is normaal.'

Ik begin hoofdpijn te krijgen, die man heeft me uitgeput. Ik kijk naar hem: kan je nu niets van wat hij zegt aannemen zonder dat het een geloofsdaad wordt? Waar is die ouderdom waar hij het over heeft? Zeker niet in zijn ogen, die schalks en levendig zijn gebleven als die van een klein kind, of in zijn fysieke uithoudingsvermogen waarmee hij mij, op mijn zevenendertigste, afmat. Ook niet in de betogen die hij houdt, in zijn taalgebruik of manier van praten, en ook niet in de massieve, dreigende gestalte van iemand van zestig, hoogstens vijfenzestig, veel te zwaar maar in goede gezondheid – behalve het piepen van zijn longen wat ik overigens vanavond niet gehoord heb. Waarom zegt hij nu eens niet één ding, wat dan ook, dat niet met kracht wordt weersproken door de feiten.

Ik laat me achterover vallen en sluit mijn ogen, terwijl hij doorgaat met betogen:

'...maar ik was er niet op voorbereid om oud te worden, en het allerminst was ik erop voorbereid om deze situatie onder ogen te zien. Want, zie je... alle geheimen die ik in mijn leven te weten ben gekomen (en dat zijn er heel veel, Gianni, *heel veel*), interesseerden me in wezen niet. Voor mij waren het slechts inlichtingen, koopwaar, het was mijn werk... Het zogenaamde "Onzichtbare Italië", Gianni, waarin een lijnvliegtuig in zee stort en *men weet precies wat er gebeurd is* en de verantwoordelijke personen gaan onmiddellijk aan het werk opdat de ouders van de slachtoffers, de kranten, jij, dat nooit te weten zullen komen, dát Italië is mijn werkterrein geweest. Ik opereerde in die wereld, en de enige manier om erin te kunnen opereren is om eelt op je ziel te ontwikkelen, want zo zit de wereld in elkaar en daarom zijn er ook spionnen op de wereld: ik had een doel begrijp je, en dat doel was mijn redding. Maar nu ligt het anders. Voor de eerste keer lukt het me niet om de last van een geheim te dragen, omdat ik aan jou denk, aan de herinnering die jij aan je vader zou bewaren, en verder denk ik aan de mens die je vader in werkelijkheid was, en dan voel ik me verantwoordelijk... Maar hoe kan ik jou daarvan overtuigen? Ik kan geen bewijzen aandragen, dat spreekt voor zich, want als je vader ook maar een zweem van bewijs achtergelaten zou hebben, dan zou dat een...'

Opeens begint het geluid van het televisieprogramma weer te knetteren, en hij houdt zijn mond. Alweer: *technisch* kan een videocassette niet langer op stilstaand beeld blijven staan; ook hier, in twintig jaar, geen enkele vooruitgang. Ik heb een keer voor de televisie gewerkt, en geconstateerd dat ook professionele apparatuur dezelfde beperking kent: het vaste beeld blijft een paar minuten staan, en wordt dan uitgeschakeld.

Ik doe mijn ogen weer open. Er is een reclameboodschap

op de televisie, waarin een beroemde presentator het groene mannetje van het voetgangerslicht zijn schoenen laat proberen, die ze vervolgens steelt omdat ze zo comfortabel zijn, en hem op kousenvoeten achterlaat op het trottoir. Het zoveelste ideetje dat reclamejongens gestolen hebben uit een film, een van Kazdan om precies te zijn, hoe heet hij ook alweer, over Los Angeles, en de titel is de naam van een plaats, zoiets als *Bay Area*, maar het is niet *Bay Area*, met Steve Martin in de rol van psychoanalyticus, en hij wordt in zijn been geschoten en hij hervindt de zin van het leven, vermengd met nog een heleboel andere verhalen, maar het beste verhaal is wel dat van Steve Martin, en híj praat met het mannetje van het voetgangerslicht, jezus, hoe heet die film nou? De naam van een plaats, twee woorden, dat kan ik toch ook niet vergeten zijn...

Nee, ik kan het me niet herinneren. Ik strek mijn arm uit naar de televisie en zet hem uit. Bogliasco knikt goedkeurend. Hij heeft het brilletje niet meer op.

'Weet je nog,' zegt hij, 'dat je vader jullie meenam op een tocht door Europa in de Fiat 1500, in de zomer van 1968?'

Nu gaat hij tot de aanval over. Zo goed ken ik hem nu wel, hij gebruikt steeds dezelfde tactiek: hij draait erom heen, doet neutraal, weidt uit, heel geduldig en sluw, en dan opeens slaat hij toe. Pats: de reis door Europa met de Fiat 1500. Hoe zou ik zelfs maar onverschilligheid kunnen veinzen, als hij daarover begint?

'Weet je nog dat jullie de eerste avond in Stresa bleven,' vervolgt hij, 'aan het Lago Maggiore, om de finale van de Europese voetbalkampioenschappen op de televisie te zien? Welke wedstrijd was dat ook alweer?'

De bal een beetje vasthouden, doen alsof je bepaalde dingen niet weet, die aan jou vragen om je te betrekken bij de actie, je in te schakelen...

'Italië-Joegoslavië...'

'Precies,' een slok bier, 'maar het eindigde in gelijkspel, en destijds waren er nog geen strafschoppen: de onbesliste wedstrijden werden drie dagen later overgespeeld, en jullie konden die herhaling niet zien omdat jullie dan in het buitenland zouden zijn. En jij en je vader kregen ruzie, toch? Want jij wilde in Italië blijven om de wedstrijd te zien...'

Dan een plotselinge schijnbeweging en de eerste serieuze run om je ervan te doordringen dat terwijl jij je nog afvraagt waar hij heen wil, hij al op weg is. Deze fase moet de toon aangeven, jij moet hem beschuldigen, jij komt er niet onderuit om je af te vragen hoe hij deze dingen in godsnaam kan weten...

'Overigens was dat een veel betere oplossing volgens mij: als een wedstrijd in gelijkspel eindigt, moet hij over. Wat is dat voor uitvinding, die strafschoppen, waarbij uiteindelijk altijd het zwakste team wint? Is dat voetbal? Er zijn tegenwoordig elftallen die erop uit zijn om...'

Dan, een verrassende *uitweiding* – en dat is echt raffinement: een zwakke kant veinzen, jou het gevoel geven dat je, als je een gesprek begint over een onbelangrijk onderwerp, ('nee, strafschoppen zijn juist opwindend, spectaculair...' et cetera) hem in toom zult kunnen houden, doen afdwalen, van zijn apropos brengen. Wat echter nooit zou gebeuren, en jouw positie zou er eerder door verzwakt worden dan de zijne, omdat je je hebt laten afleiden door een discussie die volstrekt irrelevant is en die je nooit had willen voeren...

'...dat echt de sterkste wint. Jullie maakten dus ruzie, en jij werd tegen je zin meegesleurd op die reis? Duitsland, België, Nederland, zonder de wedstrijd te kunnen zien, arme jongen... Het gaat me hierom: weet je nog dat jullie een aanrijding kregen in Amsterdam, omdat je vader per ongeluk een gracht opreed tegen het eenrichtingsverkeer in, en dat jullie een Volkswagen schampten? Weet je nog dat de bestuurder van de Volkswagen je op zijn arm nam, nadat hij samen met je vader het verzekeringsformulier had ingevuld?'

Het is zover, tijd voor de beslissende combinatie...

'Weet je nog dat je in huilen uitbarstte en onmiddellijk neergezet wilde worden, en dat je daarna tegen je vader zei dat je die man niet aardig vond?'

Om dan, als alles naar behoren is voorbereid, een hard schot te lossen. Keihard...

'Die man, dat was u,' ben ik hem voor.

Even flitst de verrassing in zijn ogen – dat verwachtte hij niet – dan knikt hij en slaat zijn oogleden neer.

'Precies.'

Ik barst in lachen uit, in een spontane, authentieke lach, deze keer, een echte opkikker, want ik verwachtte het eigenlijk ook niet: midden in de roos.

'Geloof je dit ook al niet?' vraagt hij.

'Weet u nog wat Totò dan zei?' barst ik uit. '*Maar doet u mij een genoegen!*'

Mijn imitatie lijkt nergens naar, maar dat geeft niet: ik begin grip op deze man te krijgen. Ik voorzie dat...

'Is het voor jou normaal dat ik al deze dingen weet?'

Hij glimlacht, onverschrokken.

'Luister,' zeg ik, 'u heeft zeer gedetailleerde informatie over mij, dat ontken ik niet. En u kunt ook best een spion zijn, en ook zeker contact gehad hebben met mijn vader, tijdens een bepaalde periode, over geheime, militaire zaken, dat weet ik niet. Maar, gelooft u mij, ondanks alles *weet u niets*. Goed geïnformeerd zijn is niet voldoende om mensen het verhaal van hun leven te kunnen vertellen. U heeft het bijvoorbeeld gehad over die reis, en u vermeldde de juiste plaatsen en gebeurtenissen, maar u bent ervan overtuigd dat ik die reis tegen mijn zin gemaakt heb, wat niet waar is. Voor mij was het een prachtige reis, en als ik zou moeten aangeven wat de gelukkigste tijd van mijn leven is geweest, dan zou ik zeggen "de reis door Europa met de Fiat 1500". En mijn vader wist dat heel goed. Natuurlijk was ik teleurgesteld toen ik hoorde dat de wedstrijd overgespeeld zou worden en dat wij dan god weet waar zouden zitten en hem niet zouden kunnen zien. Voor mij was die finale belangrijk, ik droomde van voetbal, en ik geloof dat ik geen andere wens had dan Italië het Europese kampioenschap te zien winnen. Maar ik was verdomme nog een *jochie*, en reeds de volgende dag, toen we in het hart van Duitsland reden en stopten om die fantastische reuzenknakworsten te eten, de herten in het Zwarte Woud te zien, of met zijn allen te slapen in een kamer in een heerlijk geurend pension in Mainz of Freiburg, was ik gelukkig en dacht ik niet meer aan de wedstrijd: ik had alles wat ik wilde, ik was gelukkig in die cadans van picknicken in het gras, onbekende winden, monorails, dijken, gotische kathedralen, platbodems op de rivieren, gevlekte koeien, windmolens, rare nummerborden en kleurentelevisies. En toen die Italiaanse ober verscheen, in Amsterdam om precies te zijn, en ons zei dat Italië had gewonnen, en begon te vertellen over de doelpunten van Riva en Anastasi, en ze zelfs nadeed, en dat Facchetti de cup omhoog had gehouden, en dat Valcareggi op de schouders was genomen, had ik geen groter geluksgevoel dan ik al had vanwege het feit dat ik dáár was. Begrijpt u dat?'

Hij trekt een verbaasd gezicht, alsof hij wil zeggen: 'Wat heeft dat er nu mee te maken?'

'En ook die man van de Volkswagen,' ga ik verder, 'herinner ik me goed, wat denkt u wel? Want het is waar dat ik huilde toen hij me op de arm nam, maar alleen omdat de emotie me te veel werd – *een ongeluk in Amsterdam, een Nederlander die me op de arm neemt*; en daarna heb ik helemaal niet gezegd dat ik die man niet aardig vond, want ik vond hem daarentegen heel aardig, en juist daarom kan ik me hem zo goed herinneren. Hij was lang, rook naar aftershavelotion, had heel fijn haar dat wapperde in de wind, *blond*, en u was het niet.'

Ik zit verdomme te liegen, ik herinner me die man helemaal niet. Ik herinner me de aanrijding heel goed, de zon die schittert op de autoruit, de Volkswagen die op ons afkomt, het doffe geluid van de twee zijkanten die elkaar raken; ik herinner me mijn vader en die man, gebogen over de kofferbak om die verzekeringsformulieren in te vullen, de wind die speelt met de papieren, en verder mijn moeder die mijn zusje bij de arm vasthoudt, de mensen die rechtdoor lopen zonder op ons te letten, de platbodem die op een bepaald moment voorbijvaart in de gracht, wonderbaarlijk geruisloos; maar het is niet waar dat ik me herinner hoe die man eruitzag, en ook niet dat hij rook naar aftershave of blond was. Maar ik herinner me ook niet of ik gezegd heb dat ik hem aardig vond, en toch weet ik één ding heel zeker: hij was het niet.

'Dat was ik,' houdt hij vol.

'Nu moet u mij toch eens vertellen,' zeg ik, en ik weet niet waarom ik opeens met zo'n vreemd Milanees accent spreek, 'denkt u nu werkelijk dat u zo makkelijk kunt binnendringen in het geheugen van de mensen?'

'Dat was ik...'

'Denkt u nu werkelijk dat ik het vertrouwen in mijn geheugen zal verliezen, alleen omdat ik een journalist verwissel met een ober?'

'Dat was ik, Gianni. Het ongeluk was geënsceneerd om een *Ka Tri*, een K3, te kunnen uitvoeren, dat wil zeggen een contact op een openbare plaats met uitwisseling van materiaal.'

'Hah...'

'Een K3, jawel,' houdt hij aan, 'waar de K staat voor Kontákt. Er waren slechts drie soorten van contact toegestaan tussen geheim agenten, zoals je vader, en niet geheim agenten, zoals ik: dat was een contact van de derde soort, de meest riskante. Juist omdat het zich afspeelde op een openbare plaats: dat gebeurde alleen in noodgevallen...'

'Dat was geen noodgeval,' zeg ik. 'Dat was een vakantie.'

Hij steekt een van zijn sigaretjes op, inhaleert twee keer diep. Hoest.

'Herinner je je generaal De Lorenzo? Zegt die naam je iets?'

'Nee.'

'Dat was een fascistische generaal, ook al was hij officieel monarchist, die vier jaar eerder, in 1964, een staatsgreep had georganiseerd: dat werd ontdekt maar ze lieten hem met rust, nee, ze veroordeelden degenen die hem hadden aangegeven. Goed, dat jaar, met al die opstandige bewegingen in Europa, was hij, terwijl de commissie Lombardi hem van blaam zuiverde, al bezig de volgende staatsgreep te organiseren, via een clandestien netwerk dat veel geheimer en gevaarlijker was dan het beruchte Gladio, dat, voor het geval je het niet wist, slechts een lokmiddel was. Je vader wíst dat natuurlijk, en wilde mij de namen geven van de journalisten en parlementsleden die bij het nieuwe plan betrokken waren, zodat ik ze op mijn beurt kon doorsluizen naar Moskou. Hij was zeer verontrust en vreesde dat ze op het punt stonden hem uit te voeren, die staatsgreep. Vandaar de noodtoestand. Daarom vond dat ongeluk plaats, in Amsterdam: hij schreef die namen op de verzekeringsformulieren, in plaats van de gegevens. Het persbureau Novosti heeft de lijst verspreid, in Italië ontkende men, maar het plan mislukte. Daarom kon hij jou je zin niet geven wat die wedstrijd betreft: anders had hij het wel gedaan...'

'Dat zou hij nooit gedaan hebben,' antwoord ik scherp. 'Hij zou nooit het hele reisplan hebben omgegooid dat hij en moeder zo gedetailleerd hadden uitgewerkt, met rode viltstiften op de landkaarten die uitgespreid lagen op de eetkamertafel – overigens dezelfde tafel waar hij een paar jaar later met zijn vuist doorheen zou gaan tijdens een ruzie waarbij hij mij ervan beschuldigde dat ik communist was...'

Glimlachend leunt hij met zijn hoofd naar achteren.

'Ja,' zegt hij, 'ik herinner me die periode dat jullie elke

dag ruzie hadden. Hij was er heel trots op dat jij communist was. Nog een beetje te *burgerlijk* zei hij, maar dat was eigenlijk zijn schuld...'

'Ik was helemaal geen communist. Dat ben ik nooit geweest. Dat was een fixatie van hem.'

'Maar jij zei het tegen hem...'

'Híj zei het, en ik liet hem in die waan om hem op te naaien. Omdat hij een hypocriet was, en het idee dat hij een communistische zoon had maakte hem woest...'

'Hypocriet...' grinnikt hij.

Hij drukt de sigaret uit in de asbak, met kracht, drinkt dan het laatste slokje uit het blik, veegt met zijn hand langs zijn mond.

'Jouw vader hypocriet...'

'Hypocriet, ja.'

Hij boert en schudt zijn hoofd, steeds breder glimlachend.

'Jij kende hem niet...'

'En of ik hem kende. Hij was de meest hypocriete persoon die ik ooit heb gekend.'

'Hij deed alsof.'

'Hij deed niet alsof, hij wás hypocriet.'

'Gianni, je vader was niet hypocriet.'

'*Tegenover mij* was hij hypocriet.'

Dat had ik niet moeten zeggen. Dat was fout, alsof ik toegaf dat mijn vader ook níet hypocriet zou kunnen zijn, tegenover anderen, terwijl hij het was tegenover iedereen. Hij is een keer van tafel gelopen bij een kerstmaaltijd van de bridgeclub, omdat een vrouw een te laag uitgesneden japon droeg. Hij wás hypocriet. Maar de fout is gemaakt, en hij kijkt me strak aan met een stralende, triomfantelijke grijns. Zo moet een pyromaan kijken naar de brand die hij zojuist aangestoken heeft.

'Precies...' zegt hij.

Hij staat moeizaam op, loopt naar de deur van het balkon

en begint naar buiten te kijken, terwijl hij nauwelijks waarneembaar knikt met zijn hoofd.

Stilte.

Stilte.

Stilte.

Een onverwachte, weldadige stilte.

Ik ga achterover zitten en sluit opnieuw mijn ogen. Uit de diepte van deze Romeinse avond, daarbuiten, stijgen de vriendelijke geluiden weer op, die door de alsmaar dóórvragende stem van deze man waren weggevallen: de sirene van een ambulance, vervormd door het dopplereffect, het krankzinnig harde optrekken van een motor op de Viale Marco Polo, alle onverschillige geluiden die Rome van zichzelf verdraagt omdat ze nu eenmaal door moet, en die uiteindelijk lijken op stilte, en dat misschien wel zijn.

Ik heb slaap, en dat doet mij opleven, omdat de slaap mij een onverwachte ontsnappingsmogelijkheid biedt. Hij blijft zwijgen, en diep in zijn ademhalingsapparaat begint het piepen zich weer te manifesteren. Als hij nog een of twee minuten zou blijven zwijgen, zou dat voor mij voldoende zijn – in het nauw gedreven, moe, verslagen – om hem alsnog te misleiden: ik zou namelijk *in slaap kunnen vallen*, waarbij ik het terrein van de 'meta-oplossingen' betreed, zoals de kleine Francesco als hij met kaarten verliest en het hele spel in de lucht gooit. Uiteindelijk is dat ook een manier om problemen op te lossen.

Ik herinner me dat er, toen ik nog schaakte, een Rus was – een echte Rus, Victor Balanda geheten – voor wie ik de grootste bewondering koesterde, behalve vanwege een legendarische diskwalificatie voor het leven, ook vanwege zijn neiging zich uit moeilijke situaties te redden met een stoutmoedige meta-oplossing: hij vloerde zijn tegenstander met een klap in het gezicht – een zet, die volgens mij in de schaakwereld nog steeds de 'Balanda-variant' genoemd wordt.

Ja, de oude Balanda. De meest glansrijke meteoor die langs het schaakfirmament van de jaren zeventig scheerde: niemand wist hoe oud hij was, waar hij woonde of waar hij van leefde, hij kwam uit het niets en behaalde de ene overwinning na de andere met zo'n indrukwekkend ritme, dat hij grote kans leek te hebben om mee te mogen doen aan het fameuze Kandidatentoernooi, dat de uitdager voor de wereldtitel oplevert. Op een dag geraakte hij in ernstige problemen in Acapulco tegenover een Mexicaanse outsider, en na bijna alle tijd opgebruikt te hebben met het zoeken naar de zet die hem de schande van de eerste nederlaag zou besparen, stond hij op en gaf de Mexicaan een kaakslag waardoor deze in het ziekenhuis belandde. Hij werd gediskwalificeerd, uit het toernooi gezet en mocht vervolgens aan geen enkel officieel toernooi meer deelnemen (maar wel na een groteske discussie in het gremium van de tuchtcommissie van de Internationale Federatie, aangezien er in het reglement geen enkele voorziening was voor fysiek geweld ten aanzien van een tegenstander), en verdween van het toneel. Maar anderhalf jaar later, ter gelegenheid van het Wereldkampioenschap, was er een amnestie waar hij van profiteerde, en zo kon hij weer aan competities deelnemen. En het is precies het moment waarop hij de arena weer betreedt, in Palma de Mallorca, in 1979, dat scherp in mijn geheugen gegrift staat: ik zie hem door de salon van het Consolat del Mar lopen in zijn gebruikelijk bruinfluwelen pak, zonder zich te bekommeren over de blikken die hem van alle kanten doorboren – want ondanks de aanwezigheid van een paar internationale grootmeesters, is hij de attractie van het toernooi; met zijn langwerpige, baardige gezicht, zijn haviksneus, zijn schilferige huid, zijn sluwe blik achter de bril met metalen montuur. Het is een toernooi volgens Italiaans-Zwitsers model, waarbij iedere deelnemer uitkomt tegen degene die na hem komt op de ranglijst aan het eind van iedere ronde, en zo gebeurt het dat Balanda, na vier opeenvolgende overwinningen, het duel moet aangaan met de sterksten. Nog meer overwinningen, een paar keer remise, en dan de laatste partij, hij staat nu tweede op de ranglijst en zit tegenover een grootmeester uit zijn eigen land, die met een halve punt voor staat: om hem te overtreffen en zijn comeback tot een triomf te maken moet hij winnen, terwijl hij, als hij gelijk eindigt of verliest, door vele anderen ingehaald zal worden. Zijn tegenstander herinner ik me nauwelijks, een tamelijk gewone verschijning gehuld in de nevelen van de vergetelheid, net als zijn naam, want hoewel hij een van de sterkste spelers van het toernooi was, en dat een van de laatste toernooien was die ik bijwoonde, zal dat wat staat te gebeuren hem voor altijd doen vervagen in mijn geheugen. Ik zit op de voorste rij, heb mijn laatste partij laten schieten om die plek te krijgen, omdat Balanda voor mij, op mijn twintigste, een idool is, en in het pantheon de plaats heeft ingenomen van Bobby Fischer, en ik wil zijn optreden voor geen goud missen. Het is een klassieke Spaanse opening, de favoriet van Balanda, en rondom de tafel heerst een onwezenlijke, wonderbaarlijke stilte, twee- of driehonderd mensen die zich onbeweeglijk concentreren op het groenachtige beeld – vanwege het licht – van deze twee Russen die onder water tegenover elkaar lijken te zitten onder een enorme plafondventilator. De ander speelt met wit en speelt op remise, dat is duidelijk, en Balanda heeft iets te veel tijd gebruikt voor zijn poging hem uit zijn tent te lokken; maar hij kan het nog redden, hij heeft een veelbelovende positie op de damevleugel en zijn torens staan iets beter geplaatst. Hij is niet aan de verliezende hand, hij zit niet in de problemen, en ook als hij uiteindelijk de remise zou moeten accepteren, zou hij toch altijd onverslagen blijven. Dan gebeurt er iets met hem: alleen ik heb het in de gaten, dat weet ik zeker, en ik zou niet eens kunnen zeggen waar ik die zekerheid vandaan haal, waarop hij gebaseerd is, maar ik heb hem. Er gebeurt iets met Victor Balanda en op slag worden het schaakbord, de stukken, de positie *irrelevant*, want de oplossing heeft zich naar elders verplaatst, weg van die tafel, weg van de regels die het intellectuele ritueel, dat een moment geleden nog heilig leek, opeens belachelijk maken. Hij begint tijd te verliezen: hij doet zijn bril af, maakt hem schoon, zet hem weer op, dan draait hij zich om en kijkt naar de toeschouwers, bijna allemaal grijze, monomane burgers wier fantasie geen enkele uitlaat heeft buiten die vierenzestig vakjes, die niet bij machte zijn te vatten wat er staat te gebeuren, hoewel het al een keer gebeurd is en hoewel ze zich juist daarom hier bevinden. Terwijl zijn klok doorloopt, staat Victor Balanda langzaam op, zoals hij al een paar keer heeft gedaan in de loop van de wedstrijd om zich te concentreren, en begint te ijsberen met gebogen hoofd, maar deze keer is zijn concentratie anders, als die van de luipaard in de savanne, die de windrichting berekent, de afstand tot de prooi, de benodigde snelheid om hem te bereiken... Zijn tegenstander, deze cartesiaanse nevel vol berekeningen en in het geheugen opgeslagen partijen, zit kalm en geheel verdiept in het spel, met zijn handen onder zijn kin en zijn ellebogen op tafel. Hij heeft niets in de gaten, hij ook niet, hij is niet bang en vermoedt niets, hij heeft geen oog voor de harde werkelijkheid die zich voor zijn ogen ontrolt: hij ziet misschien een krankzinnige combinatie van zetten voor zich, die hem in de toekomst, die er voor deze partij niet meer in zit, een pion zal opleveren, maar hij ziet de klap niet aankomen, een fenomenale hoekstoot die hem midden in het gezicht treft, tussen neus en mond, en hem alle licht ontneemt: hij stort met een droge, lugubere klap op de grond, en gaat naadloos over van het heldere moment waarin hij dacht aan het bevredigende resultaat van zijn berekeningen naar het verwarde, gekneusde moment waarop hij wakker wordt in de ambulance ('Waar ben ik? Wat is er gebeurd?'), en de begeleidende arts hem zal aanraden zich rustig te houden. Dat is dat: Balanda gaat zitten, schuift een pion vooruit en zet zijn klok stil. Hij glimlacht, terwijl om hem heen de hel losbarst, en hoewel men aan hem rukt, hem beledigt en bedreigt, blijft hij onbewogen op zijn plaats zitten, terwijl men poogt zijn tegenstander te reanimeren, want ondanks alles is de Balanda-variant nog niet volbracht: de tegenstander moet blijven liggen, de scheidsrechter moet gedwongen zijn de wedstrijd te onderbreken zonder in zijn rapport te kunnen vermelden dat Balanda het heeft opgegeven, verloren, of remise gespeeld; nee, hij moet ook nog zijn hersens pijnigen om in de taaie taal van de bureaucratie de woorden te vinden die het gebeurde helder weergeven ('...hij sloeg de tegenstander in het gezicht met bruut geweld, wat deze het bewustzijn deed verliezen en de mogelijkheid ontnam om de wedstrijd voort te zetten, en vervolgens effectueerde hij zet 41... H5-H4'). Een volstrekt ondenkbare gebeurtenis in de kleine wereld waartoe de scheidsrechter behoort, maar volstrekt gewoon, en *normaal* in de grote wereld waartoe Balanda behoort.

En de tegenstander blijft liggen, blijft liggen, blijft liggen...

# 14

Opeens doe ik mijn ogen open: ik ben buiten adem, de dingen gaan absurd snel, mijn hart klopt uit alle macht om ze bij te houden...

Ik ga rechtop zitten. Ik kijk om me heen. De kamer is leeg, de televisie is uit, het licht is uit. Ik ben gewikkeld in de blauwe doek die gewoonlijk over de fauteuil ligt, als bescherming tegen het vuil. Door het balkonraam waait een briesje naar binnen dat het zweet op mijn hals sterk doet afkoelen. Hoe lang zal ik geslapen hebben? En waar is hij?

Op het tafeltje staan drie bierblikjes, allemaal leeg.

Plotseling flitst een felle groene gloed door de duisternis, gevolgd door een reeks van explosies. Dáár ben ik wakker van geschrokken.

Ik sta op en ga naar het balkon, maar ook daar is hij niet. Ik kijk in alle hoeken – belachelijk, want op het balkon zijn natuurlijk geen schuilplekjes. Hij is er echt niet. Het volgende schitterende vuurwerk ontvouwt een rode paraplu in de hemel boven de Gianicoloheuvel, recht voor mij. Ik kijk op mijn horloge: twintig over twaalf. Als een kind blijf ik kijken naar het vuurwerk, dat ik nog even opwindend vind als toen, maar in plaats van mij te kalmeren, doet het mijn onrust toenemen, omdat ik zou willen dat de kleine Francesco hier in zijn bed lag te slapen, zodat ik hem wakker zou kunnen maken net als vorig jaar, en hem op mijn arm naar het balkon dragen, en hem op de tafel neerzetten om van het schouwspel te genieten, dat speciaal voor hem en voor ons opgevoerd lijkt te worden – in de tussentijd zou Anna zich bij ons gevoegd hebben en zich als schildwacht bij de tafel opgesteld hebben, om het 0,0001 procent risico af te dekken dat de kleine Francesco zich losmaakt uit mijn greep en, nog slaperig, van de tafel valt. En ik voel een snijdend, onheilspellend heimwee naar dat alles, alsof ik het voorgoed verloren heb, alsof mijn huwelijk op de klippen is gelopen en alsof dit familietafereel nooit meer herhaald zal kunnen worden. Ik wil er niet eens aan denken. Ik begrijp niet hoe mensen met kinderen kunnen scheiden: toch doen ze het. Ik kan nog wel begrijpen dat je je neerlegt bij een tragedie, zoals de moeder van het kind in coma – het noodlot dat jou treft met meedogenloze precisie, en jij kunt niets doen om het te vermijden – maar ik kan me niet voorstellen hoe men de complexe reeks van weloverwogen handelingen, die leidt tot de ondergang van een gezin, in beweging kan zetten, er dag in dag uit mee bezig kan zijn en ten slotte ten einde brengen. Juist aan een moment als dit zou je moeten denken wanneer zelfs maar een vage illusie van een alternatief de kop opsteekt: oké, je vindt dat meisje aantrekkelijk, je zou haar weer kunnen zien, haar beter leren kennen, ontdekken dat ze geweldig is enzovoort enzovoort, en zij zou ook verliefd op jou kunnen worden, jullie zouden voor elkaar geschapen kunnen zijn, waarom niet, en samen het geluk kunnen bereiken waarvan je je tot nu toe niet eens een voorstelling had kunnen maken, op alle fronten, ook seksueel; maar weet wel dat je op een zomeravond op een balkon naar een groots vuurwerk zult staan te kijken, en dat dan iets heel gewoons – je zoontje wakker maken om samen te kijken – niet meer mogelijk zal zijn, en niet omdat hij aan het strand is of in coma of volwassen is geworden en jij een oude man bent, maar alleen omdat het niet een van de twee weekenden is waarop jij bezoekrecht hebt. Dit houd ik altijd in gedachte, als een alarmnummer, en het helpt me bij het dagelijks onderhoud van mijn huwelijk en af en toe verschaft het me heerlijke ogenblikken van eenzame rust – ik noem dat de 'rust van het trapportaal', omdat het me juist in het trapportaal overvalt, net als ik het huis verlaten heb, en tegen Anna zoiets heb gezegd als 'Ik moet daar en daar heen, ik heb er niet veel zin in, ik ben zo snel mogelijk terug,' en onder aan de eerste trap sta ik stil, kijk naar mijn huisdeur die net weer gesloten is en krijg een gevoel van rust: want ik ga écht daar en daar heen, ik heb er inderdáád niet veel zin in, en wil inderdáád zo snel mogelijk terug zijn. Alleen wie dat gevoel heeft gehad, kan begrijpen hoe mooi die paar minuten zijn terwijl je leunt tegen de muur van het trapportaal van je eigen huis (vroeger stak ik zelfs een sigaret op, nu niet meer) en vaststelt hoe ver je af staat van de modderpoel van het overspel, van de seks met schuldgevoel en van dat beruchte papier met stempels dat je vroeg of laat zou ontvangen waarop staat hoeveel uur per week je met je zoon mag doorbrengen.

Boem, boem, boem: de laatste drie knallen, dof en heftig als slagen op de grote trom. Even blijven de witte rookslierten kringelen in de bevlekte lucht, daarna lossen ze op, en ik voel me helemaal niet goed. Ik heb een brok in mijn keel, een hard, koud gevoel op mijn borst dat door mij heen gaat als een scherp mes. Mijn hoofd tolt: Anna, Francesco, waar zijn jullie? Wat gebeurt er met me? Waarom lijd ik zo?

Ik ga op het bed liggen en haal diep adem: de pijn in mijn borst wordt minder. Het gaat allemaal goed, zeg ik tegen mezelf, het gaat allemaal goed. Het is geen infarct, ik ga niet dood. En het is ook geen paniekaanval – zo modieus ben ik niet, ik heb altijd geleden aan antieke kwalen: als kind kreeg ik acetonemie, als jongen de ziekte van Osgood-Schlatter, en als volwassene rugklachten. Goed, laten we ervan uitgaan dat ik me nu af en toe iets niet kan herinneren, maar laten we verdomme niet vergeten dat ik een *formidabel* geheugen had, ver boven de middelmaat, dat waarschijnlijk niemand lang in stand zou hebben kunnen houden. Mijn hele leven ben ik nooit bang geweest voor eenzaamheid, en verder ben ik niet alleen en ben ik nooit alleen geweest.

Ik blijf een poosje zo liggen en kijk naar de hemel, terwijl ik de scherpe geur van jasmijn inadem, en ik voel me beter. Langzamerhand lost het brok in mijn keel zich op, en verdwijnt de pijn in mijn borst. Ik sta voorzichtig op, mijn benen zijn stevig, alles lijkt weer volmaakt te functioneren. Het moet een daling van de bloeddruk geweest zijn, denk ik, of een spijsverteringskwestie, door al die gefrituurde troep die ik heb gegeten. En dan dat plotselinge wakker worden, die schrik: je zou altijd zachtjes gewekt moeten worden, dat is het.

Ik ga het huis weer in. De man is echt vertrokken – dank zij de meta-oplossing –, zelfs de band van *A Perfect World* is er niet meer. Eén keer heeft hij iets normaals gedaan: hij heeft me zien slapen als een marmot, heeft nog een paar biertjes gedronken, en op een bepaalde tijd is hij opgestapt, met zijn verhaal – maar het is wel moeilijk, om niet te zeggen gênant, om me zijn tedere gevoelens voor te stellen die hem ertoe gebracht hebben om, alvorens te vertrekken, mij toe te dekken met de blauwe lap van de fauteuil om te zorgen dat ik het niet koud zou krijgen.

Ik ga op de bank zitten en begin het idee te koesteren om Anna te bellen: hoi, sorry dat ik je zo laat bel, maar ik had behoefte om even met je te praten... Dat zou toch niet verkeerd zijn, ik heb haar tenslotte zoveel te vertellen; ik sta op het punt het te doen, ik sta op het punt de telefoon te pakken als ik me bewust word van een vreemde gewaarwording die mijn hersens belast: een soort verwaarloosd alarm, iets wat al een tijdje smeekt om opgemerkt te worden. Ik heb geen geluiden gehoord, er is niets ongewoons gebeurd, toch ben ik weer net zo onrustig als een prairiewolf. Ik ga naar de keuken, alles normaal; hetzelfde geldt voor de badkamer, mijn studeerkamer en de kamer van de kleine Francesco; blijft mijn slaapkamer over; vanwege de halfgeopende deur word ik overvallen door een plotselinge, irrationele angst. Ik kom dichterbij en luister, terwijl mijn hart weer snel begint te kloppen.

Stilte...

Met een ruk gooi ik de deur wijdopen, meer om moed te vatten dan om de *ander* te laten schrikken of te overrompelen – en even serieus, welke ander? – en ik gebruik te veel kracht, de deurknop slaat tegen de muur en veroorzaakt een flinke deuk: maar ik heb echt geen idee wat de juiste kracht is om een deur met een ruk wijdopen te gooien – dat heb ik nooit eerder hoeven te doen.

De kamer is ordelijk, of liever gezegd, er heerst de vertrouwde wanorde die ik zelf achter heb gelaten: raam open, bed onopgemaakt, colbert op de stoel, ondergoed verspreid op de vloer. Ook hier is alles normaal. Alles is dus in orde, zoals ik al zei: de man is vertrokken, Anna en de kleine Francesco zijn in Viareggio en ik kan me bij hen voegen wanneer ik maar wil. Er is geen reden tot opwinding.

Ik ga terug naar de woonkamer, nog steeds vastbesloten om te gaan bellen – een lang, lusteloos, nachtelijk, interlokaal telefoongesprek met mijn vrouw – maar mijn ogen weigeren ostentatief mij te gehoorzamen, want in plaats van zich te richten op de telefoon, schieten ze duidelijk naar één punt in de kamer, met de gretigheid van een hond die zich op een stuk geroosterd vlees stort – ze schieten naar het televisiemeubel, naast de afstandsbediening, waar de man zijn aansteker en zijn pakje Capri heeft laten liggen. En onmiddellijk daarna gebeurt er iets onaangenaams. Ik voel het verlangen om er eentje te pakken en hem op te steken, het verlangen is zo sterk dat ik het doe: ik pak een sigaret en steek hem op.

Het is zover, ik ben weer begonnen te roken. Ik ga in de fauteuil zitten en trek begerig aan het filter van deze belachelijke sigaret, in een absurde poging om hem meer kracht te geven – maar ik merk dat hij ook zo al sterk genoeg is om dat vertrouwde effect in de keel op te roepen. Ik ben weer begonnen te roken. Die gewaarwording zat als volgt in elkaar: dat pakje *had ik al gezien*, waarschijnlijk was het het eerste wat ik zag toen ik wakker werd, maar mijn wilskracht, die mij negen maanden in staat heeft gesteld de verleiding te weerstaan, moet het risico dat ik deze keer zou capituleren hoog hebben ingeschat – alleen, opgewonden, een pakje sigaretten binnen handbereik – en moet zich hebben toegelegd op een ogenschijnlijk minder moeilijke taak, namelijk *het bestaan van dat pakje te ontkennen* en mij zo te beletten de aanwezigheid ervan in overweging te nemen...

Ik heb overigens altijd geweten dat ik dit risico liep, ik heb zelfs een *cursus* gevolgd, bij de Anonieme Alcoholici, op het Velabropleintje: niet een cursus om met roken te stoppen, maar om niet weer te beginnen. Het is echt een heel heldere methode, met een naam waar ik even niet op kan komen, iets Engels als Smythson – maar wat nou Smythson? Smythson is het merk van mijn agenda – en het werkte, wérkt, dat staat vast, want zolang ik die cursus volgde heb ik niet meer gerookt. Het is een cursus gebaseerd op bewuste kennis, waarin ze je leren wat er allemaal in je gebeurt als je stopt met roken, ze leggen je de fysiologische en psychologische mechanismen uit van nicotineverslaving zodat je volledig op de hoogte bent van hoe je tegenstander opereert, en bij voorbaat weet wat je moet doen om hem eronder te krijgen. Ik wist bijvoorbeeld – dat hebben ze ons heel goed uitgelegd – dat je nooit moet doen of je een pakje sigaretten binnen handbereik niet ziet liggen, maar dat je het juist moet bekijken, het uitdagen en overwinnen, terwijl je in jezelf alle redenen herhaalt waarom je besloten hebt met roken te stoppen. En ik heb geleerd om onderscheid te maken tussen het simpele *nostalgische verlangen naar het roken*, dat nooit ophoudt – zoals elk nostalgisch verlangen – maar dat geen ernstige consequenties heeft – zoals elk nostalgisch verlangen –, en de zogenaamde *fatale impuls* – zo noemden ze dat, een beetje melodramatisch, op de cursus – dat wil zeggen de onverwachtse, hevige prikkel die je af en toe blijft overvallen en die je, ook jaren later, weer tot roken kan brengen. Vele malen is het me gelukt deze prikkel te onderdrukken, juist omdat ik hem herkende en wist dat hij slechts twintig tot dertig seconden duurt, dat hij van louter psychologische aard is en, derhalve, geenszins onweerstaanbaar: je hoeft alleen maar ontlading te zoeken in een willekeurige handeling – in een appel bijten, je vrouw kussen, een aantal keren diep ademhalen –, je moet het vol weten te houden gedurende die ellendige halve minuut, en dan gaat het over, zoals alle akelige dingen. Het is een kwestie van weten, en ik wist het, ze hadden het me geleerd; maar hier zit ik nu: na zo lang gestreden en gewonnen te hebben, ben ik weer gaan roken zonder zelfs maar gestreden en verloren te hebben. Geveld door een Capri Superlights: hoe heeft het kunnen gebeuren?

Intussen is de sigaret al op. Ik maak hem uit, dun en gloeiend heet, met trillende handen en met een wazig brein – voor een Capri! – en in mijn mond proef ik de smaak van de eerste sigaret die ik ooit in mijn leven gerookt heb – een Virginia was het, gestolen uit de zilveren sigarettenhouder in de salon, en in allerijl opgerookt in de garage, verstopt achter een stapel rieten manden, met dezelfde bittere smaak in mijn mond, dezelfde heerlijke hartkloppingen, hetzelfde afschuwelijke schuldgevoel als nu. Het was 1972, het bloedbad bij de Olympische Spelen in München had net plaatsgevonden...

*Grand Canyon*. Dat was de titel van de film van Kazdan die ik me eerst niet kon herinneren, die waarin Steve Martin met het mannetje van het voetgangerslicht praat. *Grand Canyon*. Maar opeens is het die film niet meer. Het is *Grand Canyon* helemaal niet, het is *L.A. Story*, en Steve Martin praat verdomme helemaal niet met een voetgangerslicht, maar met een verkeersbord. Nu herinner ik me alles, het is zo'n elektronisch verkeersbord dat inlichtingen verschaft over de verkeersomstandigheden en dat zich opeens wendt tot Steve Martin die een band aan het verwisselen is, en hem vraagt hoe het met hem gaat en hem verzoekt het te omhelzen, en Steve Martin is verbijsterd, maar het bord dringt aan, smeekt hem, 'omhels me', *Hug me*, en dan komt Steve Martin dichterbij en *omhelst het*... Het is overigens een schitterende, ontroerende scène: hoe heb ik hem zo kunnen verdraaien vanwege een treurige televisiecommercial? Je zal zien dat er een verband is, in mijn bedwelmde organisme, tussen het innemen van nicotine en het vermogen zich dingen te herinneren...

Nee! Afgaande op wat ze op die cursus zeiden, moet ik absoluut zien te vermijden dat ik een rechtvaardiging ga zoeken voor mijn terugval. Ik moet reageren, onmiddellijk: het verleidelijke pakje weggooien en veel water drinken, heel veel water drinken, want nicotine lost op in water en ik moet het zo snel mogelijk uit mijn organisme verdrijven. Ik neem het pakje sigaretten en ga naar de keuken. Ik gooi het in de vuilnisemmer – als een razende – dan doe ik de koelkast open en stort mij op de fles mineraalwater. Ik drink meer dan een halve fles in één lange teug waarna ik buiten adem ben. Dan drink ik nog meer, en nog meer, ook al heb ik geen dorst meer en zit mijn keel dicht.

Een beetje verdoofd ga ik naar de slaapkamer en strek mij uit op het bed. Ik moet me ontspannen, ik moet weer helder van geest worden. Op de cursus hebben ze me verteld dat je één sigaret wel kunt verdragen, als je vastberaden reageert. Het is van fundamenteel belang dat het er bij één blijft. Overigens weet ik wat er nu gaat gebeuren, ik ben getraind: morgen en de komende dagen zal ik, ongeveer op dezelfde tijd, een *fatale impuls* voelen, die nog versterkt zal zijn door mijn zwakheid van vandaag, en het zal van vitaal belang zijn om die te weerstaan. Om dat te kunnen moet ik zorgen voor de best mogelijke omstandigheden – dus ik moet, bijvoorbeeld, dit huis verlaten waar het delict heeft plaatsgevonden, en ik moet ervoor zorgen dat ik, als het gebeurt, niet alleen ben. Ik ga in ieder geval naar Viareggio: tenslotte wilde ik dat toch al. Ik moet zoveel mogelijk water drinken en urineren, en als de nicotine die ik heb binnengekregen met deze Capri geheel verdreven zal zijn, ben ik buiten gevaar, dat wil zeggen dat ik weer kan terugkeren naar het behalen van mijn dagelijkse overwinning, zoals ik de afgelopen negen maanden heb gedaan.

Als ik dat echter niet doe, als ik nog één enkele sigaret rook, waardoor de hoeveelheid van die ellendige nicotine in mijn bloed verdubbelt, dan wacht mij een lange periode waarin ik als een razende moet vechten om het bij één sigaret te houden, dan bij twee, dan bij drie, in de vrome illusie dat ik ieder ogenblik kan stoppen terwijl ik, onverbiddelijk, juist steeds meer zal gaan roken, omdat mijn organisme, dat weer in de greep geraakt is van de stof waardoor het vergiftigd is, om steeds meer zal blijven vragen totdat het niveau bereikt is van de dagelijkse dosis waaraan het gewend was, en pas dan zal het bedaren. Ik zal liegen, veinzen, maandenlang stiekem roken, totdat ik als een schooljongetje betrapt zal worden, omdat mijn vingers, mijn haren en mijn adem weer zullen stinken. Of zelfs op heterdaad, door Anna, in pyjama, op het balkon, wanneer het weer koud geworden zal zijn en ik ook nog het risico loop mij een ziekte op de hals te halen:'Gianni! Maar wat ben je aan het doen?...'

Ja, ik weet precies hoe ik me moet gedragen, en daar zal ik gebruik van maken, maar intussen bevind ik me weer in de keuken – *hoe ben ik hier in godsnaam terechtgekomen?* – en rommel in de vuilnisemmer als een zwerver, om het pakje Capri Superlights eruit te vissen – *wanneer heb ik besloten dit te doen?* – en ik steek er weer een op, aan de gasvlam van het fornuis. Een schamel maar wetenschappelijk onweerlegbaar idee ten aanzien van deze dunne Amerikaanse cilindertjes heeft zich meester gemaakt van mijn geest: ze zijn met opzet zo ontworpen om de mensen minder te laten roken, en daarom komen ze nauwelijks overeen met een halve normale sigaret, hetgeen mij alle recht geeft om er twee te roken, voordat je echt kan zeggen dat ik een sigaret gerookt heb. Nu geen hartkloppingen meer, of schuldgevoel, of zondige roes: ik ben alweer terug bij de pragmatische redeneringen van de tabaksverslaafde. Hoe kunnen de dingen in godsnaam zo snel veranderen?

In een oogwenk ben ik door de sigaret heen – ook deze heb ik opgezogen. Ik druk hem uit met dubbele walging, omdat ik hem heb opgerookt en omdat hij vies was. Ik voel me weer draaierig in mijn hoofd, terwijl de rooksmaak in mijn mond onverdraaglijk is geworden. Op de cursus hebben ze ons geleerd je op deze dingen te concentreren, en ze nooit te vergeten: de vieze smaak, de stank, de afkeer van peukjes.

En nu begint mijn tegenaanval: mijn handen knopen de gele hengsels van de vuilniszak dicht en trekken de zak uit de emmer – moeizaam want hij zit erg vol – en ik verlaat pijlsnel het huis, terwijl ik er pas op het laatste moment aan denk om de sleutels mee te nemen, gelukkig maar, anders zou alles weer behoorlijk ingewikkeld geworden zijn – brandweer? woning-SOS? of hotel? – en overigens is alles toch al behoorlijk chaotisch, want plotseling realiseer ik me, in het trapportaal, waar ik dagelijks mijn zielenrust onderhoud, *dat ik de sigaretten niet in de vuilniszak heb teruggegooid*, ik heb gewoon aangenomen dat ik het gedaan heb, maar ik heb het niet gedaan, vandaar dat ik de trap weer langzaam opga, vernederd, en tegelijkertijd opgelucht door het feit dat niemand me heeft gezien, niemand zal ooit iets te weten komen over deze daverende reeks miskleunen.

Ik ga het huis weer in, loop naar de keuken, en daar liggen de sigaretten, op het marmeren blad vlak bij het fornuis; ik probeer de zojuist gelegde knoop in de hengsels van de vuilniszak los te maken, maar dat lukt me niet, ik heb het met te veel woede gedaan, te veel drang om hem onontwarbaar te maken, dus ik moet hem doorknippen met een schaar. Ik neem het pakje – er zitten nog zes sigaretten in – en ik gooi het in de zak, ik duw het naar onderen waarbij mijn hand smerig wordt, totdat het definitief, onherroepelijk verdwenen is in het moeras van de resten van de rosticceria, geplette flessen en lege blikjes – aangezien ik niet doe aan gescheiden afval, wel wetende dat uiteindelijk toch alles wordt verbrand.

Ik was mijn smerige hand, droog hem af, pak dan de zak bij de hengsels, die, nu ze doorgeknipt zijn, een soort touwtjes zijn geworden, te kort om weer aan elkaar te knopen. Dan, heel rustig deze keer, pak ik de sleutels weer, ga het huis uit en begin de trap af te dalen, voorzichtig om de zak niet uit mijn handen te laten glijden, om in ieder geval de komische finale te vermijden dat al mijn vuilnis uitgestort wordt voor de voordeur van een andere huurder. En terwijl ik begin aan de op een na laatste trap, met mijn hoofd al bij de afvalcontainer, beneden op straat, waar ik mijn zak met de duivel erin zal deponeren, hoor ik het knarsen van een voordeur die opengaat, voetstappen die de trap op komen, het dichtvallen van de deur. Wie kan dat zijn? En met welke glimlach zal ik hem, wie het ook is, kunnen tegemoet treden, terwijl ik naar beneden kom om de vuilniszak weg te gooien, na één uur 's nachts, wat er ondubbelzinnig op wijst dat er in die zak echt iets afschuwelijks moet zitten?

Het is Confalone, de huurder van de eerste verdieping, de enige met wie ik enige tijd een band heb gehad die iets verder ging dan het eeuwige 'goedemorgen en goedenavond', en die uitliep op een paar etentjes met vrouw en kinderen op ons balkon. Totdat zijn huwelijk naar de knoppen ging, en hij alleen achterbleef in de flat op de eerste verdieping waar hij gewoond had met zijn vrouw en een tweeling in de leeftijd van Francesco. Sinds die tijd is de band verkoeld.

'Dag,' zegt hij.

'Dag.'

Ik loop door – laat hem maar denken wat hij wil – en bereik de uitgang zonder achterom te kijken. Via de binnenplaats waar Francesco heeft leren fietsen kom ik op straat en – eindelijk – stort ik mijn last in de stinkende afvalcontainer. Voilà: ik heb mijn vervloekte plicht gedaan.

Maar het gaat vanavond maar door, het lijkt wel of ik me niet kan bevrijden uit de greep van het getob: want nu zit die Confalone weer in mijn hoofd, het heeft geen zin om door te lopen en te doen alsof er niets aan de hand is. Ik sla mijn ogen op en vang de blauwige flikkeringen op van de televisie die uit zijn raam komen: die man zit daar, denk ik, alleen, op de bank en doet of hij naar de Maurizio Costanzo show kijkt, gekweld door het verlangen zijn tweeling in hun slaap te strelen, en dat is onmogelijk. Ik heb dingen gezien die ik niet had moeten zien, van zijn teloorgang, ik heb dingen gedacht die ik niet had moeten denken, dingen gezegd die ik niet had moeten zeggen, dingen geweten die ik niet had moeten weten: geen wonder dat onze betrekkingen verkoeld zijn. Ik ben getuige geweest van het meest gruwelijke moment van zijn scheiding, op een zaterdagochtend, heel vroeg, toen ik het huis verliet om naar het vliegveld te gaan: ik zag de verhuiswagen die geladen werd met dozen vol afschuwelijk bekende spullen, en ik groette zijn vrouw door de wijdopenstaande deur en vroeg haar terwijl ze twee schilderijtjes van de muur in de hal haalde: 'Gaan jullie soms verhuizen?' De vraag had onmiddellijk een obscene klank, een soort onzinnige opmerking die men maakt om zich buiten een ondraaglijk pijnlijke situatie te plaatsen – zoals 'hoe gaat het ermee' tegen een terminale patiënt – maar ik had hem al gemaakt; en zij heeft me gestraft: ze had kunnen doen alsof ze het niet gehoord had, ze had kunnen glimlachen en mij de kans kunnen geven om mijn tong af te bijten, maar ze antwoordde 'alleen wij', meedogenloos, wijzend op de tweeling die ontheemd rondhing in het trapportaal, de ogen vol schaamte. En die dag, tijdens mijn eersteklas vlucht naar New York – de enige eersteklas vlucht van mijn leven – bedacht ik dat de zaak me eigenlijk helemaal niet verbaasde, omdat ik het nooit zo op die Confalone had gehad, en dat het feit dat ik met hem omging alleen maar kwam door de eigenaardigheid van flatgebouwen dat men willekeurig relaties aanknoopt: supersportief, motorfanaat, een onberispelijk verzorgd uiterlijk, met een baan – reclameacquisiteur – waarvoor hij voortdurend heel Italië door moest reizen, was hij het prototype van de man die een minnares vindt binnen het bedrijf en tot zijn ondergang doorgaat met een dubbelleven, gebaseerd op geheime mobiele telefoons en verzonnen zakenreizen; zijn vrouw was een knappe endocrinoloog in de Gemelli Polikliniek, zacht en moederlijk, maar ook aantrekkelijk, op een mollige manier, die van Roxy Music en de boeken van Graham Greene hield. En ik heb het ook gezegd: ik heb een zedenpreek gehouden tegen mijn uitgever die naast me zat in het vliegtuig, en daarna, telefonisch, ook tegen Anna, na haar op een afstand van zesduizend kilometer verteld te hebben wat de endocrinologe van de eerste verdieping overkomen was. Echter, toen ik zeven dagen later, in de vip-room van JFK in afwachting van de terugvlucht, druk bezig was me te goed te doen aan de eersteklas luxe (cocktails, champagne, gerookte zalm), kwam ik achter de *ware toedracht*: zij kwam binnen, de echtgenote, met een veel oudere, gebruinde, sportieve man die haar nonchalant omarmde terwijl hij op te luide toon sprak over een bepaald moeras in de buurt van de luchthaven van Bombay. *Het afdelingshoofd*, verdomme nog aan toe, die mythe waarvan ik dacht dat hij achterhaald was, in ieder geval vanuit seksueel oogpunt, maar die klaarblijkelijk nog steeds slachtoffers maakte: *ze had haar man la-*

*ten vallen voor het afdelingshoofd.* Ze waren in gezelschap van een soortgelijk stel (hij een rijpere man met een internationale uitstraling, zij jong en onderdanig). Ze kwamen duidelijk terug van een chic congres over god weet wat voor klieraandoening, gefinancierd door een of andere farmaceutische multinational, om de banden te verstevigen met de meest prominente artsen uit het westen, opdat deze, na vier prettige dagen, op kosten van de firma, doorgebracht te hebben in New York met hun liefjes, een bepaald medicijn zouden blijven voorschrijven, waar zowel de marktgroei van twee-komma-twee als de bestedingstoename van acht-komma-acht, vastgesteld voor de volgende drie jaar door een verneukte ziekenhuisdirectie, op gebaseerd was.

Daar, tijdens die kille groet die de vrouw en ik uitwisselden in dat toevluchtsoord voor geprivilegieerden op de luchthaven van New York, zijn ook mijn betrekkingen met haar man onherstelbaar verkoeld. En nu er wat tijd is verlopen en zij ook in Rome gearmd kan rondlopen met die oude vent, of misschien wel met hem samenwoont en hem de tweeling laat strelen wanneer die maar wil met zijn dure handen vol ouderdomsvlekken, zit ik gewoon te wachten op het moment dat Confalone op een avond thuiskomt met een vrouw, wat voor vrouw dan ook, mooi of lelijk, jong of oud, het maakt niet uit, van wie je zou kunnen denken dat zij er al was, dat ze er altijd geweest is, en dat zij de oorzaak is van alles, zoals Camilla Parker-Bowles: maar hij komt altijd alleen thuis, moe en alleen, en ik ben slechts een botte, roddelzuchtige buurman, die te veel wist van een zaak waar hij nooit iets van geweten heeft, en die voor zijn beurt gedacht en gesproken heeft van de ene kant van de oceaan naar de andere, in plaats van zich met zijn eigen klerezaken te bemoeien. Het zal hard aankomen, de dag dat ik een intercom zal opnemen en deze beschrijving van mezelf zal horen; maar als het de stem van

Confalone is, heb ik weinig recht om verontwaardigd te zijn.

Ik ga het huis weer in en bedenk dat het uiteindelijk waar is, dat niemand weet wie wij echt zijn, omdat we dat verbergen, en als we het niet opzettelijk verbergen, dan verbergen we het instinctmatig. Een vriendin van mij was eens zeer ontsteld toen ze er plotseling, na vijf jaar huwelijk, achter was gekomen dat haar man allergisch was voor kip. Goed, het was verklaarbaar omdat ze boven het restaurant van haar ouders woonden en daar bijna elke avond aten, waarbij hij zich beperkte tot het niet bestellen van kip, terwijl het de weinige keren dat ze thuis hadden gegeten tot op die dag nooit was voorgekomen dat ze kip had klaargemaakt; die keer was dat wel het geval, en toen heeft hij tegen haar gezegd dat hij allergisch was voor kip. In technische zin heeft mijn vriendin die verklaring geaccepteerd, maar ik kon haar geen ongelijk geven toen ze betoogde dat een vrouw zoiets, over haar eigen man, toch behoorde te weten, en als ze dát al niet weet, wie weet hoeveel andere dingen ze dan niet over hem weet... Omdat de grappige kant van het voorval haar niet ontging, probeerde ze zich de uitdrukking op het gezicht van haar dochter voor te stellen, als deze een jongen mee naar huis zou nemen met wie ze wilde trouwen en als zíj hem dan onmiddellijk zou vragen te verklaren voor welk voedsel hij allergisch was of er voor altijd over te zwijgen; maar intussen, in tegenstelling tot vroeger, merkt ze dat ze zit te letten op alles wat haar man níet doet, wat hij níet bestelt aan de bar en wat hij níet leest voordat hij in slaap valt: en dat is een beetje onnatuurlijk. In ieder geval zijn ze niet uit elkaar gegaan, en dat is al heel wat.

Mijn besluit staat vast, ik ga naar bed. Ik sluit het raam, kleed me uit en laat me op het bed vallen zonder me zelfs te wassen; maar ik heb geen slaap, nee, daar moet ik me maar bij neerleggen, want ik ben nog niet klaar met piekeren voor vandaag. Ik zal hier ik weet niet hoe lang roerloos liggen, met gesloten ogen, zwevend tussen twijfel en melancholie. Goed, het zij zo. Over sommige dingen kun je beter in wakende toestand denken, dan slapend over dromen.

Uiteindelijk is het geen negatieve dag geweest: ik ben weer begonnen te schrijven. Maar ik ben ook weer begonnen te roken. Dat pakje Capri, wat ben ik daar ingetrapt. Het vuurwerk. Confalone. De mysterieuze vloeker. Die meeuw, de kracht waarmee hij me aankeek. Ik ben een kracht van het verleden, louter in de traditie ligt mijn liefde. De perfecte valstrik die Bogliasco voor mij gezet had, mijn enorme zwakheid waar hij zich in vastgebeten heeft: hoe heb ik de journalist kunnen verwisselen met een ober? Waarom kan ik me de naam van een onnozele acteur als Bradley Whitford wel herinneren en niet de mouwen van zijn overhemd. Waarom is het geheugen zo complex? Waarom neemt het zo veel ruimte in en weet het vervolgens het antwoord op zulke simpele vragen niet? Had de Hollander van het ongeluk donker of blond haar? Hoe laat Burt Lancaster in *Vera Cruz* zijn revolvers draaien, naar achteren of naar voren? Hoeveel poten heeft een mier, zes of acht? Op welke zij slaapt de kleine Francesco gewoonlijk, links of rechts? En als ik nu eens een spion was die deed alsof hij een kinderboekenschrijver was, en als ik vannacht op mysterieuze wijze omgebracht werd, pfft, met een geluiddemper, wat zou de kleine Francesco zich dan van mij herinneren?

Ik doe mijn ogen open en richt ze op het plafond, op de plek waar ik al jaren van plan ben een ventilator aan te brengen, en waarom ik het niet doe, is weer een mysterie.

Dat ik een kinderboekenschrijver was, dat zou hij zich herinneren.

## 15

Met een schok kom ik overeind in bed: kwart voor elf. Die vrouw. Ik heb een afspraak met die vrouw. Bij haar kan ik echt niet te laat komen...

Nog dronken van slaap neem ik een bad. Het koude water bezweert de droom die mij kwelde – een bediende kwam de hotelkamer binnen waar Anna sliep, maar het was geen bediende, plotseling verscheen ik en stond oog in oog met hem, Anna was zwanger, hij was gewapend... – en zorgt ervoor dat ik me totaal overgeef aan de haast vanwege mijn afspraak. Ik kan haar verdomme niet laten wachten, die vrouw verdient stiptheid.

Ik kijk naar mezelf in de spiegel en zie een gezicht dat ik liever niet zou zien, licht crimineel: een zware baard, gezwollen ogen, verfomfaaid haar. Zo kan ik me niet presenteren, die vrouw verdient een verzorgd uiterlijk, een minimum aan keurigheid. Dat verdient ze nog meer dan stiptheid, als ik echt moet kiezen; vandaar dat ik mezelf dwing het gevoel van haast te onderdrukken en me behoorlijk voor te bereiden, zonder op de klok te kijken. *Laat iedereen doen wat hem te doen staat. Laat het leven normaal doorgaan...*

Terwijl ik me scheer denk ik echt met opluchting aan de net voorbije nacht, vanwege het simpele feit dat hij voorbij is. Het is wel bekend hoe die dingen gaan: je begint slecht en je eindigt nog slechter, het is menselijkerwijs niet mogelijk in slaap te vallen met de angst in je hart. Ik heb eindeloos vaak gedronken en gepiest, en ik was er iedere keer van overtuigd dat het de laatste keer zou zijn, terwijl in werkelijkheid de tijd, het enige mechanisme dat in staat is om slapeloosheid te overwinnen, steeds weer opnieuw inging. De zware ochtendslaap die mij uiteindelijk heeft bevangen bracht geen verkwikking meer en kon alleen nog maar bijdragen tot het verpesten van de volgende dag, en het is volgens mij een geluk dat die afspraak er is, waarop ik enigszins – *enigszins* – te laat zal komen, want daartoe zal de schade zich hoogstwaarschijnlijk beperken: als je bedenkt over welk onderwerp wij het zullen hebben, zal de ontmoeting met deze vrouw een soort nieuwe start zijn, waarna ik het wel uit mijn hoofd zal laten om een slecht humeur te ontwikkelen. Integendeel, de ontmoeting zal mij spannen als een veer, en mij weer naar de Via Aurelia stuwen richting Viareggio, en halverwege de middag zal ik al in het pijnboombos zijn, met Anna, om de kleine Francesco te zien springen op de trampoline, uitzinnig dankbaar voor het *Principium Individuationis* dat ervoor zorgt dat hij hij is en geen ander, dat hij daar is en niet in een reanimatiekamer.

Na mij van mijn baard ontdaan te hebben kleed ik me aan, haastig maar zorgvuldig, en ik kies de kledingstukken één voor één uit, wat ik bijna nooit doe: schoon overhemd, broek van een lichte stof, donkere sokken, bootschoenen, en een colbert, ja, ook al zal het waarschijnlijk warm worden en zal ik gaan zweten. Mijn favoriete colbert – grijs, van lichte wol, cadeau van mijn zuster, die smaak heeft – dat ik aan had op de avond van de prijsuitreiking, en daarna in de trein terug naar Rome, daarna in de auto tijdens de vlucht naar Viareggio, daarna afgelopen zondag tijdens de terugrit, en dat sindsdien is blijven hangen op de rugleuning van een stoel, overgeleverd aan de kreukels zonder de liefdevolle ondersteuning van een klerenhanger, is echter helemaal verfrommeld: maar ook zo blijft het mijn favoriete colbert, en trek ik het toch aan.

Voordat ik naar buiten ga, pak ik het boek van Carver dat ik aan de vrouw cadeau ga geven, de sleutels van de Vespa en de huissleutels, doe zorgvuldig alle lichten uit, en pas op dat punt aangekomen, in een belachelijke maar – in ieder geval voor mij op dit moment – belangrijke demonstratie van zelfdiscipline, sta ik mezelf toe op de klok te kijken: twee minuten voor elf. Hoeveel tijd zou ik gewonnen hebben als ik me had laten meesleuren door de haast? Hoeveel dingen zou ik dan vergeten hebben, of, nog erger, zoals in *Alice in Wonderland*, in de verkeerde volgorde afgewerkt hebben? De Keizer van Japan was een wijs man, daar valt niets op af te dingen. En terwijl ik de trap af loop, besluit ik om niet eens de Vespa te nemen: ik ga lopen, ja zeker, ik ga naar de struiken kijken zoals Marcovaldo, ik ga met volle teugen de lucht van Rome inademen, ook al is er smog, en ik zal enigszins vertraagd bij het barretje in het park aankomen.

Het licht op straat is verblindend: in het korrelige, helle geschitter onderscheid ik een flink kluitje mensen voor de entree van de flat naast de mijne, en een ambulance aan de overkant van de straat, met wijdopenstaande portieren en draaiende zwaailichten. Even daarachter een dienstauto van de politie waarin een agent contact heeft via de radio. De andere agent is druk bezig om de uitgang van de flat vrij te houden. Praktisch de hele buurt bevindt zich in deze menigte: winkeliers, conciërges, kinderen, bejaarden, voorbijgangers, de glaszetter, de sigarenboer, de stoffeerder, allemaal geschaard in een halve cirkel rondom de wijdopenstaande ingang. Iemand ziet me en groet, en ik besef dat ik onmogelijk gewoon door kan lopen zonder even stil te staan om te kijken wat er gaande is; het is alsof ze zeggen: 'Kom, hier gebeurt iets wat onze gemeenschap aangaat, wat ook jou aangaat...'

In werkelijkheid zeggen ze andere dingen. Ze zeggen: '*Arme vrouw...*'

Ze zeggen: '*Hij is haar kruis...*'

Ze zeggen: '*Ze kon het niet meer aan...*'

In de deuropening verschijnt een vrouw die huilt. Het is

Anita, de verpleegster van het San Camillo ziekenhuis, een energieke, zwijgzame vrouw die altijd bij ons thuis komt om ons injecties te geven, wier absolute autoriteit op het gebied van orale geneesmiddelen met kracht wordt onderschreven door onze dokter. Ze loopt achteruit en huilt, haar blik gericht op de ingang van de flat en haar handen voor haar mond.

'*Zij heeft ze toch niet geroepen...*'
'*Nee?*'
'*Nee, dat heeft Don Furio gedaan...*'

De brancard komt naar buiten, geduwd door twee knoestige ziekendragers die met moeite door de mensen heen komen. Op de brancard, met riemen vastgebonden zoals Hannibal the Cannibal, ligt de zoon van Anita – Italo, als ik het wel heb – een forse jongen met blauwe ogen en bolle wangen, die toen ik in deze wijk kwam wonen, tien jaar geleden, een veelbelovende spil was in het jeugdteam van Roma. Hij speelde hele avonden met de bal tegen de muur van zijn flat, 's zomers, en soms bleef ik naar hem kijken uit het raam. Hij had klasse.

'*Don Furio? Maar er was toch een plaats voor hem gevonden in een opvangcentrum...*'
'*Al vijf dagen lang vloekte hij 's avonds alles bij elkaar...*'
Hij was het dus die vloekte.

Hij is niet gewond, en ook niet bewusteloos: hij houdt zijn hoofd stil en draait langzaam met zijn ogen, om het schouwspel te bekijken van de mensen die naar hem kijken, maar hij geeft de indruk dat hij veel meer zou kunnen doen dan dit, als hij wilde. Hij lijkt niet overweldigd, ondanks de riemen. Ik ben getroffen door de absolute afwezigheid van matheid in zijn blik, of van schaamte, of van pijn: er schuilt daarentegen een soort uitdagende arrogantie in, alsof de kille, mystieke kracht van het vloeken hem precies daar gebracht heeft waar hij wilde komen, en alsof alles volgens plan verliep.

Het is opvallend hoe ook terughoudendheid je op een dwaalspoor kan brengen. Als zijn moeder ons injecties kwam geven – Bentelan voor mijn rugpijn, Buscopan voor de menstruatiepijnen van Anna, Cortigen B6 en Epargriseovit voor de kleine Francesco, à raison van vijfduizend lire per stuk – moest ik altijd denken aan die jongen met de snelle voeten, maar zij was zo zwijgzaam dat ik nooit naar hem heb gevraagd, en juist door het niet stellen van vragen vormde zich in mijn hoofd een ongegronde voorspelling ten aanzien van zijn lotsbestemming, waarin ik uiteindelijk echt geloofde. Dit lot sprak het rauwe dialect van een of ander stadje in Midden-Italië – Teramo, Viterbo, Chieti – waar, in mijn verbeelding, de jongen was blijven steken tijdens een stoffige poging om op te klimmen in de lagere competities: een inheemse vrouw die hij in de discotheek had leren kennen, een stevig jochie in het wandelwagentje, de aanvoerdersband om de arm, altijd spelend op die aardachtige velden, vol gaten, waar je onmogelijk kunt schitteren... Ik stelde me iemand voor die het niet had gered, die spijt had, maar dat kwam alleen omdat er op een bepaald ogenblik in zijn leven zo véél jongens waren die veel te hooggespannen verwachtingen hadden; eigenlijk kwam mijn beeld neer op een rustig leven, zoals zo vele andere levens, misschien wel beter dan andere. Maar daar ligt hij, gevangen en meegevoerd als een dolle hond onder toezien van de hele wijk: het zou voldoende zijn geweest om Anita één keer te vragen hoe het met hem ging, na een prik; uit de manier waarop ze haar hoofd had geschud, de injectienaald nog in de hand, had ik kunnen afleiden dat zijn lot een heel andere wending had genomen. Want het heeft er de schijn van dat deze toestand al een flink tijdje aan de gang is, en voorlopig nog wel zal doorgaan. En dat verklaart misschien de uitdagendheid die nog spreekt uit de ogen van de jongen: hij weet heel goed dat dit nog niet het einde is; hij weet dat het einde veel erger zal zijn, veel smeriger en zwaarder, en wanhopiger, en zonder getuigen, zoals hij het wil...

Plotseling is er een grote stilte ontstaan. Alvorens te verdwijnen in de donkere buik van de ambulance doorboort de jongen de omgeving nog een keer met een gyroscopische blik. Ten afscheid zou hij ook nog een laatste vloek kunnen afvuren, een woest trompetteren in de richting van de pastoor, als die hem inderdaad heeft laten weghalen: maar hij laat zich opslokken zonder iets te zeggen, heel stil. Zij moeder volgt hem, maar na een seconde steekt ze haar hoofd weer uit de openstaande deur, haar ogen gevuld met nog meer consternatie.

'De tas,' schreeuwt ze.

De conciërge van de flat verdwijnt in de hal en komt tegelijk weer terug met een Q8-tas, van rubber, zo eentje die je cadeau krijgt bij een olieverversing. De vrouw neemt hem aan, bedankt de conciërge met een glimlach, opgelucht, en het belang dat opeens gehecht wordt aan deze tas raakt me diep, ja, het ontroert me: in aller ijl volgestopt met doodgewone dingen terwijl de dragers bezig waren de jongen op de brancard vast te binden – pyjama's, slippers, sokken, tandenborstel, tandpasta, scheergerei... – wordt de tas opeens het laatste bolwerk van de hoop die deze moeder mag hebben op een andere afloop dan die de jongen voor ogen staat. Met zijn willekeurige, neutrale inhoud is hij niet achtergebleven naast de lift, op de vloer van de hal, waar hij het meest realistische, tragische detail geworden zou zijn van deze treurige ochtend (o, de onverdraaglijke droefheid van de op luchthavens achtergelaten bagage, die maar rond blijft draaien op de transportband nadat de eigenaar is gearresteerd, of door een infarct getroffen, of zelfmoord heeft gepleegd): integendeel, hij is waar hij moet zijn, in haar waakzame handen, naast haar vastgesnoerde zoon, en zij zal ervoor zorgen dat hij daar altijd blijft, van afdeling naar afdeling, van kuur naar kuur, dat hij klaarstaat om zijn krachtige lading normaliteit uit te stoten op het moment dat de zoon, als de moeilijkste tijden voorbij zijn, de wens bij zich op zal voelen komen om zich wat op te knappen.

Slam! De deuren gaan dicht. De ambulance vertrekt, langzaam zijn weg banend door de menigte die met moeite opzij gaat, en glijdt geruisloos weg, misschien in de richting van het San Camillo ziekenhuis waar de moeder kortgeleden haar dienst heeft beëindigd, of waar ze straks moet beginnen: geen sirene, alleen draaiende zwaailichten, die zodra hij de hoek om is, alle onwetende mensen laten zien dat het niet om een ernstig geval gaat, en dat ze geen kruis hoeven te slaan.

De politiemannen blijven nog even om iets op een papier te schrijven, dan stappen ze in de auto en vertrekken ook zij. Ik kijk op mijn horloge: tien over elf. Nu ben ik echt te laat: ik kan niet meer gaan lopen, dat duurt tien minuten, tien plus tien is twintig, en dat is meer dan enigszins te laat. Ik moet de Vespa wel nemen: daar staat hij, aangetast door de jaren en beroofd van zijn bagagedeurtjes (ik heb me altijd afgevraagd waarom ze die stelen), met een ketting vastgemaakt aan het eenrichtingsbord, vuil geworden door het *zand* dat vorige week uit de hemel is gekomen – wind uit de Sahara, zeiden ze. Terwijl de menigte uiteenvalt in kleine groepjes, elk omgeven door een wolk van commentaar, volbreng ik met ingehouden adem alle noodzakelijke handelingen om te vertrekken. Dat is niet eenvoudig: ik moet twee kettingen verwijderen, het bagagevak opendoen, de lap pakken om mijn handen schoon te maken (de kettingen zijn heel smerig), de helm pakken, de kettingen in het bagagevak leggen, opnieuw mijn handen schoonmaken, de lap op de kettingen leggen, daarbovenop het boek van Carver, het bagagevak weer sluiten, de helm opzetten, het benzinekraantje openzetten... en de choke uittrekken, natuurlijk, want opeens herinner ik me dat de Vespa verzopen is, godsamme – daarom staat hij al een poosje stil, en moet ik hem eigenlijk naar de monteur brengen. Toch probeer ik hem aan te krijgen, een, twee, drie, vier pogingen waarbij ik mijn hele gewicht laat neerkomen op het gebogen startpedaal (ik heb nooit begrepen waarom ze startpedalen ombuigen), totdat ik bij de vijfde poging, die vervloekte, pijnlijke scheut weer krijg in mijn voet. Het is een oude bekende, de pijn die door mij heen schiet, hij gaat terug naar mijn jeugd: als ik, na lange trimesters op kostscholen doorgebracht te hebben – in Trieste, Florence, Napels – terugging naar Rome, was mijn Vespa verzopen en wilde niet starten, en altijd weer, voordat ik besloot te gaan duwen, bleef ik het als een gek proberen met het startpedaal, totdat die pijnlijke scheut kwam waardoor ik sterretjes zag. Het is een van de dingen uit die tijd van mijn leven waarvan ik nog steeds geen afstand heb kunnen nemen, terwijl het een zinloze handeling is en pijn doet.

Ik begin te duwen. Veel mensen kijken naar me terwijl ik met moeite vooruit kom op het pleintje onder de meedogenloze zon: ik maak een beetje snelheid, dan spring ik op het zadel terwijl ik hem in de tweede versnelling zet – niets –, dan de wanhopige poging om gebruik te maken van de vaart door terug te schakelen naar de eerste versnelling: niets. Ik zet door, ik bijt me erin vast, ik herhaal deze zinloze manoeuvre drie, vier keer, met als resultaat dat ik bij het uitgangspunt terug ben, snakkend naar adem, drijfnat van het zweet en nog meer verlaat.

En ik zie dat ik de choke niet eens dichtgedaan heb voordat ik begon te duwen, waardoor de Vespa waarschijnlijk nog verder verzopen is.

Er blijft maar één mogelijkheid over. Me naar een zeer steile helling te slepen, hier vlakbij, en me in een duikvlucht naar beneden te storten, met als complicatie dat het tegen het verkeer in moet gebeuren, aangezien het een eenrichtingsweg betreft voor het stijgende verkeer. Het is gevaarlijk, ik zou het niet moeten doen, maar ik heb geen alternatief, de tijd verstrijkt en die vrouw zit te wachten, en dus doe ik het: ik ben aangekomen bij het begin van de afdaling, ik laat een bestelwagen passeren die puffend naar boven komt (mozzarella uit Frankrijk), en ik postuleer, waarbij ik opeens weer een ontaarde, gefrustreerde zestienjarige word, dat de volgende dertig seconden niemand de helling op zal komen. En daar ga ik, en de Vespa krijgt direct vaart, want het is echt een steile, rechte afdaling, en ik zet hem in zijn drie, dan in zijn twee, en ik ben al halverwege mijn duikvlucht, maar de Vespa slaat nog steeds niet aan, en ondanks het remmen op de motor, ga ik nog steeds te snel om over te kunnen schakelen naar de eerste versnelling, en de aansluiting met de Viale Marco Polo komt steeds dichterbij, en als nu iemand de helling op zou komen, zag het er slecht voor me uit, maar gelukkig gebeurt dat niet. Toch zal ik over enige ogenblikken tot stilstand komen omdat ik bijna aan het einde van de afdaling ben – en dan, in de allerlaatste seconde, waarna ik iemand zou worden met pech langs een drukke doorgaande weg, slaat de Vespa aan. Een witte wolk drijft de lucht, waardoor de carburator verzoop, naar buiten, de motor begint te draaien, en ik moet onmiddellijk remmen om niet de grote weg op te vliegen waarop auto's voortrazen met zeventig kilometer per uur, maar tegelijkertijd moet ik de motor op toeren laten komen om hem niet te laten afslaan, als een uitzinnige manipulerend met gas, rem en versnelling, dan dreigt het achterstuk in een slip te geraken, maar ik slaag erin om de Vespa in bedwang te houden, de uitlaat blijft haar witte pest uitspuwen, en ik rem steeds harder om niet opnieuw te slippen, en kom precies tot stilstand bij de aansluiting met de grote weg, heelhuids, met een draaiende motor. Het is gelukt. Nu kan ik hem in zijn vrij zetten en gas geven zoveel als ik wil om de motor schoon te krijgen, en het is moeilijk om uit te leggen hoeveel plezier ik beleef aan deze simpele handeling. Pas nu slaat een auto af en begint aan de helling: het is een witte

Uno, en nog wel een van de rijschool – je ziet ze hier overigens vaak op dit steile stuk, een favoriete plek van examinatoren voor de hellingproef. De leerling is een heel klein meisje dat zich aan het stuur vastklampt als een drenkeling aan een wrakstuk. Ze lijkt beslist doodsbang te zijn voor de beproeving die haar wacht, maar haar angst valt in het niet bij wat ze gevoeld zou hebben als ze de helling vijftien seconden eerder had genomen – een gek die tegen het verkeer in op haar afstormt –, maar dat zal ze nooit weten.

Ik sla de Viale Marco Polo in, en het windje bij veertig kilometer per uur streelt mijn bezwete lijf. Dit oeroude, volkse, intens Italiaanse gevoel van opluchting, is de absolute tegenhanger van de pijnscheut van zo-even, het is te beschouwen als de beloning ervoor. De streling van de wind, een volle tank, de zon, en een hele metropool tot mijn beschikking maken dat mijn jeugd ook niet zo erg meer lijkt. Tenslotte heb ik in mijn jeugd heel veel van deze momenten gekend. En gezien het feit dat ik toch al dingen begin te vergeten, neem ik maar aan dat ik over tien seconden de vreselijke nacht die ik achter de rug heb vergeten zal zijn – zoef –, het onheilspellende wakker worden, de arrestatie van de jongen, de pijnscheut. Laten we maar zeggen dat mijn dag, vandaag, hier begint, met deze wind in mijn gezicht, met dit onverwacht goede humeur.

# 16

'O, hallo.'

De vrouw strekt haar hand naar mij uit, haar schoonheid is adembenemend. Ik herinner me haar helemaal niet meer – nu ik erover nadenk besef ik dat ik me absoluut niets van haar herinnerde, alsof ze niet van vlees en bloed was maar alleen maar bestond bij de gratie van haar rampspoed. Maar hier, los van mijn vermoeide, onbetrouwbare geheugen, in de rauwe realiteit van kwart over elf 's morgens, lijkt haar schoonheid scherp en dwingend, luidruchtig, brutaal, Mexicaans, en deze wordt nog verhevigd door een verbijsterende gelijkenis met een mengsel van Florinda Bolkan/Tony Musante die haar iets onwezenlijks geeft. Ze lijkt echt op *allebei*, het is een gewaagde lichaamsvermenging die, na honderden monsterlijke resultaten, tot stand gebracht moet zijn door een van *Anonymous Venetian* bezeten dokter Frankenstein.

De lichte jurk die ze aan heeft volgt haar prachtige, weelderige vormen, moederlijk maar in het geheel niet slap, bekleed met een donkere, lichtgevende huid die doet denken aan het interieur van dure auto's. De hand die ik druk is groot, zacht, goed verzorgd, en versierd met schitterende ringen. Haar zwarte haren glanzen als de vacht van een kat, het vlekje op haar jukbeen lijkt daar geplaatst te zijn op grond van een onverbiddelijke wiskundige berekening, en in het midden van haar gezicht gloeit een mond, groot en rood als een zonsondergang.

'Het spijt me dat ik te laat ben,' zeg ik.

Ze ruikt naar rook, maar ook naar de zee, op dezelfde fantastische manier als de bazaars in Versilia toen ik een kind was, waar mijn moeder zalfjes kocht en ik stuiters met wielrenners. Een geur die ik niet meer geroken had, omdat die bazaars alleen nog naar plastic ruiken.

'Dat geeft niets' – haar tanden stralen – 'ik was in goed gezelschap...'

Ze wijst met haar kin op het glas met het restje softijs. Alles bij elkaar zal het bestellen, wachten en opeten inderdaad een kwartier geduurd hebben.

'Weet u dat ze hier het beste softijs van heel Rome maken,' zeg ik.

'O ja? Het is inderdaad heerlijk.'

Ja, het is lekker. Maar ik heb er jaren over gedaan om het te ontdekken, en ik woon op loopafstand. Zij komt op een morgen naar Rome, heeft een afspraak op deze plek en ontdekt het onmiddellijk.

'Ik weet niet hoe het met u zit,' voegt zij eraan toe, 'maar ik ben een lekkerbek. Alle snacks die u in uw boeken suggereert, maak ik klaar voor Matteo, maar ik eet ze zelf ook.'

Ze spreekt in de tegenwoordige tijd, typisch.

'Het zijn de snacks uit mijn kindertijd. Ricotta met cacao; brood met boter en suiker; Nutella met peren. En zal ik u eens iets vertellen? Ik was ze vergeten. Ik denk dat ik ze zonder u nooit meer gegeten zou hebben. Tegenwoordig willen kinderen alleen nog maar fabriekssnacks...'

Ze neemt een lepeltje softijs – het laatste, denk ik – en terwijl ze slikt sluit ze haar ogen, als een kleuter.

De ober komt, en ik bestel koffie.

'Overigens' – hervat ze – 'gaat het zo met alles in uw boeken. Daarom vind ik ze mooi. U vertelt verhalen aan kinderen van nu, maar u grijpt terug op de kindertijd van hun ouders, op die van u, van ons. Waar of niet?'

'Dat is waar.'

'U vertelt aan onze kinderen hoe wij, volwassenen, zijn

als we dromen. Want als we nu dromen, dromen we alleen nog van het verleden.'

Zij schraapt zorgvuldig de restjes softijs in het glas bij elkaar en weet nog een laatste lepeltje vol te maken, dat zij gracieus naar binnen laat glijden, maar nu zonder haar ogen te sluiten.

'U bent een heel goede schrijver voor kinderen,' vervolgt ze, 'want volgens mij schrijft u niet, maar *vertaalt* u. U gaat zoeken op plekken waar kinderen nooit komen, en u vertaalt in hun taal de mooie dingen waar zij buiten staan. Onze herinneringen, de bioscoop, Leopardi, rockmuziek... Zo is het toch?'

Ik sta verstomd. Een prachtige vrouw met een kind in coma complimenteert mij met mijn boeken en laat tegelijkertijd zien dat ze de truc doorheeft: een goedkope truc, zichtbaar voor iedereen, maar die niemand opgevallen was. Want het is waar, ik heb nooit iets bedacht, ik heb alleen maar overgeschreven, ik heb alleen maar hergebruikt wat ik in het leven mooi heb gevonden. Rock, Shakespeare, Beckett, Amerikaanse films, psychedelische kunst, Leopardi – inderdaad –, zelfs Pasolini, zijn onuitputtelijke bronnen voor het schrijven van kinderboeken; zij zegt dan wel dat ik ze vertaal, maar in werkelijkheid plunder ik ze. Kinderen merken dat niet, maar ik was ervan uitgegaan dat zelfs redacteuren, recensenten en volwassen lezers het niet zouden merken, en dat was ook zo. Leven we in een oppervlakkige maatschappij of niet? Ik heb een keer een prijs gekregen van een katholiek tijdschrift voor de beste opmerking van het jaar in een kinderboek: *De duivel vindt werk voor luie handen*. En ik heb hem aangenomen, wat kon ik doen? Ik kon toch moeilijk gaan uitleggen dat het geschreven was door de oude Morrissey – God hebbe zijn ziel – en dat het een regel was uit een song van de Smiths, letterlijk overgenomen in *De avonturen van Pizzano Pizza*.

Dan komt deze vrouw, en voor haar is het allemaal heel duidelijk.

'Eigenlijk wel,' geef ik toe, 'ook al klinkt het een beetje als een beschuldiging van plagiaat zoals u het zegt.'

'O nee...' Ze bloost: zij is zo'n vrouw die bloost. 'Het was een compliment, ik zou nooit durven...'

'In ieder geval' – ik probeer hoe dan ook vriendelijk te glimlachen – 'heeft tot nu toe niemand het gemerkt. Tenminste, niet voorzover ik weet. Als u er dus niet over schrijft, kan ik gewoon doorgaan...'

'O,' onderbreekt ze mij, 'maar ik héb erover geschreven...'

Ze opent het tasje dat op de stoel naast haar ligt, en haalt er een stapeltje papieren uit dat ze mij overhandigt.

'Alstublieft. Het stelt natuurlijk niets voor, behalve dat ik...'

Behalve dat ik, voordat de tas weer dichtgaat, een pistool – alwéér – meen te zien.

'...onderwijzeres,' zegt ze, 'en op onze school maken we een krantje, leerlingen en onderwijzers samen. Ik doe de boekrecensies, en ik vond het belangrijk om...'

Maar wat gebeurt er in godsnaam? Ik heb het goed gezien, het was een pistool. Het is niet normaal dat het in die tas zit. Of wel? Sinds wanneer loopt iedereen gewapend rond?

'...ook al heb ik, zoals u zult zien, duidelijk uw stijl overgenomen. Dat is wel plagiaat...'

De ober komt met mijn koffie, en ik drink met kleine slokjes terwijl ik veins – véins – het krantje te lezen: in werkelijkheid probeer ik alleen maar de aanwezigheid van dat pistool te accepteren, en het te laten rijmen met deze verrassende vrouw, die op een paar acteurs lijkt, mij ontmaskert in het schoolkrantje, en haar zinnen begint met een zucht; en om mijn conclusie, bij voorbaat ontoereikend – nooit vermoed dat zulke vrouwen bestonden – te combineren met de reden van onze ontmoeting, die niet het geheim van mijn literaire keuken is, verdomme.

Ik kijk op van de papieren terwijl zij opnieuw het tasje opent. Het pistool is er nog steeds, en het is nog steeds een pistool. Klein, zilverkleurig – het kan geen speelgoed zijn.

'Rookt u?' vraagt ze. In haar beringde handen is een pakje Marlboro Lights opgebloeid, en een gouden aansteker.

'Nee, dank u,' antwoord ik, 'ik ben gestopt.'

'O, dan kan ik beter niet vlak voor uw neus gaan roken...'

'Daar ben ik aan gewend.'

'Echt waar? Hoe lang bent u al gestopt?'

'Negen maanden.'

'Dan bent u erdoor. Weet u zeker dat u het niet vervelend vindt?'

'Absoluut.'

Ze kijkt me strak aan, alsof ze, alvorens mij ook hiervoor haar bewondering te gunnen, zich wil ontdoen van het vermoeden dat ik zo'n tien uur geleden in het vuilnis aan het rommelen was op zoek naar een Capri Superlight. Dan steekt ze de sigaret aan en neemt een lange trek met haar prachtige lippen.

'Ik ben ook eens gestopt,' zegt ze, 'tien jaar geleden, toen ik zwanger was van Matteo. Ik ben kortgeleden weer begonnen, na het ongeluk...'

En nu wordt het moeilijk. Hoe is het haar gelukt zo razend snel op het onderwerp te komen. Ze blijft me recht in het gezicht kijken, met een blik die aanvankelijk moeilijk te verdragen was en die mij nu zelfs doorboort. Ik sla mijn ogen neer. Waarom kijkt ze me zo aan? Wat kan ik haar zeggen? En als ik dan weer zou spugen bij het spreken, zoals een paar avonden geleden? Kan ik me eruit redden door haar simpelweg het boek van Carver te geven? En vooral, sta ik er nog achter om het haar te geven, gezien het feit dat ze mij heeft betrapt en ik ook heel wat van Carver heb overgeschreven?

'Wat is er met uw gezicht gebeurd?' vraagt ze me.

Instinctmatig breng ik mijn hand naar mijn wang, en zij

schudt, glimlachend, haar hoofd, om aan te geven dat ik de verkeerde plek heb aangeraakt. Dan, voordat ik het kan doen, strekt zij haar hand uit naar mijn andere wang en glijdt met haar vingertoppen tot aan mijn kaak, een zedige, fluwelen liefkozing – precies wat ik heel graag bij haar zou willen doen, te beginnen bij het vlekje.

Daarna laat ze haar vingertoppen zien, die bevlekt zijn met bloed.

'U heeft zich gesneden bij het scheren...'
'Daar heb ik niets van gemerkt,' zeg ik.
'Toch is het zo...'

Ze doopt het papieren servet in het glas water naast dat van het softijs, en maakt dan, heel subtiel, mijn wang schoon.

'Prikt het?'
'Een beetje.'

Ik heb hier dus al die tijd gezeten met bloed op mijn gezicht. Daarom staarde ze zo naar me. Ik had dus ook al een bebloed gezicht bij mijn flat, tussen al die mensen, terwijl de zoon van Anita weggehaald werd.

'Het stelt niets voor,' zegt ze, alsof ik haar zoon was. 'Niet meer dan een schrammetje...'

Ze laat het natte servet aan mijn wang hangen waarmee ze haar ingreep beëindigt, en glimlacht, duidelijk geamuseerd door het feit dat het vanzelf blijft hangen. Ook Anna wordt geamuseerd door dingen die aan dingen blijven hangen.

'Dank u,' zeg ik, en ik verwijder het servet van mijn wang. Ik kijk ernaar: zo met water vermengd lijkt bloed op een alcoholvrij aperitief. Zij pakt de sigaret weer die ze in de asbak had gelegd – waarin ik nog twee uitgedrukte peuken zie liggen –, neemt een trek en krijgt dan opeens een sombere uitdrukking, alsof er plotseling een grote wolk op haar neergedaald is.

'Luister,' zegt ze, 'ik geloof dat ik u die avond niet voldoende bedankt heb. Uw gulheid had me volkomen overrompeld en ik was niet in staat uitdrukking te geven aan mijn...'

Even slaat haar stem over, en het lijkt of uit die barst een vloed van tranen zal gaan stromen. Maar ze zal er wel aan gewend zijn om niet in huilen uit te barsten, en ze heeft maar weinig nodig om haar zelfcontrole volledig te herstellen. In dit geval, het nemen van nog een trek aan haar Marlboro Light.

'Vooral,' hervat ze, 'wilde ik u uitleggen waarom ik uw geld aangenomen heb, en wat ik ermee ga doen.'

'Het was mijn geld niet,' zeg ik.

'Het was wel degelijk uw geld. En dat ik het heb aangenomen, was alleen omdat...'

Opnieuw onderbreekt ze zichzelf, en met een heftige beweging, waar ik van schrik, maakt ze weer een servet nat en legt het op mijn wang.

'Het bloedt nog steeds,' zegt ze. 'Misschien is het beter als u het even vasthoudt...'

Weer laat ze het los, weer blijft het vanzelf zitten, en glimlacht ze. Ik houd het vast met mijn hand: minder belachelijk.

Weer een trek, langzaam en vol.

'Ziet u,' hervat ze, 'de Oostenrijkse kliniek waar ik besloten heb Matteo heen te brengen biedt de enige mogelijkheid in Europa om hem te genezen: ik heb zojuist gesproken met de arts die de kliniek heeft opgericht, en hij is de enige specialist die niet "nul procent kans" tegen me heeft gezegd. Hij heeft gezegd "weinig kans", maar hij heeft me ook gezegd dat in zijn Huis van het Ontwaken, zoals de kliniek heet, het woord "berusting" niet bestaat: er bestaan geen politieke problemen, niemand zit je achter de vodden in de hoop dat de reanimatiekamer die door jouw zoon bezet wordt gehouden, vrij komt, of dat je toestemming zal geven voor de verwijdering van zijn organen om een ander leven te redden...'

Zij neemt een laatste trek van haar sigaret, met een intensiteit die me opeens doet denken aan een studiegenoot op de academie, Visentin, die altijd aan anderen vroeg of hij een trekje van hun sigaret mocht, en dan gaf hij hem altijd roodgloeiend terug, zo hard zoog hij eraan.

Dan drukt ze hem uit in de asbak, in één keer.

'Maar ik wil niet het leven van een ander redden,' zegt ze, 'ik wil het leven van mijn zoon redden. En in die kliniek kan ik dat proberen zonder me schuldig te voelen.'

Automatisch halen haar handen weer een sigaret uit het pakje, brengen hem naar haar mond, steken hem aan. Op de cursus die ik heb gedaan leerden ze ons hoe het hoofd te bieden aan bepaalde stressvolle situaties die iemand ertoe zouden kunnen drijven om weer met roken te beginnen – het verlies van je baan, een verhuizing, echtscheiding, et cetera – maar om het geval van een kind in coma daaronder te laten vallen zou nooit bij hen opgekomen zijn.

'Het is alleen erg kostbaar,' zegt ze, 'en je weet niet hoe lang hij daar zal moeten blijven. Daarom heb ik uw geld aangenomen: voor Matteo zou dat zijn opname met tien dagen kunnen verlengen, en in die tien dagen zou hij kunnen ontwaken. Ik ga het geld op de bank zetten, en pas als mijn eigen geld op is, geef ik het uit, en de tijd dat Matteo vanaf dat moment nog in leven kan blijven, en alles wat er in die tijd gebeurt, zal een geschenk zijn van zijn vriend Pizzano Pizza...'

Weer komt er een barst in haar stem; en weer herneemt ze zich onmiddellijk na een trek aan haar sigaret.

'Als daarentegen het geld geen nut mocht hebben, wat god verhoede, zal ik het u teruggeven.'

Opeens zwijgt ze, en tegelijk worden we weer omringd door de luidruchtige Romeinse stilte. Wat moet ik nu weer zeggen? Ik kom alleen maar op vragen: waarom heeft ze het niet over haar man, terwijl ze toch een trouwring draagt? Waarom heeft ze een pistool in haar tasje? Waarom heeft ze zo'n hartverscheurend beroep gedaan op de plaatselijke autoriteiten bij de prijsuitreiking, als ze het besluit al had genomen om het kind te laten overbrengen naar die Oostenrijkse kliniek? En als ze dat besluit toen nog niet had genomen – wat ik geloof –, als die zaak van die kliniek pas ná haar uitbarsting is gaan spelen, misschien juist als gevolg daarvan – ze heeft tenslotte die expert pas kortgeleden ontmoet –, waarom zou ze dan nu liegen, tegen de logica in, over de reden dat ze mijn geld heeft aangenomen, terwijl ik haar nergens om heb gevraagd? Maar wat heeft iemand die door zo'n ontzettende ramp is getroffen, eigenlijk nog met logica te maken?

Ik kijk weer naar het vochtige servet dat ik tegen mijn wang heb gehouden, en er zit bijna geen bloed/aperitief meer op. Ze brengt haar haar in orde, opent dan voor de derde maal haar tasje – en voor de derde maal zit er een pistool in – haalt haar portefeuille te voorschijn, doet die ook open en maakt het gebaar alsof ze er geld uit neemt, wat mij een door de hemel gezonden uitweg biedt aangezien ik die stilte geen seconde langer had kunnen verdragen.

'Nee, nee, laat mij maar...' zeg ik.

Ik pak de twee drijfnatte bonnetjes die onder de waterglazen gestopt zijn, en tegelijkertijd pak ik mijn portefeuille, en ik probeer dat zo natuurlijk mogelijk te doen, maar ook met overtuiging, als ware het een gedecideerd initiatief van een galante, zelfverzekerde man die ik nooit zal zijn. Zij protesteert niet, maar ik zie dat ze ontzéttend verbaasd is – haar mond valt er zelfs van open – en ze kijkt me aan met een wezenloze blik, zonder enige uitdrukking, alsof ze het niet begrijpt, alsof ze niet weet dat op die bonnetjes het bedrag van onze consumpties staat, en dat iemand dat moet betalen, en dat de eigenaar van dat geld moet leven. Opeens lijkt het alsof ze wereldvreemd is, en met die dode blik verdwijnt opeens ook haar schoonheid, door een uitzonderlijke inwendige windvlaag losgescheurd van haar gelaatstrekken, die vervolgens angstwekkend bleek zijn. Niks Florinda Bolkan, niks Tony Musante meer; helemaal niks: een lang, vreselijk ogenblik, dat ook mij verlamt, lijkt ze zich bij haar zoon gevoegd te hebben in die ijzige spleet die hem gevangen houdt.

'De rekening,' mompel ik, en ik laat de bonnetjes zien.

'O,' schrikt ze. 'Dank u...' alsof het nu pas tot haar doordringt.

Oké, denk ik, dit is allemaal heel vreemd, minstens zo vreemd als het pistool in haar tasje, maar nogmaals, ik heb te maken met een vrouw op de rand van instorten, en het is al heel wat dat ze niet helemaal buiten zinnen is, dus ik moet niet verwachten alles te kunnen begrijpen wat ze doet. Maar terwijl ik geld pak en het op de tafel leg onder het glas, waarbij ik nog steeds mijn best doe natuurlijk, gedecideerd et cetera over te komen, blijft zij in haar portefeuille rommelen. Waarom?

'Ik moet u nog één ding vragen,' zegt ze, en ze bloost weer. Ze bloost echter veel heviger dan net: ik geloof niet dat ik iemand ooit zo heb zien blozen. Waarom?

'Zegt u het maar,' en opnieuw doe ik mijn best om te glimlachen, maar ditmaal lukt het me niet, want uit haar portefeuille heeft ze een cheque gehaald, een reeds ingevulde cheque en het is verdomme niet zomaar een willekeurige cheque...

'Het spijt me echt om u hiermee lastig te moeten vallen maar...'

...het is dé cheque, en ik herken hem dan ook onmiddellijk, zonder enige twijfel, ook al heb ik hem in werkelijkheid nooit gezien, omdat hij bij de overhandiging in een envelop zat...

'U moet nog tekenen op de achterkant.'

O, nee, néé.

O, bordje van de ENPI, Godin van de Gêne, waar wij allen onze blik op richten in de lift om niet te hoeven kijken naar de bruut die vlak naast ons staat, om de priemende blik van die volslagen vreemde zelfs niet één keer te hoeven opvangen, door welke handeling wij het gebed uit het hoofd geleerd hebben dat in U gegrift staat (Stigler Otis/Maximale Capaciteit 4 Personen/Maximale Belasting 360 kg/Categorie A/Niet Toegankelijk voor Minderjarigen onder 10 Jaar Zonder Begeleiding), red mij, zend mij snel een van Uw Engelen, aan wie mijn blik zich kan hechten, opdat ik erin zal slagen dit onverdraaglijke moment te dragen...

Het kopje! Blik gericht houden op het logo, Morganti de Meesterlijke Koffie, zolang als ik kan, bestuderen, analyseren: bruin, gouden rand, slordig en aanstellerig grafisch ontwerp, van zo'n vluchtige smaak dat de mode alweer voorbij geweest moet zijn voordat het ontwerp af was, met een soort tekeningetje dat het silhouet van een Haïtiaan moet voorstellen, neem ik aan, of van een Haïtiaanse, of in ieder geval een Caraïbische inboorling in een bananenrokje (of is het een Afrikaanse inboorling? Wat heeft het in dat geval met koffie te maken?), gezeten in een typische Indiase houding, zoals de godin Alì, met het rampzalige gevolg dat...

Tevergeefs, de cheque schuift door tot aan het punt waar mijn blik op gefixeerd is, gevolgd door een gouden Parker, waarschijnlijk een verjaarsgeschenk, uit de tijd dat deze vrouw haar verjaardag nog vierde; en ik kijk ernaar, ik moet er wel naar kijken; ik verman me, neem de pen in mijn hand en bekijk deze onooglijke rechthoek van gewatermerkt papier (Bank van Fucino), met zijn plechtstatige reeks nullen met daaronder, voor de veiligheid, de overbodige, beledigende omzetting in letters (*vijftien miljoen#*, waarbij het hekje moet verhinderen dat de rechthebbende, Gianni Orzan, na een pen van hetzelfde type en dezelfde kleur gevonden te hebben, na zich geoefend te hebben in het kopiëren van het handschrift van degene die de cheque heeft ingevuld en na de nullen van het getal in cijfers eenvoudig in negens veranderd te hebben, er met zijn gelauwerde schrijvershand een sympathiek *negenhonderdnegenennegentigduizendnegenhonderdnegenennegentig* aan toe zou voegen; gekreukeld, met zijn aangevreten hoekjes, uitgeput door de zes lange dagen doorgebracht in gezelschap van smerige bankbiljetten van geringe waarde, verlopen pasjes en verkreukelde bonnen die hem voor de gek hielden (*'Je bent geen reet waard, die lul heeft je achterkant niet eens getekend...'*), lijkt hij een van die wonderbaarlijk geredde personen, die een week na een aardbeving nog levend uit het puin worden gehaald, maar in tegenstelling tot hen zwijgt hij niet, verdwaasd door licht en ongeloof, maar protesteert, furieus, met zijn laatste, wegkwijnende kracht. 'Jullie amateurs in solidariteit,' brult hij, 'jullie doen maar wat, jullie geven zonder te tekenen, en dwingen de moeder van een kind in coma om afspraken te maken, treinen, taxi's en softijs met koffiesmaak te nemen, en in afgrijselijke, afgrijselijke situaties terecht te komen, om de fouten als gevolg van jullie stinkende oppervlakkigheid te herstellen! Ik vervloek jullie, honden!'

En toch, ondanks zijn treurige toestand, is er niet meer nodig om hem te kalmeren dan een simpele handtekening, en de vrede is getekend. Al klaar. De gekwelde, onleesbare krabbel waaraan ik de betekenis 'Gianni Orzan' toeken, en die ik nederig op zijn rug zet, is voldoende om dit ongelooflijke stukje papier te reanimeren, dat, voordat het in ongenade viel, een Prijs was geweest en vervolgens, al was het maar voor een paar seconden, een strandcatamaran, een reisje naar Disneyland en/of tussenverdieping in de slaapkamer, en om het wederom te veranderen, ditmaal definitief, in tien dagen vegeterend kinderleven. (En, even tussen haakjes, een beschaving waar dít mogelijk is moet toch wel de wereld overheersen?) 'Even goede vrienden, jongen,' zegt hij alvorens terug te keren naar de portefeuille waaruit hij gekomen is – waar het kleingoed dat hem heeft uitgelachen lelijk op zijn neus zal kijken.

'Dank u,' zegt de stem van de vrouw.
*Morganti de Meesterlijke Koffie.*
En nu? Ik moet nu wel opkijken. Maar ben ik daartoe in staat? Nu weet ik dat vanaf het eerste moment in de grote, donkere ogen van deze vrouw geschreven stond 'Cheques moeten op de achterkant getekend worden, *klootzak*, voordat je ze aan mensen geeft': hoe kan ik haar nu weer in de ogen kijken? Verdomme nog aan toe, waarom heeft niemand me, na mijn mooie gebaar, even apart genomen – de scheidende burgemeester, of de komende, de journaliste – om te zeggen dat ik de achterkant moest tekenen? Waarom heeft deze vrouw mijn handtekening niet vervalst, in plaats van de trein te nemen om zich vervolgens in zo'n pijnlijke situatie geplaatst te zien? Had ze misschien nog niet genoeg leed?

De ober komt, neemt het geld, en terwijl hij wisselgeld pakt, laat ik mijn ogen gaan langs zijn slanke figuur, tot aan zijn gezicht: beetje smerige dienstkleding, oorringetje, stekeltjeshaar, puntbaardje, hij zal zo'n twintig zijn, ja, en hij zal ook wel een kat hebben, want er zitten schrammen op de rug van zijn handen. Hij verscheurt de bonnetjes en legt het wisselgeld onder het glas, bedankt en loopt met lichte, wiegende tred naar het houten tentje: hij zal wel homoseksueel zijn. Wat benijd ik hem op dit moment de simpele gedachtes die in zijn hoofd moeten zitten – liefde, geld, zin om je te vermaken...

'Zal ik u mijn nummer geven?' zegt de vrouw, nog steeds buiten beeld. 'Ik zou het zeer op prijs stellen als u me af en toe eens zou bellen...'

En eindelijk doe ik het, ik draai mij naar haar toe, wat er ook van komt. Gelukkig kijkt ze niet naar mij: ze heeft een mobiele telefoon uit haar tasje gehaald – er zit van alles in, het is de koffer van Ega Beva – en ze is er druk mee aan het rommelen, haar ogen geheel in beslag genomen door de toetsen.

Biep, biep, biep, ze drukt op toetsen en schudt haar hoofd...

'Ah, daar is het...'

Dan heft ze haar ogen op, en nu het gruwelijke moment voorbij is, komt ook haar schoonheid weer terug, vergezeld door de twee helden uit *Anonymous Venetian*.

'Heeft u een papiertje om het op te schrijven?'

Ik voel in mijn borstzak, het opschrijfboekje zit er niet in. Er zit een Bic balpen in zonder dop, maar niet het boekje – dat heb ik er inderdaad gisteravond uitgehaald om de uitspraak van de Keizer van Japan te lezen die ik erin had opgeschreven, en ik heb het toen op mijn bureau gelegd, dat herinner ik me heel goed, zonder het daarna weer op te bergen.

'Een ogenblik...' brom ik.

Goed, het nummer van deze vrouw: waar zal ik het opschrijven? Ik zal haar nooit bellen, niet na alles wat er gebeurd is met die cheque; en ik weet zeker dat zij ook niet verwacht dat ik dat echt zal doen – ik moet het echter wel opschrijven omdat ze het me wil geven. Ik zou het op haar schoolkrantje kunnen schrijven, maar dat lijkt me een beetje nonchalant; op het boek van Carver dat ik toch niet meer van plan ben haar te geven – maar je weet maar nooit, ik zou op het laatste moment van gedachten kunnen veranderen; op mijn hand, maar dat zou een te sensueel gebaar zijn, en misverstanden zijn er al genoeg geweest. Ik rommel in de zak van mijn colbert en vind een stuk papier; nu ik het echter te voorschijn heb gehaald, blijkt het een envelop te zijn, een verkreukelde, niet dichtgeplakte envelop, waar niets op staat, maar wel wat in zit. Wat is het? Maar dat is op dit moment een secundair probleem, ik heb in ieder geval iets gevonden om het nummer op te schrijven.

'Zegt u het maar.'

'0335,' articuleert ze helder, '5348318. Ze hebben me gezegd dat dit apparaat ook in Oostenrijk werkt. Vanaf aanstaande maandag ben ik daar, weet u.'

Ik schrijf heel nauwkeurig het nummer op en voel me al wat beter.

'Waar precies?' breng ik zowaar op haar te vragen.

'In Innsbruck.'

Ja, het ergste is voorbij, is aan het voorbijgaan. Deze vrouw haat me niet meer, ze glimlacht naar me, haar schoonheid doet weer pijn; en het staat eigenlijk helemaal niet vast dat ze me ooit heeft gehaat – ze bewondert me eerder, dat heeft ze zelf gezegd. Ik ben voor haar tenslotte een soort engel, die haar kind verhalen vertelde om hem in slaap te brengen, en die haar, nu hij te diep in slaap is gevallen, een handje helpt om te proberen hem wakker te krijgen. Misschien zou ze het boek van Carver waarderen, als ik het haar gaf, misschien zou ze het lezen, en die onderstreepte zin zou haar kunnen helpen om niet toe te geven, bij alles wat er gebeurt. Als we even dat vreselijke detail van die ongetekende cheque buiten beschouwing laten – overigens een typisch detail voor Carver –, dan heeft ze van mij alleen maar goeds ondervonden. Waarom zou ze me haten?

'Goed,' zegt ze, 'misschien moest ik maar eens opstappen. Weet u toevallig het nummer van de taxicentrale?'

'3570.'

'Dank u.'

Ze begint weer te modderen met de mobiele telefoon, en je ziet heel goed dat ze er geen ervaring mee heeft. Dan brengt ze hem naar haar oor.

'Hoe heet het hier,' vraagt ze.

'Porta San Paolo.'

Ze blijft even stil, met een tedere, ontheemde uitdrukking op haar gezicht die heel goed bij haar past.

'Alle lijnen zijn bezet,' zegt ze, en ik spoor haar aan, met een grimas, om te vertrouwen op de saaie stem op het bandje die haar vraagt te wachten. Ze doet wat ik zeg en blijft aan de lijn. Dan, opeens, verstijft ze.

'Goedemorgen, kunt u een taxi sturen naar Porta San Paolo...'

Een *duif* strijkt plotseling neer op de leuning van een lege stoel, naast de mijne.

'O, een ogenblik...' zegt de vrouw. Ze houdt de telefoon van haar oor af en met haar hand wijst ze op de envelop waarop ik zojuist het nummer heb genoteerd. De duif vliegt weg.

'Sorry, wat is mijn nummer?' en ze bloost weer.

'Zegt u maar dat u vanaf een mobiele telefoon belt,' zeg ik, man van de wereld.

Ze doet het, dan knikt ze dankbaar om me te laten weten dat mijn raad de juiste was. Ze haat me niet, nee. En ik geloof ook niet dat ze kwaad van me zou spreken als ze langs een intercom liep.

Terwijl ze wacht tot ze haar een taxi toewijzen, zo mooi, met de telefoon aan haar oor lijkt ze een reclame voor een mobiele-telefoonmaatschappij. Als ze weer een sigaret opsteekt – en dat is vijf – lijkt ze een reclame voor Marlboro Lights. Ik kan niet zeggen dat ik de fatale impuls voel, dat niet, maar ik heb ook niet het degelijke, begripvolle gevoel van afkeer dat ik zou moeten hebben om mezelf veilig te kunnen verklaren: het is dus tijd voor een gebaar, afgaande op wat ze ons leerden tijdens die cursus, zo mogelijk een prettig, of op zijn minst nuttig gebaar, kortom een weloverwogen gebaar waarvan de wijze van uitvoeren vastligt, om – zoals Morrissey zou zeggen – de duivel te verwijderen uit de buurt van mijn luie handen.

Een gebaar dat ik graag zou maken is de hand van deze vrouw nemen en, als een aap, deze een strelende beweging over mijn wang laten maken, zoals Christopher Lambert doet in *Greystoke* met de hand van zijn dode grootvader. Maar dat is onmogelijk.

Een ander gebaar dat ik graag zou maken is dat pistool uit haar tasje nemen, het betasten, haar vragen of het geladen is en waarom ze het bij zich draagt. Maar wat ik doe, is de envelop openen die ik in mijn zak had en de inhoud eruit halen, een in vieren gevouwen gelinieerd vel uit een Batmanschrift. Ik vouw het ook open, het is aan een kant beschreven met het mooie handschrift van Anna; klein, ordelijk, onmiskenbaar: *Lieve Gianni...*

'Cuba 22,' zegt de vrouw, 'over vier minuten.'

Ik kijk naar haar, glimlach, maar mijn ogen gaan onmiddellijk terug naar het papier.

*Lieve Gianni, er is iets wat ik je moet zeggen. Je weet dat ik niet van brieven schrijven houd. Ik heb nooit brieven geschreven, behalve in die bepaalde periode toen ik je er iedere dag een schreef, maar voor wat ik je te zeggen heb, is er geen andere manier, omdat*

'Ik neem afscheid van u,' zegt de vrouw.

Ik richt mijn ogen weer op. Ze is gaan staan en is bezig haar sigaretten en mobiele telefoon in het tasje te duwen. Ik sta ook op, en dwing me om naar haar te kijken, maar dat papier is nu overal.

*omdat het me niet gelukt is om het je persoonlijk te zeggen. Het feit is*

'Ik wil u nogmaals bedanken,' stamelt de vrouw. 'Ik zal u nooit kunnen terugbetalen, dat weet ik, maar...'

Zo, ik heb haar het zwijgen opgelegd. Ik heb mijn hand op haar mond gelegd, dat heb ik gedaan. Ik heb mijn hand naar haar opgeheven, ja zeker, en ik heb haar roodsponzige lippen onbeschaamd beroerd met mijn vingers, ík. En ik weet waarom ik dat heb gedaan.

'Hou je goed,' fluister ik tegen haar.

En ik weet ook waarom ik dat plotseling heb gezegd, haar teder met 'jij' aansprekend, zo *intens*, dat het de energie losmaakt waarmee zij zich op mij stort in een ware, vleselijke omhelzing, haar handen omklemmen mijn rug, haar borsten worden geplet tegen mijn borst, haar geur van verloren bazaars laait op onder mijn neus, en haar plotseling snikkend gelaat verdwijnt in de holte van mijn hals. Ik weet precies waarom ik dat alles teweeg heb gebracht.

*Het feit is dat ik die avond*

Ik heb het gedaan omdat ik zo, met deze omhelzing als dekmantel, de hand kan optillen die het papier vasthoudt

*toen we in de auto zaten*

achter haar rug

*en jij me vroeg*

en door kan lezen

*of ik ooit*

terwijl ik met de andere haar omarming beantwoord

*een verhouding had gehad*

maar me eigenlijk aan haar vasthoud

*en ik tegen jou*

om niet ter aarde te storten

*zei van niet*

want ik heb nu wel begrepen

*tegen je heb gelogen*

dat ik verloren ben.

# 17

*Lieve Gianni,*
*Er is iets wat ik je moet zeggen, maar ik weet niet hoe ik het moet zeggen. Je weet dat ik niet van brieven schrijven houd. Ik heb nooit brieven geschreven, behalve in die bepaalde periode toen ik je er iedere dag een schreef; maar voor wat ik je te zeggen heb, is er geen andere manier, omdat het me niet gelukt is om het je persoonlijk te zeggen. Het feit is dat ik die avond, toen we in de auto zaten en jij me vroeg of ik ooit een verhouding had gehad, en ik tegen jou zei van niet, tegen je heb gelogen.*

*Ik heb een verhouding gehad, Gianni. Ik heb hem nu verbroken omdat ik van je hou en het idee dat ik je bedrieg niet kan verdragen. Maar ik heb hem wel gehad. Het is het laagste wat ik ooit in mijn leven heb gedaan, ik heb me ervoor geschaamd vanaf het eerste moment, maar ik heb hem wel gehad. En die avond, nadat ik tegen je had gelogen en had gezien hoe bereid je was om me te geloven, kreeg ik het beangstigende gevoel dat het feit dat ik de verhouding verbroken had geen waarde had zolang ik niet in staat was om jouw oordeel te vragen. Ik begreep dat ik, zolang ik niet in staat was het jou te vertellen, niet zou kunnen zeggen dat ik echt was opgehouden met je te bedriegen.*

*Ik weet dat dit het totaal verkeerde moment is om het je te zeggen, en ik weet ook dat ik een enorm risico loop, aangezien ik me werkelijk geen voorstelling kan maken van jouw reactie, maar het is goed, het is goed, het is goed dat je het weet.*

*Nu heb ik je het gezegd, en mijn leven is in jouw handen. Afhankelijk van hoe jij zult reageren, zal ik weer met jou en Francesco gelukkig kunnen worden, of zal er voor altijd een einde komen aan het geluk, zelfs aan het idee ervan, en dat zal mijn schuld zijn.*

*Het spijt me dat ik je dit verdriet heb aangedaan, Gianni. Ik ben er ook slecht aan toe, ook al besef ik heel goed dat mijn verantwoordelijkheid daardoor niet minder wordt. Wat er ook gebeurt, weet dat ik van je hou. Anna.*

# 18

Zo sterft mijn huwelijk in de armen van een vrouw precies zoals ik dat altijd heb proberen te vermijden dag in dag uit in een jarenlange moeitevolle strijd waarbij ik me de kunst van het mezelf wegcijferen als een monnik eigen maakte en het koele vermogen verwierf om andere vrouwen te ontdoen van alles wat hen aantrekkelijk maakte alsof het uienschillen waren en blindelings het onhoudbare dogma aanhing dat ze niets aantrekkelijks kónden hebben punt uit en dat alles wat ze uitstralen als bedrog beschouwd moet worden punt uit en principieel onmiddellijk vergeten moet worden punt uit of liever helemaal niet opgemerkt moet worden een gigantisch grimmig onrecht dat ik uit pure gewoonte in staat ben te begaan en inderdaad ook heb begaan met deze vrouw die mij ondersteunt met haar eindeloze smachtende tedere heftige vurige omhelzing bijna obsceen zoals hij de stof van onze kleding verteert en zich rechtstreeks richt op het vlees denk je eens in een vrouw aan wie ik een zesde deel van mijn jaarinkomen geschonken heb zonder zelfs maar op te merken hoe mooi ze was maar zou het waar zijn dat ik het niet heb opgemerkt zal men op een dag niet ontdekken dat ik haar de cheque gegeven heb júist omdat ze mooi is heeft zich niet hetzelfde voltrokken als vannacht met het pakje sigaretten of ook met deze dodelijke brief die ik dagenlang bij me heb gedragen en die ik hardnekkig niet heb willen vinden terwijl de effecten ervan al tastbaar aanwezig waren natuurlijk was Anna kil aan de telefoon natuurlijk heb ik de laatste dagen niets anders gedaan dan me bezighouden met het leed van anderen alsof er in mijn leven niets anders bestond terwijl de hele mensheid gewapende vetzakken rolschaatssters vloekers meeuwen buren verpleegster moeders van kinderen in coma mij vol mededogen probeerde te waarschuwen opdat ik niet nog meer tijd zou verliezen en eindelijk zou beseffen door eenvoudigweg een hand in mijn zak te steken dat *ik zelf leed* en eindelijk heb ik het begrepen en mijn huwelijk sterft en deze vrouw houdt niet op met huilen misschien maak ik haar aan het huilen ja en huilt ze ook voor mij en hoewel het duidelijk is dat het juist de tranen zijn die haar aan mijn lichaam doen kleven en hoewel ik me ervan bewust ben dat zo'n omhelzing het krachtigste verdovingsmiddel is dat een gekwetste man kan aanwenden stop ik god weet waarom met haar te strelen en het is alsof je een ingedrukte knop loslaat want ze houdt onmiddellijk op met snikken waarna het louter neerkomt op een catastrofaal domino-effect dat ik niet meer kan onderbreken en onze lichamen hebben zich inderdaad al van elkaar losgemaakt en zij heeft mij vaarwel gezegd en heeft zich al verwijderd met een enigszins houterige tred zittend kwam ze beter uit en ze heeft zich niet eens omgedraaid om me te groeten en ik ben haar niet achterna gelopen om haar in te halen en haar taxi is al gearriveerd en zij is al ingestapt en ze rijden al weg allebei de een opgenomen in de ander beide opgenomen in het verkeer van twaalf uur 's middags en ik weet hoe de taxi heet Cuba 22 maar ik weet echt niet hoe zij heet nooit heeft ze haar naam of achternaam gezegd ze heeft alleen moeder van Matteo gezegd en wat ben ik nu alleen zonder haar wat ben ik verloren met die brief in mijn hand ik herlees hem *Lieve Gianni* nee ik kan het niet en door het herlezen verandert er niets en mijn ogen branden mijn maag brandt mijn borst brandt en waar ga ik nu heen en wat ga ik nu doen *er is iets wat ik je moet zeggen* de vrouw is niet teruggekomen zoals in films *ik heb een verhouding gehad* en wat heeft ze ook met mij van doen haar belang was dat ik de achterkant van de cheque tekende *mijn leven is in jouw handen* dat zal wel nu blijk ik de stront te moeten opruimen en mijn bloed kookt in mijn aderen en niet zo'n beetje en ik heb zin om te roken te kotsen te krijsen iets te vernielen maar niet zomaar iets willekeurigs ik heb zin om iets moois en waardevols te vernielen dat ik achteraf niet kan vergoeden zoals een kunstwerk bijvoorbeeld het *Laatste avondmaal* van Jacopo Bassani in de Galleria Borghese mijn favoriete schilderij omdat het *reterealistisch* is en de apostelen stomdronken zijn afgebeeld zoals dat ook echt hoort op die gewijde avonden Jezus de geheelonthouder preekt en de apostelen ladderzat van de wijn knikken van ja met hun hoofd mooi gezegd heer heilige woorden en dan boeren ze en Simon krijgt de hik en Thomas die al slapend neervalt ja het moet precies zo zijn gegaan als op dat schilderij tenslotte waren het maar vissers het waren arme vissers grof en door de wijn aangetast en ze waren ook helemaal niet zo erg te vertrouwen ze stonden klaar om te loochenen te twijfelen te verraden bij de eerste de beste gelegenheid nee op hen moest je niet vertrouwen tenzij je aan het kruis genageld wílde worden en Jezus wilde dat en hij wilde ook verraden worden maar ik niet shit ik niet en nu weet ik waar ik heen wil of liever ik weet waar ik heen ga omdat ik de Vespa al aan het starten ben vvroem en dit keer lukt het meteen en ik schiet weg als een speer eerste tweede derde versnelling en ik ben vergeten de helm op te zetten en ik heb het boek van Carver op het tafeltje laten liggen en wat geeft het dat er een hond op dat bezopen schilderij staat ook hij opgerold onder de tafel in de buurt van een lege schotel en je begrijpt heel goed dat hij die net leeggegeten heeft hij maakt een verzadigde indruk en er zat zeker geen water in want er is geen enkel spoor van water in dat schilderij een sinaasappel geloof ik en een vreselijke lamskop op een schaal en brood en messen en wijn wijn overal wijn maar geen druppel water omdat water in Palestina in tegenstelling tot wijn schaars was en de hond is dus ook dronken en de dronken hond is echt het meest indrukwekkende van dat schilderij omdat hij de enige *onschuldige* is van de hele bende de apostelen zijn zeker niet onschuldig en Jezus die alles van tevoren wist is ook niet onschuldig en de lamskop is ook niet onschuldig een geheel lam had nog onschuldig kunnen zijn maar een lamskop in een schaal is alleen maar walgelijk nee de enige onschuldige is die hond die de apostelen dronken gevoerd hebben omdat dronkaards het leuk vinden als iedereen zich bezat en precies bij die hond wil ik op het schilderij inhakken met de schroevendraaier die achter in het bagagebakje zit en nu rijd ik erheen en hak erop in snel naar de Galleria Borghese maar shit wat doe ik nou je hebt een reservering nodig je kunt tegenwoordig niet zomaar zin hebben om naar een schilderij te gaan kijken en er dan naartoe gaan en ernaar kijken je moet een week van tevoren reserveren je moet alles van tevoren weten zoals Jezus je moet voorzien dat je op die bepaalde dag om zo laat zin zult krijgen om een bepaald schilderij te zien of om erop in te hakken en toen wij erheen gingen maakte Anna de reservering zij belde dat nummer en reserveerde twee kaartjes en het komt erop neer dat zij me er mee naartoe nam want ik praatte praatte maar het lukte me echt nooit om eraan te denken te reserveren en de dag dat Anna me meenam naar de Galleria Borghese had ze waarschijnlijk al wat zij haar verhouding noemt nee niet waarschijnlijk ze had hem zeker en de reservering had ze gemaakt tussen twee telefoontjes door aan haar liefje poesje poesje hondje hondje is hij er nee hij is er niet maar kan elk ogenblik komen we zien elkaar morgen op de gewone plek ja schat jij hangt eerst op nee jij nee jij nee jij nee jij ik zou willen weten wie die schoft is ik zou hem aan willen kijken ik zou zijn gezicht in elkaar willen rammen ja het kan iemand zijn die ik ken of iemand die ik nog nooit gezien heb of nog erger iemand die ik ooit even gezien heb zonder het minste vermoeden dat hij mijn vrouw neukte bijvoorbeeld een van die vadertjes die hun kinderen komen afhalen van school keurig gekleed jas en das om te laten blijken dat ze zijn gekomen om de kinderen af te halen maar dat ze ook werken en dat ze retehard werken en toch vinden ze de tijd om de huishoudelijke karweien te delen met hun vrouw en halen ze de kinderen van school en zetten de vaat in de afwasmachine en gaan naar de oudervergaderingen en daar lonken ze naar de moedertjes die altijd alleen komen zoals Anna waaruit ze de conclusie trekken dat ze wel ongelukkig moeten zijn en verwaarloosd worden door hun echtgenoot en ze zorgen dat ze alleen achterblijven op het parkeerterrein van de school in de avondschemering terwijl de kinderen even verderop spelen en het licht staat op rood en ik moet remmen en laat eens zien waar we zijn Terme di Caracalla en waar ik nu heen ga en wat zit die ouwe lul naar me te kijken kijk naar je eigen rotkop in het spiegeltje van je Mazda klootzak het scheelt niet veel of ik grijp hem ik trem hem in mekaar bloed bloed bloed een ongehoorde gewelddadigheid als je niet kunt inhakken op een onschuldige op een schilderij kun je er altijd een pakken bij een verkeerslicht maar dan springt het op groen en hij trekt ook op wegwezen dat is beter en ik trek ook op eerste tweede derde en ik passeer hem dag ouwe lul ik weet niet wat ik met je stomme kop aan moet tenzij je hém bent misschien is het wel een arts een van die specialisten met een huig-R waar Anna zo vaak naartoe gaat met de kleine Francesco en je snapt niet waarom want de kleine Francesco is zo gezond als een vis maar de verzekering vergoedt het toch en ik wil echt weten wie het is het zal toch verdomme niet *de Belg* zijn de losbandige liefde uit de tijd dat ze door Viareggio dwaalde met een leren indianenriem op haar voorhoofd en twee bloederige korsten als stamtatoeage op haar enkels veroorzaakt door de uitlaatpijpen van de motor van die idioot die haar bovendien heeft ontmaagd dat weet ik zeker dat heeft ze me zelf verteld en ja ja ja ja hij moet het zijn ik herinner me dat Anna het een keer over hem heeft gehad vorige zomer ze sprak over hem omdat ze elkaar weer hadden gezien na zo veel jaren en ze vertelde me dat hij bijna al zijn haren kwijt was arme man en dat het niet goed met hem ging en dat hij fotograaf was voor schandaalbladen zoals 'Novella 2000' en wat kon mij dat nu schelen maar wat Anna me in werkelijkheid vertelde was dat ze met hem naar bed was geweest dat was het of dat ze op het punt stond dat te doen en hoe kan het dat ik dat niet heb begrepen dat ik geen seconde aan haar heb getwijfeld want ik herinner me dat heel goed ik twijfelde echt geen seconde aan haar hoe heb ik haar de hele maand augustus alleen kunnen laten toen is het vast en zeker gebeurd dat lijdt geen twijfel ik in Rome bezig met *Nieuwe avonturen van Pizzano Pizza* en zij in Viareggio waar zij de kleine Francesco middagenlang bij haar moeder stalde om naar de schoonheidsspecialiste te gaan, naar de kapper, naar de Amerikaanse markt in Livorno naar Montignoso om vriendin zus op te zoeken naar Lucca om vriendin zo weer eens te zien na zo veel jaren maar in werkelijkheid alleen maar om te gaan neuken met die Belg in een of ander smerig hol dat hij zijn studio noemde waar de stank hing van ontwikkelaar en die volgeplakt was met foto's van Tomba Barbareschi Max Biaggi Pierferdinando Casini op een boot in zijn blote piemel natuurlijk schaamde ze zich daarná als ze thuiskwam en de kleine Francesco haar om de hals viel en ze me samen opbelden in Rome en hoe gaat het met je en is het warm en wanneer kom je maar tíjdens de daad schaamde ze zich klaarblijkelijk niet en hier hebben we het over echte seks over een lul in je mond en dat soort zaken en wat gaat die klootzak in die Golf doen slaat hij af of niet laat je naaien lul zeg ik een trap voor je kloten kun je krijgen ja wegwezen en snel en waar zijn we nu *verrassing* ik ben weer terug bij de Piramide dat wil zeggen bijna bij het barretje waar ik het boek van Carver heb laten liggen en wat een uitstekende gelegenheid om het op te gaan halen aangezien het van mij is en ook nog zeldzaam ik ga daar nu heen en ik pak het ik weet toch niet waar ik heen moet wat ik moet doen en ik wed dat het die Belg is hij moet het wel zijn en het moet wel in Viareggio zijn gebeurd niet onder mijn ogen maar toen zij aan zee was en het mannetje in de stad zoals in de sexy komedies van Edvige Fenech en daarna hebben ze elkaar de hele winter gebeld poesje poesje hondje hondje en daarom heeft Anna ook de mobiele telefoon meegenomen boosaardige goedkope perfide leugenaarrrster het leek me al vreemd ze zei dat het was om bereikbaar te zijn voor het geval er gebeld werd door de school van de kleine Francesco en zij niet thuis zou zijn maar dat was ook grote bullshit want ik ben bijna altijd thuis en waarom heb ik toen geen twijfels gehad rund dat ik ben en ze hebben elkaar natuurlijk ook gezien in dat weekend afgelopen december toen ik in New York was en weer neuken in dat hol, ditmaal in de kou, haastig met de smoes dat ze boodschappen ging doen in de supermarkt mama je hebt geen idee hoeveel mensen er waren en dan zich weer schamen en weet je wat ik ga doen ik ga die klerelijer zoeken en als ik hem vind vermoord ik hem dat zweer ik jezus de tram sorry bestuurder ik had je niet gezien en doe niet zo pissig mislukt stuk stront ik heb me toch verontschuldigd wegwezen en snel krijg jij ook maar de klere met je dodelijk vermoeiende werk en hier blijf ik staan stap af laat de motor draaien en ik zie het boek al liggen op het tafeltje waar ik het achtergelaten heb die flikker ober heeft het nog niet meegenomen ja ik zweer dat ik hem op zal sporen en vermoorden en ik maak geen grapjes en weet je hoe ik het ga doen als volgt zodra die vetzak met het pistool weer verschijnt want die komt zeker weer terug begin ik met jij tegen hem te zeggen omdat hij dat zo graag wil en ik zeg tegen hem goed Gianni het moment is gekomen dat jij iets voor mij kunt doen je hebt gezegd dat je op me gesteld bent dat ik bijna een zoon voor je ben et cetera en nu kun je dat bewijzen want ik heb je hulp nodig om een klootzak een lesje te leren en je kunt niet weigeren wat kan het jou schelen jij bent een bandiet je steelt auto's je heb valse documenten geeft valse namen op gebruikt valse creditcards je hebt niets te verliezen en volgens mij meent hij het ook nog als hij zegt dat hij op me gesteld is hij heeft ook die lap over me heen gelegd nadat ik in slaap was gevallen en daar gaan we hij en ik in de Daihatzu Feroza en we komen aan bij de studio van de Belg in Viareggio of waar hij verdomme ook uithangt ding-dong en ook als hij die klotedeur alleen maar op een kiertje opendoet begint de rumba ik en de vetzak met het pistool een pittig stel en eerst maken we een beetje pret zoals in de films van Tarantino met vragen zoals weet jij toevallig hoeveel een kind van acht jaar in één week groeit probeer het eens je tong zit toch niet vast hoeveel een kind in één week groeit dat weet jij vast niet jij weet geen flikker van het leven af en zonder iets te zeggen met die bloedeloze glimlach van hem schiet vetzak hem boem boem boem in zijn knie dan zal ik het maar zeggen want ik weet het wel Amerikanen hebben er onderzoek naar gedaan en toevallig heb ik dat onderzoek bestudeerd een kind van acht groeit gemiddeld 0,133 centimeter per week hetgeen betekent pas op niet afgeleid raken niet naar je knie kijken waar toch niets aan te doen is hetgeen betekent dat als een gescheiden vader zijn zoon van acht maar twee weekends per maand mag zien omdat hij zijn vrouw het huis heeft uitgegooid die naar haar geboortedorpje is teruggekeerd wat kon ze ook anders met een kind dat door de rechters altijd aan de moeder toegewezen wordt ook al is het haar schuld en dan boem lost vetzak weer een schot zomaar zonder enige aanleiding in de enkel en als deze vader luister goed en niet rochelen alsjeblieft *deze vader* om redenen buiten hemzelf om laten we zeggen een banale blindedarmoperatie is gedwongen om twee weekends achter elkaar waarin hij het recht had om zijn zoon bij zich te hebben over te slaan en hem dus na een totaal van zes weken weer ziet probeer het maar niet na te rekenen geloof me maar hij slaat twee weekends over en hij heeft om de twee weken een weekend dat is zes weken dat hij hem niet ziet dan is zijn zoon in de tussentijd 0,799 centimeter gegroeid dus bijna een centimeter wat voor iemand van ongeveer één meter dertig een flink stuk is dat moet je toegeven maar bovenal en daar gaat het om het is een stuk dat je *met het blote oog* kunt zien luister niet huilen ik ben nog niet klaar vandaar dat deze vader die tot een bepaalde dag gewoon niet merkte dat zijn zoon groeide omdat hij hem constant zag opeens ziet dat hij bijna een centimeter is gegroeid en ik weet niet hoe jij erover denkt maar ik hou daar niet van ik hou daar helemaal niet van en het ergste voor jou is dat mijn vriend hier er ook niet van houdt en het maar hoeft te horen of boem boem boem en op dat moment schiet de vetzak als met een machinegeweer een Capri Superlight bungelt aan zijn lip terwijl hij de kolf van het pistool evenwijdig houdt met de grond zoals tegenwoordig mode is in films en de eerste was John Woo in *The Killer* boem boem boem boem elleboog schouder heup pols de andere knie de andere enkel hij is een vakman hij raakt hem in alle gewrichten een voor een uiterst pijnlijk vóór het laatste schot in zijn slaap dat niet toevallig *genadeschot* heet en het bloed spuit alle kanten op bloed bloed maar wat haal ik in mijn hoofd ik zit serieus dit soort krankzinnigheden te bedenken om twaalf uur 's middags met een boek van Carver in mijn hand voor Piramide Cestia ik moet kalmeren ik moet heel diep ademhalen eeeene tweeeeë eeeene tweeeeë ik moet weer grip krijgen laat iedereen doen wat hij moet doen ik moet het boek teruggeggen in de bagagebak ik moet mijn helm opzetten zo en langzaam optrekken heel netjes ja maar wat moet ik doen waar moet ik heen ik heb geen vrienden Paolo is er wel maar ik kan niet naar hem toe gaan en hem opeens mijn sores gaan vertellen nadat we jarenlang alleen maar over voetbal en politiek gepraat hebben en ik schaam me ook wat moet ik hem zeggen nee ik heb niemand meer om mee te praten dat is de waarheid ik heb alleen nog maar Anna en opeens heb ik ook Anna niet meer en laten we het maar duidelijk stellen Anna moet gek geworden zijn ze moet haar verstand verloren hebben ze heeft me niet alleen bedrogen en dat is al onbetamelijk maar laten we ons even realiseren *wanneer ze het me heeft verteld* welk moment ze gekozen heeft direct na de dood van mijn vader heeft ze het gezegd en midden in een onheilspellende mysterieuze gebeurtenis waardoor we gedwongen waren in de nacht te evacueren en we werden op een onverklaarbare wijze bedreigd goed dat bleek achteraf niet zo te zijn maar terwijl zij die brief schreef dachten we dat we in groot gevaar verkeerden en dus wáren we in groot gevaar en wat doet zij terwijl ik heldhaftig terugkeer naar Rome om het onbekende onder ogen te zien zij laat deze tijdbom in mijn zak glijden wie weet hoe lang ze gewacht heeft hoeveel tijd ze voorbij heeft laten gaan hoeveel momenten waarop ik in staat zou zijn geweest om de klap beter op te vangen en in de moeilijkste periode van mijn leven waarin ik in ieder geval een stevige hand zou kunnen gebruiken om me aan vast te houden laat ze de klap op mij neerkomen deng net zoals die stomme meiden die hun verloofdes verlaten terwijl ze in militaire dienst zitten of zoals mij overkomen is terwijl hij op de militaire *academie* zit ze heette Ilaria Ortoni moge God haar vervloeken en dat past niet bij Anna zoals mij bedriegen ook niet bij Anna paste Anna is eigenlijk Anna niet meer en dat is echt iets verschrikkelijks ik weet niet meer met wie ik getrouwd ben dus mijn huwelijk is dood is dood is dood wat nog rest is verdriet advocaten verhuisdozen en nu ben ik rustig ik wil niemand meer vermoorden en ik wil benadrukken dat ik tegen die kankerlijer die me tegen de vangrail aandrukt met zijn krakkemikkige Panda niet eens mijn middelvinger opsteek en hij lijkt op mijn zwager verdomme wat lijkt hij erop ik wil even stellen dat ik me niet opwind ik knik rem af en laat hem passeren gaat u maar de Heer zij met u ik ben volslagen kalm maar ook al ben ik zo kalm toch kan ik met deze brief van Anna geen kant op het lukt me niet eens om er iets bij te denken omdat het de Anna niet is van wie ik hou het is iemand die ik niet ken en ik hou niet van iemand die ik niet ken iemand die haar oude vlammen afzuigt als ze het gedaan heeft kan ze het weer doen als ik haar vergeef zal ik haar weer moeten vergeven en weer en weer ik zal haar elke dag aan een stuk door moeten vergeven en zo wil ik niet leven en wat doet die taxi remt hij af of remt hij niet af *hij remt niet af* maar hij komt toch van links hij is gek hij remt niet af hij maakt geen enkele aanstalten om mij voorrang te geven en er zitten ook mensen in en zo knal ik recht tegen hem aan verdomme of hij knalt recht tegen mij aan en we botsen dus op elkaar verdomme we botsen ook al rem ik uit alle macht het achterwiel blokkeert de Vespa glijdt overdwars maar blijft vaart houden er is niets meer aan te doen we komen in botsing ik knal op hem ja we botsen op elkaar gelukkig heb ik de helm opgezet we botsen boemdeboem dat is de klap ik heb zojuist een ongeluk gehad ik ben recht tegen hem aangeknald ik ben door het portier gegaan het raampje is geëxplodeerd ik val op de grond ik leef ik heb gelijk ik kwam van rechts Anna heeft me bedrogen meer weet ik niet.

# 19

Kijk nu eens waar we zijn...

De kleine Francesco was een jaar oud, ik ging 's morgens het huis uit om de kranten te gaan kopen bij de kiosk van San Saba. Op een ochtend merkte ik dat vanaf hier (dat wil zeggen niet precies vanaf hier, niet vanaf het midden van dit kruispunt, waar ik nu lig, ongetwijfeld gewond, na de smak die ik gemaakt heb, evenwel helder, bij bewustzijn, zonder nog pijn te voelen, maar vanaf de trappen, ja precies vanaf dat punt, vlak bij het witstenen zuiltje waar die twee mensen lopen die mij vermoedelijk te hulp komen) het balkon van ons huis te zien was. Het is een flink eind weg, in de tussenruimte staan de Ardeatijnse muren, bomen met hoge stammen en dicht gebladerte en verschillende rijen gebouwen, maar het was te zien. Het was laat in de lente, we hadden net het draadgaas op de balustrade geplaatst omdat de kleine Francesco begon te lopen, en dat groene draadgaas, waardoorheen je Anna met haar witte kleren kon onderscheiden, was een herkenningsteken. Weer thuis viel het niet mee om hetzelfde in omgekeerde richting te doen, maar dankzij het stenen zuiltje slaagde ik erin om precies het punt te lokaliseren vanwaar ik ons balkon had gezien, en ik wees het Anna aan. Vanaf de volgende ochtend ging Anna op het terras staan met de kleine Francesco op haar arm als ik naar de kiosk ging en als ik dan bij het zuiltje was aangekomen, groette ik hen door te zwaaien met de kranten. Anna zag mij en beantwoordde mijn groet met haar hand, en we waren gelukkig. Het lukt me niet om onder woorden te brengen hoe gelukkig we waren, of in ieder geval – oké, niet overdrijven – *hoe gelukkig ik was*: ik weet alleen dat ik nooit had vermoed dat je zo gelukkig kon zijn, zo intens gelukkig, vanwege zoiets doms als elkaar vanuit de verte groeten. Ik was zó gelukkig dat ik me heel goed herinner dat ik op een van die ochtenden plotseling overvallen werd door een hele simpele, smartelijke gedachte, destructief als een stortbui op een rozenperk: op een dag zal het niet meer zo zijn. Op een dag zullen deze ochtenden en dit geluk me voorkomen als onherhaalbaar en uit een ver verleden, en ik zal ontroerd raken bij de herinnering. Ik dacht aan alle oorzaken die dit teweeg zouden brengen, en het was één lange reeks van omineuze, meedogenloze voorspellingen, hoewel van volstrekt natuurlijke aard: de kleine Francesco zou groot worden, wij zouden verhuizen, we zouden ouder worden, we zouden problemen krijgen met ons werk, economische problemen, onze liefde zou verbleken, onze ouders zouden sterven... Terwijl ik al die mogelijkheden overdacht nam ik me plechtig voor om de moed niet te verliezen als die dag zou komen, maar om met de herinnering aan die ochtenden te zwaaien als met een zwaard, en om zonder te klagen elke tegenspoed die het lot voor mij in petto had onder ogen te zien, gesterkt door het feit dat al het kwaad van de wereld mij geen druppel zou kunnen ontnemen van het geluk dat ik op dat moment voelde. Ik wist dat het zo niet zou werken – *Alleen het beminnen, alleen het kennen/telt, niet het bemind hebben,/niet het gekend hebben* – maar in ieder geval diende dit voornemen om mijn geluk van dat moment te redden van de overwegingen die het voortijdig dreigden weg te vagen. Nu is die tijd gekomen, juist op deze plek – over toeval gesproken – juist op die plek in de hele wereld waar hij zeven jaar geleden voorvoeld was.

Infaden op:

Metaalachtige geluiden. Geur van benzine. Glas dat

knerst onder voeten. Een vreemde schuine inkadering van de boom-daken van de hemel-huizen, als door een videocamera die op de grond is gevallen en is blijven draaien. De contouren van de dingen, hoewel scheef, zijn verblindend scherp, gekerfd uit zuiver licht. Het is een heel mooi beeld. Maar opeens wordt alles bedekt door het gezicht van een man: een vierkant gezicht, donker, letterlijk bezaaid met puisten. Hij kijkt me aan, opent zijn lippen, ontbloot zijn tanden – lelijk, klein, ongelijk: het is geen glimlach.

'Zie je mij?' Hij ademt in mijn gezicht. 'Hoor je mij? Hoeveel zijn dit er?'

Ik neem aan dat hij de vingers bedoelt die hij voor mijn ogen heen en weer beweegt.

'Vier,' antwoord ik.

'Heel goed. Verroer je niet...'

Ik lig op een zijde, mijn hoofd steunt op een arm, het lichaam uitgestrekt, overgeleverd aan de hitte van het asfalt, en ik ben geenszins van plan om me te verroeren.

'Kun je goed ademen?'

'Ja. Prima.'

Koppen komen en gaan achter het puisterige gezicht. Jeans. En stemmen die aanzwellen, samenvallen, dichterbij komen en zich weer verwijderen, terwijl alles koortsachtig en jachtig wordt.

*...een ambulance bellen...*

*...een beetje naar die kant verplaatsen...*

*...niets aanraken...*

*...zou kunnen exploderen...*

*...zeg niet zulke onzin...*

'Achteruit,' schreeuwt de Puistenkoning. En dan weer tegen mij: 'Blijf rustig. Langzaam ademen. Verroer je niet.'

Hij draagt een belachelijk lichtblauw jasje. Waar ging hij in godsnaam naartoe, in die kleren?

*'Het been! Raak zijn been niet aan!'*

Wie zei dat? Welk been? Ik beweeg ze allebei, eerst het

ene dan het andere, en ze lijken me in orde. Of liever gezegd, ze zíjn in orde, ik voel geen enkele pijn.

'Lig stil. Verroer je niet...'

'Ik controleerde mijn benen,' zeg ik. 'Niets mee aan de hand.'

'Goed. Nu stil blijven liggen.'

*'...o, elke dag een ongeluk...'*

*'...godnogantoe, arme man...'*

*'...er moet een stoplicht komen...'*

*'...hij heeft niet eens geremd...'*

*'...op zijn minst een stopbord neerzetten...'*

*'...Hij is op zijn hoofd terechtgekomen!'*

Mijn hoofd? Ik ga met mijn hand in de richting van mijn hoofd maar – aauw! Een snerpende pijn schiet door mijn schouder, beneemt me de adem en doet me weer terugvallen.

De pijn verdwijnt onmiddellijk, godzijdank.

'Verroer je niet,' herhaalt het gezicht.

Mijn schouder. Ik heb mijn linkerschouder bezeerd. Dat is trouwens volkomen logisch: ik ben ermee door een taxi gegaan. Ik kijk ernaar langs mijn wang: geen bloed, geen scheuren in mijn colbert...

*'Hou de auto's tegen...'*

*'Laat ze passeren...'*

*'Ga achteruit...'*

*'Kom naar voren...'*

*'Laten we hem daar weghalen...'*

*'Raak hem niet aan...'*

Ik blijf liggen, roerloos, want de pijn die ik voelde was werkelijk verschrikkelijk, en ik wil hem niet nog eens voelen. Ik sluit mijn ogen. We hebben het een keer andersom gedaan. Anna ging de kranten en warme pizza halen, en ik bleef op het balkon met de kleine Francesco op mijn arm. We hadden bij het groeten de rollen omgedraaid. Het was prachtig.

'Hé, hoor je mij? Probeer wakker te blijven.'

Ik doe onmiddellijk mijn ogen weer open. Het puistengezicht is er nog steeds, op een paar centimeter afstand van het mijne.

'Ik ben klaarwakker,' zeg ik.

Het lukt me om mijn gezicht aan te raken door op onnatuurlijke wijze de arm die onder mijn hoofd ligt te manoeuvreren en heel erg op te passen om de andere niet te bewegen. Ook mijn gezicht lijkt in orde. Mijn hoofd doet geen pijn, en de helm zit er nog...

'Verroer je niet,' alweer.

'Het gaat toch goed met me,' antwoord ik. Ik moet mijn schouder gebroken hebben. Mijn benen en mijn hoofd mankeren niets...

Hij kijkt me aan, verbijsterd, en zwijgt.

Hij staat te gebaren met zijn handen, buiten mijn gezichtsveld, naar rechts, wie weet wat hij doet.

'*...ik heb hem niet eens gezien...*'

'*...op zijn hoofd terechtgekomen...*'

'*...zijn benen gebroken...*'

'Begrepen?' zeg ik. 'Zeg dat maar tegen hen. *Alleen* mijn schouder...'

'Ja, maar verroer je niet.'

En hij blijft in mijn gezicht blazen, met zijn belachelijke lichtblauwe stofjasje. Wie is hij in godsnaam? Waarom staat hij mij bevelen te geven en tettert het Griekse koor op de achtergrond nog steeds door? Ik draai mijn ogen zover als ik kan, en ook mijn nek een beetje, om weer die hemel, die contouren, dat licht te zien, maar zijn gezicht belemmert mijn uitzicht.

'Neemt u mij niet kwalijk, maar bent u arts?' vraag ik.

Niets, hij is verdwenen. Iemand anders heeft nu zijn plaats ingenomen, een oudere man, met een bleek, verdwaasd gezicht, en de ogen van een kerkuil.

'Nee, ik ben de taxichauffeur...'

Ah, *de schuldige*. Hij ademt amechtig, ik zie zijn buik zwellen en weer leeglopen op een afstand van een paar centimeter van mijn ogen. Hij moet op zijn knieën zitten. Hij kijkt vol medeleven naar me, de arme man. Hij is in de war, je ziet dat hij zich schaamt voor wat hij heeft veroorzaakt. Deze hele toestand, denkt hij waarschijnlijk, is allemaal mijn schuld. Een absurd idee komt bij me op: en als het nu eens de taxi was die de vrouw genomen heeft, Cuba 22? Als zij nu eens hier in de buurt was, verdoofd, en nog niet gemerkt had dat ik het slachtoffer was? Als ze daar juist nu eens achter zou komen en zich na een seconde over mij heen zou buigen, met haar zeegeur, en weer zou beginnen te huilen terwijl ze me in haar armen nam, en 'arme jongen' tegen me zou fluisteren en me vervolgens naar het ziekenhuis zou vergezellen?

Nee, dat is onmogelijk. Het is te lang geleden. En die dingen gebeuren ook niet, gebeuren ook niet, gebeuren ook niet.

De taxichauffeur blijft over me waken, met zijn ontredderde gezicht en zijn moeizame ademhaling. Hij is vast bang dat hij flink in de nesten zit.

'Weet u, soms...' Maar wat wil ik tegen hem zeggen? 'Je denkt...' Wil ik hem troosten? Ik, hem?

'Rustig maar, verroer je niet,' zegt ook hij. 'De ambulance komt zo...'

'...*door het raam heen gegaan...*'
'...*hij beweegt niet...*'
'...*hij beweegt juist wel...*'
'...*hij ziet er niet uit...*'

'Let niet op hen,' lispel ik. 'Ze overdrijven. Ik heb een gebroken schouder. Als ik bloed op mijn gezicht heb, komt dat omdat ik me gesneden heb bij het scheren. Heb ik bloed op mijn gezicht?'

Nee.

Het moet echt een brave man zijn. Hij moet iemands

beste vriend zijn. Hij heeft vast een huisje laten bouwen in de buurt van Nuovo Salario, met een hypotheek die in 2010 afbetaald zal zijn. Daar zat hij vast aan te denken toen hij die kruising op schoot: aan de toekomst...

'Mijn beste jongen,' zegt hij, 'maar had je dan het bord niet gezien?'

'Welk bord?'

'Waarop staat dat je voorrang moet verlenen,' en hij wijst naar rechts.

Hoezo, hoezo, hoezo? Wat nou voorrang? Ik richt me op en probeer me om te draaien maar dat lukt van geen kant, ik word gevloerd door de hevige pijn.

'Blijf liggen...'

Wat voor voorrang?

'...o, elke dag een ongeluk...'

'...je ziet het niet, je kan er geen moer aan doen...'

'...dat komt door die bladeren...'

'...hoe vaak hebben we al niet naar de gemeente geschreven over deze zaak...'

Wat, wat zie je niet? Wat voor bladeren? Welke zaak?

Ik richt me weer op, laat die pijn maar barsten; ik doe het voorzichtig, langzaam, ik glijd over het asfalt als een slang om me om te draaien zonder dat mijn schouder het merkt – maar hij merkt het wel en hoe – daarna ondersteun ik me op mijn gezonde elleboog en vind een draaglijke houding, misschien enigszins kwijnend, maar wel stevig, en ik voel vooral geen pijn – alleen nog een vreemde tinteling en een grote warmte – en dat stelt mij in staat mijn blik evenwijdig met de grond te houden. Eindelijk kan ik me oriënteren op de kant waar de taxichauffeur naar wees.

'*Blijf nou mooi liggen...*'

Ik zie het meteen. Op het trottoir, even voor de kruising, langs de weg waarop ik reed, boven aan een keurige grijze ijzeren paal en inderdaad half verborgen door de bladeren van een plataan die er recht voor hangen, is...

'*Blijf liggen...*'

...een wit-rode driehoek bevestigd, shit, het bord dat aangeeft dat je voorrang moet verlenen. Ík kwam van rechts, toch moest ik hém voorrang verlenen. Het is absurd, ik kom hier al jaren langs en ik heb het nooit gezien, en verder is er niet de geringste aanleiding om op deze plek de voorrangsregel om te draaien: de twee straten zijn gelijkwaardig, de straat waar ik op reed is zelfs onweerlegbaar...

'*Wil je een beetje water?*'

Een arm, een hand, een papieren bekertje. Een nieuw gezicht, dik, fris en gezond, een enorme kop, kolossaal, het gezicht van Falstaff.

'Drink wat...'

Ik heb inderdaad een droge mond, ik heb dorst. Ik rek mijn nek, voorzichtig, terwijl de hand van Falstaff naar mij toe komt met het bekertje.

'*Stop! Wat bent u aan het doen?*' De stem van de Puistenkoning.

Het bekertje wordt snel weggetrokken.

'*Hij mag niets hebben! Raak hem niet aan!*'

Het bekertje is verdwenen, Falstaff ook. Ik zie nu alleen nog scheenbenen, jeans, aan riemen bevestigde mobiele telefoons, bezwete buiken.

'*Hij had dorst, hij wou drinken...*'

Nee, valse vetzak, dat is niet waar: ik wilde helemaal niets. En ik wist ook helemaal niet dat ik dorst had voordat ik het water zag. Nú heb ik dorst...

'*Maar heeft u het dan niet gezien op de televisie? Gisteren?*'

'*Wat dan?*'

'*Toen hebben ze het nog gezegd: nooit een gewonde verplaatsen, nooit iets toedienen voordat de ambulance arriveert.*'

'*Een beetje water, wat kan dat nou...*'

Poeh. Wat een hulpverleners. En wat een slachtoffer. Wat een schande, wat een enorme schande om me hier te bevinden midden op een kruispunt in deze Pompejaanse pose, aan het asfalt genageld door een speer die mijn schouder doorboort, na op een taxi geknald te zijn *door mijn eigen schuld*. Tussen gelijk en ongelijk ligt een wereld van verschil. Ik voelde me zo goed in de slachtofferrol, ik had de warme smaak al te pakken van het onverdiende lijden, van het ontlastende gevoel dat het ongunstige lot zich tegen je keert, en van de troostrijke klanken van het verhaal over de onberispelijke held, geveld door 's werelds onrechtvaardigheid, onbegrepen, gekwetst in zijn gevoelens en ook nog zwaar lichamelijk gewond, een verhaal dat ik mezelf na jaren weer kon vertellen – sinds mijn jeugd had ik dat niet meer gedaan. Maar het is mijn schuld, en dat verandert alles, want als ik niet het slachtoffer ben, dan ben ik alleen maar de zoveelste stommeling die het bord niet ziet en tegen een auto aanknalt die voorrang heeft. Wat een schande. Ik ben niets meer; ik ben niet meer dan de sporen die achterblijven op het cement van de hellende inrit van een garage wanneer je net even te snel gaat aan het einde van de afdaling en het nummerbord de grond raakt, sdreng, en verbogen wordt, en de chagrijnige bewaker even opkijkt van zijn *Corriere dello Sport* en bij zichzelf mompelt:'Moet je die zien...'

De sirene. Daar zijn mijn redders. Nu kan ik het allemaal wat beter zien, in ieder geval vanuit een meer gebruikelijke hoek, zij het vanuit een heel lage positie, alsof ik zeg maar een hondje ben: er staan heel wat mensen, en rondom het kruispunt heeft zich al een swastika van verkeer gevormd; geschreeuw, getoeter, rennende mensen, opzij opzij, de steeds luider wordende sirene; daar heb je Falstaff, daar is de Puistenkoning – een *kapper*? – daar de onschuldige taxichauffeur. Een jongen met een helm zit op een Vespa en observeert, een beetje afzijdig, het hele opgewonden tafereel, waar hij helemaal buiten staat: hij kwam hier langs, is gestopt en laat deze chaos goed op zich inwerken en zal vanavond als hij thuiskomt alles aan zijn vrouw vertellen: 'Ik heb vandaag een ongeluk gezien...' O, waarom ben ik hem niet? Ik zou hem kunnen zijn, als ik hier niet op de grond lag, als ik een beetje jonger was, als ik de motor van de Vespa niet had laten draaien toen ik het boek op ging halen en als ik misschien maar tien seconden verloren had met het weer aantrappen, en vooral als ik – ah – nog een vrouw had aan wie ik het kon vertellen...

Alvorens te verstommen gaat de sirene nog één keer onverdraaglijk hard, bijna bedreigend – 'Ik verdoof jullie allemaal, jongens, als jullie je niet gedragen!' Een brancard op wielen komt eraan, geduwd door een bonenstaak. Tra-trac, de brancard gaat omlaag, komt naast me te staan, schraapt me bijna van de grond alsof ik een platgewalst stuk rubber ben. Terwijl ze me erbovenop leggen beweegt de speer in mijn schouder, veroorzaakt een waanzinnige trilling in mijn vlees, en de pijn beneemt me de adem – wie weet hoeveel pijn ik nog zal moeten doorstaan, zo erg of misschien zelfs erger, wie weet hoe lang...

Tra-trac, de brancard gaat weer omhoog. Zo, nu dragen ze me weg. Het enige wat ze gedaan hebben is het verwijderen van de helm: ze hebben me niet vastgebonden zoals de zoon van Anita – er was geen reden om dat te doen –, ze hebben me geen halsband omgedaan zoals in Amerikaanse films, ze hebben niet eens gecontroleerd wat ik had, of ook maar de geringste voorzichtigheid betracht; ze hebben me eenvoudigweg opgeraapt en weggebracht, en dit zij gezegd niet tot schande van de verplegers maar van die puistenkapper die mij niet eens een beker water heeft laten drinken. De brancard wordt neergezet op de opengesperde bek van de ambulance: een seconde om hem op één lijn te brengen met ik weet niet wat, om iets in ik weet niet wat anders te steken, dan duwen ze me naar binnen, en de poten verdwijnen, en bijna zonder weerstand glijd ik de buik in van deze vis die mij nooit eerder had verzwolgen, want het is de eerste keer dat ik me in een ambulance bevind, ik ben een fortuinlijk mens...

Een klap, de bonenstaak springt naast me, de deuren gaan dicht, de sirene wordt weer aangezet – hierbinnen is het geluid lang niet zo hard – en daar gaan we, wie weet naar welk ziekenhuis ze me brengen. Het tintelen in mijn schouder is nu intenser: het lijkt alsof het entropisch toeneemt na elke scheut zonder ooit minder te worden, maar als ik stil lig voel ik geen pijn. Toch is de pijn er, er is heel veel pijn, ik verdrink letterlijk in een poel van pijn, van schaamte, en van angst. Want er zijn verschrikkelijke waarheden die alleen te lezen zijn op de binnenkant van het dak van een ambulance, en je kunt ze alleen maar zien als je eronder ligt, op een dinsdagmorgen, tegen twaalf uur 's middags, terwijl ze je naar het ziekenhuis brengen met een gebroken schouder en een brief van je vrouw in de zak van je colbert, en buiten schijnt de zon, en iedereen is beter af dan jij...

## 20

Ik ben de man, dat staat er te lezen, die tien jaar lang elke dag een kruispunt vlak bij zijn huis oversteekt en niet ziet dat er een voorrangsbord is. Ik ben de man die in deze tien jaar minstens drie keer het snoeien heeft meegemaakt van de bomen die met hun bladeren het bord aan het gezicht onttrekken, en ieder keer denkt hij er lang over na hoe weinig er eigenlijk voor nodig is om een vertrouwd uitzicht onbekend te maken, en intussen ziet hij nog steeds dat bord niet. En ik ben de vader die regelmatig dat kruispunt op schiet samen met zijn zoon, in de auto en soms zelfs op de Vespa, terwijl hij hem stevig tussen zijn benen houdt na hem het niet officieel goedgekeurde, bij Porta Portese gekochte helmpje op zijn hoofd gedrukt te hebben, ervan overtuigd dat hij hem beschermt zoals niemand op de hele wereld dat zou kunnen. Die man ben ik. Maar ik ben ook de zoon die niet met zijn vader kon opschieten, wat natuurlijk kwam door de vader, en die zich nooit heeft afgevraagd wie zijn vader werkelijk was. Ik ben de echtgenoot die zijn best heeft gedaan om zijn vrouw niet te bedriegen, alsof dat het enige was wat zijn huwelijk zou kunnen aantasten, en die niet gemerkt heeft dat zijn vrouw hem bedroog. Ik ben de broer die kritiek had op zijn zuster, op de politieke ideeën van zijn zuster, op de vriendschappen van zijn zuster, op de verloofdes van zijn zuster, op de man van zijn zuster, ervan overtuigd dat hij altijd gelijk had, en die nu een leven leidt dat niet zo veel verschilt van dat van zijn zuster. Ik ben de oom van drie neefjes die angstig naar hem opkijken. Ik ben de man die bij eetpartijen altijd dezelfde verhalen vertelt. Ik ben de man die zijn eigen huis niet verfraait ook al heeft hij er het geld voor. Ik ben de man die op zoek gaat naar een politieagent als hij een pistool ziet, de man die cheques weggeeft zonder de achterkant te tekenen. Ik ben de man die stopt met roken en dan weer begint. Ik ben de schaker die wonderen belooft en dan het spel verlaat omdat hij niet tegen zijn verlies kan. Ik ben de man met het geweldige geheugen die lijdt aan geheugenverlies. Ik ben de kinderboekenschrijver die links en rechts ideeën steelt, en die beweert dat hij geen hogere ambities heeft, maar die liegt, omdat hij die wel heeft en hoe...

Ah, zo wordt alles veel duidelijker; zo wordt alles veel simpeler. Wat is de waarheid toch bevredigend, doorzichtig en onontkoombaar, als je haar niet met tegenzin en met flarden tot je door laat dringen, tussen twee pogingen om haar weg te drukken in, maar haar in haar totaliteit aanvaardt. Wat een opluchting, ondanks de schaamte; maar toch is dit moment heel anders, zwaarder en eenzamer dan ik me had voorgesteld dat het ooit zou zijn, dat punt waarop, vroeg of laat, het nieuwe, het echte leven zou beginnen: vol mensen en lichtjes, zoals het einde van $8^1/_2$, en in plaats daarvan...

Dat komt omdat ik de man ben die geloofde het leven te kunnen leren van de film. Ik heb dat ook openlijk verklaard in een radio-interview, niet eens zo lang geleden: 'Ik heb het leven geleerd van de film,' of iets van dien aard. Ik ben dus de man die, om zich te kunnen schamen voor het maken van zo'n onzinnige opmerking, tegen een taxi moet aanknallen, gewond moet raken en zich op een brancard moet laten afvoeren.

'Hoe gaat het?' vraagt de bonenstaak. In het halfdonker is hij een spookachtig silhouet, dat boven mij hangt als een strop.

'De ene keer gaat het beter dan de andere keer,' antwoord

ik, omdat ik de man ben die one-liners uit films uit zijn hoofd leert, en ze vervolgens zelf uitspreekt, of ze weer verwerkt in de boeken die hij schrijft, of allebei, en dan op een dag kan hij er niet meer opkomen en weet hij niets meer te schrijven of te zeggen. (Deze was van Paul Newman in *The Drowning Pool*: wanneer zal ik daar niet meer op kunnen komen?)

'Doet je oog pijn?'

'Welk oog?'

Hij raakt me aan onder mijn linkeroog, met een zachtheid waartoe je hem op grond van zijn uiterlijk niet in staat zou achten. (Ik ben de man die mensen wel of niet tot iets in staat acht op grond van hun uiterlijk.)

'Dit oog. De oogbol is bloeddoorlopen.'

*De oogbol bloeddoorlopen...*

'Ik voel niets,' zeg ik.

'Er moet een glassplinter ingekomen zijn,' zegt hij.

Ja, of de beruchte balk uit het Evangelie: '*Huichelaar, doe eerst de balk uit uw oog weg, dan zult gij scherp kunnen zien om de splinter uit het oog van uw broeder weg te doen.*'

'Probeer het andere oog eens dicht te doen.'

Ik gehoorzaam, maar ik heb mijn hand erbij nodig omdat het anders niet lukt. Ik kan er nog steeds normaal mee zien terwijl hij twee vingers voor mijn gezicht beweegt.

'Hoeveel vingers steek ik op?'

'Twee.'

Hij opent zijn hand helemaal, de vingers wijd uiteen.

'En nu?'

'Vijf.'

Hij maakt een vuist.

'En nu?'

'Nul.'

Ga door, vriend: ik ben de man die dit spelletje altijd wint, er zijn in de wereld weinig dingen zo prettig als winnen zonder te hoeven vechten...

Maar nee hoor, hij geeft het op. Hij gaat weer rechtop zitten, doet zijn haar goed, kijkt naar de bestuurder, achter het scheidingsraam. Ik moet de volgende keer niet vergeten om me opzettelijk te vergissen, dan gaat hij nog even door.

Opeens zwijgt de sirene.

'We zijn er,' zegt hij.

De ambulance mindert snelheid, maakt een bocht van negentig graden en rijdt nog een paar seconden langzaam door, en stopt dan. De deuren gaan meteen open, en er volgen allerlei handelingen en geluiden, horizontale vlakken schuiven boven mij langs: het dak van de ambulance, de binnenkant van een zuilengang, het plafond van de eerste hulp, het smerige plafond van de gang. De bonenstaak is verdwenen, nu ben ik in handen van een gedrongen, harige ziekenbroeder, die met veel lawaai zijn houten slippers over de stenen vloer sleept. Ik zie gezichten van Afrikanen, oude mensen en politieagenten aan mij voorbijgaan, totdat de broeder me een leeg vertrek in rijdt, me op een stretcher zonder wielen legt (hevige pijn tijdens deze manoeuvre) en zegt dat ik moet wachten. Door de muur sijpelen vreemde geluiden, klappen, discussies, zelfs kreten: 'Laat ons ons werk doen!', 'Het is een schande!' en dat soort dingen, maar ik slaag er niet in om te begrijpen wat er aan de hand is. De broeder verdwijnt met de stretcher op wielen. Ik blijf alleen achter.

Ik weet niet waar ik me bevind. Ik ken de ziekenhuizen niet, behalve de Gemelli Polikliniek, waar mijn vader gestorven is. Maar dit is de Gemelli Polikliniek niet: het is hier veel bouwvalliger, smeriger, troostelozer. Het lijkt wel een ziekenhuis in oorlogstijd. De kreten achter de muur worden zwakker, alsof de discussie zich aan het verwijderen is. Ik heb een houding gevonden waarin ik geen pijn heb, op mijn goede zij, met mijn hoofd steunend op mijn arm, vrijwel dezelfde houding als even geleden op het asfalt, en ik ben eigenaardig kalm. Hoe ernstig de verwondingen aan mijn lichaam ook mogen zijn, ik voel dat mijn lichaam zich al heeft aangepast: het zwelt waar het moet zwellen, het tintelt waar het moet tintelen, het doet pijn waar het pijn moet doen, zonder in opstand te komen tegen deze nieuwe toestand, en hetzelfde schijnt te gebeuren met mijn geest. Heb ik een ongeluk gehad en ben ik gewond geraakt? Ligt mijn Vespa verkreukeld midden op een kruispunt in een plas benzine? Hebben ze me hier, ik weet niet eens waar, in mijn eentje neergekwakt, en zijn ze me onmiddellijk vergeten? Is mijn vader dood? Heeft mijn vrouw me bedrogen? Ik voel dat al deze vragen kristalliseren rondom de enige gedachte die uitkomst biedt, een gedachte die gelokaliseerd is door een koele, zich onder de hersenschors bevindende intelligentie, met de precisie van een naald die in een groef van een grammofoonplaat blijft hangen: ik kan er niets aan doen, denk ik. Ik kan er niets aan doen, nee, ik kan er niets aan doen. En hier houdt alles op.

Ik weet niet hoe lang ik hier al lig, vastgelopen, op dood spoor: in werkelijkheid lijkt het alsof de tijd niet voorbijgaat, of in ieder geval *voor mij* niet voorbijgaat, en ik lijd er niet onder, en dat is alles wat ik weet. Sluit een mens uit van deelneming aan het verloop van de tijd en hij lijdt niet meer.

Eindelijk gebeurt er iets: opeens schuift een hele muur opzij, alsof we in de schouwburg zitten – en het stuk is *Eindspel* en ik ben Hamm, uitgesloten van deelneming aan het verloop van de tijd. Sterk afstekend in het tegenlicht van een verblindende leegte die zich geopend heeft (verrassing: dit kamertje komt rechtstreeks uit op de buitenwereld) verschijnt een silhouet dat ik zo langzamerhand goed ken, en dat me toch verrast – zoals altijd trouwens: het verrast me maar het verheugt me ook, aangezien het het silhouet is van degene die het meeste van me houdt op de hele wereld 'met uitzondering van mijn naaste familie...'

'Ah, je bent hier,' zegt hij.

Hij sluit de schuifdeur weer, komt dan dichterbij en kijkt me aan met een bezorgde uitdrukking – hoewel hij glimlacht, zoals altijd.

'Maar wat heb jij uitgespookt?'

'Hoe...' mompel ik. 'Hoe wist u dat...'

'Wat is er met je gebeurd?'

'Mijn schouder. Ik moet mijn schouder gebroken hebben.'

Hij kijkt naar mijn schouder, dan naar mijn hele lichaam, dan weer naar mijn schouder, alsof hij een raadselachtige vergelijking maakt.

'En mijn oog,' voeg ik eraan toe. 'De oogbol schijnt bloeddoorlopen te zijn...'

Hij komt boven me staan en bestudeert mijn oog.

'Mmm. Kun je ermee zien?'

'Ja, ik kan ermee zien...'

Hij doet een stap achteruit en begint weer het geheel te inspecteren.

'Je schouder, zeg je?'

'Ja, maar hoe bent u te weten gekomen dat...'

'Zijn je hoofd en je benen in orde? Ben je op je hoofd terechtgekomen?'

'Nee.'

Ik hef beide benen op om het te bewijzen, en beweeg ze, maar dat is geen goed idee, want ik krijg onmiddellijk een mes in mijn schouder.

'Weet je het zeker?'

'Ja, ik ben tegen een taxi aangeknald met mijn schouder. Toen ik op de grond viel lag ik praktisch stil en ik droeg een helm. Maar zeg nu eens hoe u te weten bent gekomen dat ik...'

'Dat leg ik je later wel uit,' onderbreekt hij mij. 'Daar is nu geen tijd voor. We moeten hier weg, en snel. Kun je lopen?'

'Dat weet ik niet. Waarom moeten we hier weg?'

'Omdat ze bezig zijn beslag te leggen op het ziekenhuis.'
'Wat?'

Hij glimlacht, ademt uit door zijn neus, kijkt naar beneden. Daar heb je hem weer met zijn gebruikelijke sterke verhaal, maar ditmaal lijkt hij er zich tenminste bewust van te zijn.

'Hierbuiten,' legt hij uit, 'staat het vol met auto's van de marechaussee en de FIOD. Ze zijn bezig beslag te leggen op het ziekenhuis. In opdracht van het Ministerie van Gezondheid. Het fijne weet ik er niet van, maar het gebeurt nú. Als je hier blijft zit je in de val. Hoe lang ben je hier al?'

'Dat weet ik niet. Een halfuur, een uur.'

'Hebben ze je al onderzocht?'

'Nee.'

'Hebben ze je ingeschreven? Heb je je personalia opgegeven, dat soort dingen?'

'Nee.'

Hij gniffelt.

'Ze hebben je hier neergekwakt en verder niets...'

Hij sluit zijn ogen, schudt zijn hoofd.

'Oké, des te beter,' verkondigt hij. 'Kom op, laten we ertussenuit knijpen.'

'Ertussenuit knijpen': dat was een uitdrukking die mijn vader vaak gebruikte.

'En waar gaan we heen?'

'Dat zien we wel,' antwoordt hij. 'Kun je opstaan?'

'Dat zien we wel,' antwoord ik.

Ik begin aan een moeizame poging om me op te richten, en hij komt weer vlak bij me staan, zijn grote handen in gereedheid om me op te vangen, maar ik schud mijn hoofd om te kennen te geven dat hij het mij alleen moet laten proberen. Ik hijs mezelf langzaam op tot een zittende houding, en de pijn in mijn schouder ontvlamt onmiddellijk. Bovendien heb ik last van mijn borstkas, ter hoogte van mijn hart, en voel ik me duizelig. Mijn voeten bungelen in de ruimte – wat is deze stretcher hoog – en ik beweeg ze voorzichtig naar beneden totdat ik ze op de grond kan zetten. Hij blijft me volgen, met zijn handen in de aanslag, maar zonder mij aan te raken, zoals je doet bij kinderen die leren lopen.

'Red je het?' vraagt hij.

Ik knik nauwelijks, om mijn adem te sparen, want ook praten doet pijn, en ademen. Heel langzaam kom ik tot een staande houding, waarbij ik op hem steun met mijn gezonde arm. Ik probeer een stap te doen, en dan nog een, maar het is alsof een pers mijn gewonde schouder platdrukt, en de pijn krijgt de overhand. Ik voel mijn slapen steeds harder kloppen, en een kokende hitte die met kracht uit mijn hoofd trekt of juist naar mijn hoofd stijgt, ik weet het niet, terwijl mijn gezichtsvermogen beneveld raakt.

'Hou me vast,' fluister ik, en net op het moment dat ik me laat gaan, word ik met kracht opgetild, alsof ik een zakje houtkrullen ben, een kussen, een bosje graanhalmen; alsof ik inderdaad zo nietig ben als ik me voel. Even daarna bevind ik me op een meter afstand van de grond, met bungelende benen en mijn gezonde arm stevig om zijn hals en mijn gezicht tegen zijn borst aangedrukt.

'Hé, wat is er, val je flauw?'

Goeie vraag: val ik flauw? Op dit moment kan ik dat onmogelijk zeggen. Op dit moment zweef ik in een vreemde tussentoestand, als in de baarmoeder, en alles is mogelijk, maar werkelijk alles, terwijl ik het totaal vergeten geluk weer smaak op de arm genomen te worden, en wat er nog over is van mij als zintuiglijk wezen wordt één geheel met de grove, grandioze massa van deze *engel*. Met mijn neus platgedrukt tegen zijn colbert neem ik alle geuren op waarvan het doortrokken is – oergeuren, proletarische geuren, dat mengsel van rook, zweet en dode materie dat je ruikt bij arbeiders als ze koffiedrinken in de bar; met mijn oor stevig tegen zijn borst gedrukt geef ik me over aan het kloppen van zijn hart, hypnotisch, krachtig, regelmatig, en meer in de diepte kan ik het piepen dat zijn longen schuurt onderscheiden, als het geluid van een sleutel die een kras maakt in het koetswerk van een auto; zijn grote warme buik, die de luchtpomp van de ademhaling doet zwellen en weer leeglopen, wiegt mij met een uiterst tedere pneumatische schommelbeweging, en verlost me van mijn zorgen...

Dan opeens lijkt het alsof alles in omgekeerde richting begint te gebeuren, en gedurende een verbijsterend, buitengewoon moment neemt mijn lichaam een wonderbaarlijk gevoel van omkeerbaarheid waar – de omkeerbaarheid waarvoor de werkelijkheid absoluut geen mogelijkheid openlaat, maar die zich, naar het schijnt, stiekem heeft weten te nestelen in mij, half zwevend in deze vriendelijke armen: de pijn gaat liggen, de slapen kloppen niet meer, de hitte neemt af, de nevel verdwijnt... Ook dit moment gaat voorbij, dat weet ik, dat begrijp ik, en ik ga flauwvallen of ik ga niet flauwvallen, waarna de tijd zijn gewone loop zal hernemen en ik me ertegen zal verzetten, of mij zal neerleggen bij de enorme arrogante overmacht ervan, of allebei; maar zolang dit moment duurt, kan ik zien wat er zou gebeuren als het nooit voorbij zou gaan, als het zou voortduren en voortduren en voortduren, voor onbepaalde tijd, en als ik, zeg maar, zou kunnen blijven profiteren van de gave om alles wat mij tot hier gebracht heeft, in tegenovergestelde richting te kunnen beleven, in een opwindende vlucht naar het verleden waar het *toen* uiteindelijk wint van het *nu*, en de gevolgen aan stukken worden gescheurd door de oorzaken: en kijk, mijn wankele benen keren weer terug naar de grond, en ik ga weer zitten op de stretcher, en ik ga erop liggen, langzaam, om de pijn niet te voelen, en kijk, de muur gaat open en dan weer dicht, en als hij weer is dichtgegaan, is deze man er niet meer, en ik ben weer alleen in mijn tijdloze ballon, dan zie ik vanaf de brancard de plafonds voorbijschieten, dan lig ik weer in de ambulance en erken wat ik ben, dan lig ik weer op de grond midden op het kruispunt en realiseer me dat het mijn schuld is, dan het krankzinnige moment van de botsing, onmachtig en stijf van de adrenaline, getroost door het feit dat het mijn schuld niet is, en mijn schouder mankeert niets meer en de oogbol is niet meer bloeddoorlopen en ik rijd op de Vespa, gezond en ongeschonden, hoewel verscheurd door het verdriet over het bedrog en doodsbenauwd bij de gedachte aan de teloorgang van mijn huwelijk, en dan het moment waarop de pijn zich vasthecht in mijn lendenen, ah, de allerhevigste pijn, terwijl ik de brief van Anna lees in een omhelzing met die huilende vrouw, maar de pijn gaat over, ja, even neemt hij de vorm aan van een vluchtig vermoeden en verdwijnt dan geheel, en wordt vervangen door de gêne vanwege een niet getekende cheque, door het prettige gevoel vanwege een geneeskrachtige streling, door de verrassende schoonheid van een moeder, en mijn onbehagen is nu van geen betekenis, het is alleen een kwestie van een geringe vertraging en Vespa's die niet willen aanslaan en buren die op een brancard gebonden liggen en slapeloosheid en stiekem gerookte sigaretten, en het huwelijk dat teloorgaat is alleen maar dat van een van mijn medebewoners, en je zou je er bijna voor schamen dat je je rot voelt door zulke onbeduidende zaken, iedereen is slechter af dan ik, maar nu neemt het onbehagen weer toe, ik ben in mijn woonkamer, het is avond, het neemt toe door de hardnekkigheid waarmee herhaald wordt dat mijn vader een Rus was, een spion met een opdracht, die altijd geveinsd heeft, het neemt toe omdat ik het begin te geloven, en mijn geheugen beschermt me niet meer, niet genoeg, maar uiteindelijk beschermt het me weer wel, en ik hecht al minder geloof aan het verhaal, steeds minder, en ik ben in het restaurant, en draag voor alle gasten uit mijn hoofd een gedicht van Pasolini voor, en ik vind dat verhaal over mijn vader verontrustend, misschien, het irriteert me maar ik geloof er niets van, en dan verontrust het me helemaal niet meer, het wekt mijn nieuwsgierigheid, het verrast me, ik vind het hoogstens vermakelijk vanwege zijn belachelijkheid, en dan verdwijnt het, voilà, het bestaat niet meer, heeft nooit bestaan, nu is er alleen nog een flits van angst, en een vlucht, en dan een grotere, onverwachte, nooit eerder gevoelde angst, maar dan verdwijnt die ook en ik sta voor een menigte die voor mij applaudisseert, en ik schenk vijftien miljoen lire aan een vrouw en dan geeft iemand ze aan mij, en ik zit in de trein, ik ben thuis, ik omhels Anna, ik ben op de begrafenis van mijn vader, ik sta bij zijn bed, en mijn vader sterft, hij raakt in coma, het gaat slechter, het lijkt beter te gaan, hij komt weer bij, hij wordt met spoed geopereerd, hij wordt met spoed opgenomen, hij raakt bewusteloos, mijn moeder belt me huilend op, mijn vader voelt zich niet goed, maar het gaat wel goed met hem, hij is zo gezond als een vis, en mijn moeder lacht, en ik eet bij hen, ik zit in de auto, ik zit aan mijn bureau en het schrijven lukt niet, ik teken een contract voor een nieuw boek, het gaat goed met het boek, het boek komt uit, kijk ik heb het boek ingeleverd, het is af, het is bijna af, ik zit aan mijn bureau te schrijven, het is zomer, Anna is aan zee met de kleine Francesco, we bellen elkaar elke dag en we houden van elkaar, en ik zit vol met ideeën en begin een nieuw boek te schrijven, en we vieren het met champagne, en mijn eerste boek wordt uitgegeven, en ik schrijf het in één keer, en ik krijg het idee om het te gaan schrijven, en dan is het idee er niet meer, en dan zit ik alleen met Francesco en vertel hem de avonturen van Pizzano Pizza, zomaar, al verzinnend, om hem te vermaken, omdat hij begint te willen, te begrijpen, te praten, te lopen, en ik ben op straat, bij dat kruispunt en ik leun op het zuiltje, en ik groet Anna die mij groet vanaf het balkon, en ik ben gelukkig, en door door door, steeds sneller, de kleine Francesco wordt geboren, ik ga trouwen, ik verlaat de universiteit, ik ga samenwonen met Anna, ik word verliefd op Anna, ik leer Anna kennen, ik stop met schaken, ik maak ruzie ruzie ruzie met mijn vader, en ik ben steeds sterker en steeds lichter, en ik kan steeds verder zien, het is prachtig, het lijkt een tekening van Paul Steinberg, gehele tijdperken worden afgedaan met één woord, jeugd, adolescentie, kinderjaren, door, totdat ik vrij ben, ik ben nog niet geboren en daarom ben ik overal, in elke tijd en op elke plaats, het is schitterend, geweldig, ik ben de eerste mens in de ruimte, de eerste computer, de eerste nylondraad, ik ben het consumentisme, de zwartwittelevisie, de Cubaanse revolutie, de Koude Oorlog, de Berlijnse muur, de Teddy Boys, ik ben Fred Astaire die danst, Gandhi die vast, Charlie Parker die spuit, Ribot die iedereen achter zich laat, ik ben de baai van New York waarin de Andrea Doria zinkt, de basiliek van Supermerga als het Grande Torino-team ertegen te pletter slaat, Neurenberg tijdens het proces, de Tyrrheense zee bij de uitbarsting van de Vesuvius – ik ben de Siberische steppe in 1945, en de oorlog is nog maar net afgelopen, en het is de dageraad van een willekeurige dag, blauwgrijs, ijskoud, en ik zit overal verspreid in deze onmetelijkheid, in de wind, in het ijs, in de kale berken, en nu weet ik of het waar is of niet dat mijn vader op het punt staat mijn vader een kogel door zijn kop te jagen, precies op dit moment, van korte afstand, om zijn plaats als officier, als Italiaan, en als vader in te nemen.

## 21

Uaaaaaaaaaaaahhh...

De vrouw begint weer te jammeren. Ze hebben haar tien minuten geleden binnengebracht, slapend met een buisje in de luchtpijp, en kort daarna begon ze te jammeren in haar slaap: klaaglijke kreten, dierlijk gejank, alsof ze door de duivel bezeten is. En toch heeft niemand zich er zorgen over gemaakt, noch de verpleegster die heen en weer loopt, en die af en toe bij mij stilstaat om te controleren hoe het met me gaat, noch de andere verpleegster die constant blijft zitten aan een klein bureautje, achter in dit vertrek, zonder iets te doen.

Dit vertrek heet de uitslaapkamer. Wanneer de vrouw niet jammert, wordt de ruimte gevuld door een soort achtergrondgeruis, als van draaiende ventilatoren en functionerende apparaten, dingen die geacht worden geruisloos te zijn, maar dat niet zijn.

Auuuuahhhaaahhh...

'Neemt u mij niet kwalijk,' zeg ik tegen de verpleegster die heen en weer loopt, als ze in mijn buurt is. De verpleegster staat stil. Ik vermoed dat ze mooi is, maar ik heb me daar nog niet van kunnen vergewissen, omdat ze niet glimlacht.'

'Ja?'

Ze is lang, mager, zonder borsten, ze heeft het gladde gezicht van een klein meisje, en ze glimlacht nooit. Niet dat ze ongemanierd of onsympathiek is: integendeel, ze is aardig, professioneel. Ze glimlacht alleen niet.

'Is het normaal dat die mevrouw jammert?' vraag ik.

De verpleegster glimlacht niet.

'Ja, dat is normaal,' zegt ze.

Ze heeft kleine buitenlandse blauwe ogen. Op grond van haar accent lijkt ze een Poolse, of Slavische.

'Doen ze dat dan allemaal? Heb ik het ook gedaan?' vraag ik.

De verpleegster doet twee stappen in mijn richting. Ze heeft een lieve uitdrukking, maar ze glimlacht niet.

'Nee, u hebt zich heel stil gehouden.'

Nu ze er toch is maakt ze een paar aantekeningen. Ze kijkt naar de injectieflacons die hangen aan de standaard naast mijn bed, controleert de kraantjes van het infuus, en schrijft weer iets op. Ze is links.

'Is het normaal om je zo stil te houden?' vraag ik.

Zelfs nu glimlacht ze niet.

'Ja,' zegt ze, 'ook dat is normaal.'

Opnieuw galmt het gejammer door het vertrek.

De verpleegster kijkt naar me. Ze begrijpt heel goed dat een glimlach geen kwaad zou kunnen, gegeven de situatie, en het lijkt net alsof ze haar best doet die tegen te houden. Ze zal wel slechte tanden hebben.

'Ze is verdoofd,' legt ze uit. 'Ze droomt.'

En ze loopt door.

Ik heb echter niet gedroomd, dat weet ik zeker. Ik had nog nooit een volledige anesthesie ondergaan, en ik moet zeggen dat het fantastisch is. Het is fantastisch dat de beslissende ingreep geschiedt terwijl jij slaapt, maar ook wat erna komt is heel mooi, de langzame terugkeer naar het leven die plaatsvindt in dit vertrek, en het doet er weinig toe dat het een kunstmatig gevoel van rust is, met chemische middelen teweeggebracht. Ik ben nu bijna een uur wakker en ik voel me goed, ik kan niet anders zeggen. Ik ben zeer helder, voel geen pijn en voel me ook niet onwel, ik heb alleen erge honger – maar, vreemd genoeg, heeft de honger die je hier hebt ook iets moois, het lijkt op de honger die je als kind voelt. Eerst heb ik aan de verpleegster gevraagd hoe lang ik nog in deze walvisbuik moest blijven, en zij zei 'nog even'. Maar ik vroeg het uit nieuwsgierigheid: ik heb geen haast om hier weg te komen.

Uaaaahhhoooaahhhh...

Het geval is dat ik onmiddellijk helder was nadat ik mijn ogen had geopend, en toen gebeurde er iets heel fascinerends, waaraan ik sindsdien steeds heb moeten denken. Ik weet niet of de verpleegster dit ook als normaal zou kwalificeren, maar ik ben, om zo te zeggen, *aanwezig* geweest bij de terugkeer naar mezelf: ik voelde mijn geheugen in mij terugglijden, in duidelijke stukken, van elders, waar het door de anesthesie geparkeerd was. Het was heel anders dan het normale ontwaken in de ochtend, wanneer je je ogen opent en vroem, in een seconde daalt dat wat je bent op je neer: het was een veel langzamer en geleidelijker proces, zoals wanneer je een computer opnieuw opstart en hij begint alles te laden wat hij nodig heeft om te functioneren – programma's, informatie, geheugen – en haalt dat in een bepaalde volgorde op van de harde schijf. Het komt erop neer dat je het bewustzijn van jezelf niet ervaart als een geheel – een massief, log geheel – maar als een reeks met elkaar verbonden blokken. Ja, het is alsof je kijkt naar hoe verhuizers al je spullen weer op hun plaats zetten, het een na het ander, in het huis waar je altijd gewoond hebt en waar je een tijdje uit moest: uiteindelijk wordt alles weer als vroeger, maar de werkzaamheden die dat mogelijk maken kosten tijd, en gedurende die tijd merk je voor de eerste keer het verschil tussen de muur en de boekenkast die er gewoonlijk tegenaan staat.

Het begin was verrassend: een gevoel van naaktheid. Ik werd me bewust van mijn naaktheid onder dit groene hemd; en het eerste stukje verleden dat me bereikte was de herinnering dat ik mijn onderbroek aangehouden had toen ik het hemd aantrok; en mijn eerste redenering was dan ook: iemand moet hem uitgetrokken hebben. Dat was het begin, nog voordat ik me herinnerde hoe ik heette of hoe ik daar terechtgekomen was, nog voordat ik het verband had gezien dat mij belet mijn schouder en arm te bewegen of de zwachtel die mijn linkeroog bedekt had opgemerkt, vóór alles; en gedurende een lang, bijzonder moment bestond ik louter uit die elementaire vorm van leven: gevoel van naaktheid, herinnering aan onderbroek aanhouden, vaststellen van verwijderen onderbroek.

Onmiddellijk daarna volgden, in optocht, mijn zorgen: Anna heeft me bedrogen. Mijn vader is dood. Ik heb een ongeluk gehad. Ik was er slecht aan toe. Ze hebben me geopereerd. Et cetera. Ze kwamen, gingen op de eerste rij zitten, maar ze brachten mij geen enkel gevoel van verdriet, van pijn – en dat is, denk ik, echt te danken aan de medicijnen, aan de kunstmatige slaap. Er was geen spoor te bekennen van de beklemming waarmee ik in het verleden een aantal keren wanhopig wakker was geworden en waaraan ik vervolgens onmiddellijk moest denken – misschien juist om het verschil te kunnen waarderen: het ontwaken nadat Juventus de Champions League-finale tegen Ajax verloren had; het ontwaken nadat Ilaria Ortoni me had afgewezen; het ontwaken na de vreselijke nederlaag met Tavella tijdens het toernooi van Lugano; het ontwaken na de dood van mijn vader...

Pas op dat moment zijn de zogenaamde feiten gearriveerd, met de eerste beelden. Anna: haar stralende, donkere teint; het feit dat ze mijn vrouw is; de zekerheid dat ik van haar houd; het gelukkige gevoel dat ik een kind heb; zijn langwerpige, bangige gezicht dat op het mijne lijkt. En dan mijn moeder: haar groene, altijd snel ontroerde ogen; de legendarische gelijkenis tussen haar en Sophia Loren; haar gracieuze ledematen in mijn armen. En mijn vader: zijn afstandelijkheid, zijn strengheid, mijn onvermogen om een goede relatie met hem te hebben, ook als volwassene; zijn lijk in gala-uniform, ook weer afstandelijk, in de open kist, omringd door bloemenkransen; het waanzinnige nieuws dat het allemaal niet waar was, dat hij een Rus was, dat hij communist was, dat hij uitgezonden was als spion...

Daarna kwamen, langzamerhand, alle andere dingen, één voor één, en maakten van mij weer de bewuste, uitgehongerde Gianni Orzan die ik nu ben. Het duurde ongeveer een kwartier, maar nog voordat ik klaar was met het laden van mijn lot – want daar ging het tenslotte om – begon ik het ook weer te beleven, en erover na te denken, zoals Pinocchio die al begint te ontsnappen voordat hij af is. En wat me getroffen heeft, meer dan het verdriet dat Anna mij heeft willen aandoen met die brief, meer dan de ongerustheid over mijn toestand en mijn toekomst, is het werkelijke nieuwe aspect van dit ontwaken, de echte verandering ten opzichte van daarvoor: *mijn vader was een Rus, hij was een communist, hij was uitgezonden als spion*. Geen twijfel, geen vraagtekens. Ik bleef herinneringen en feiten ophalen die daarmee in tegenspraak waren, maar opeens bevond deze veronderstelling zich, onaantastbaar, in het middelpunt van mijn leven, alsof hij er altijd geweest was. De vraag die ik mij dus stelde was: wanneer ben ik erin gaan geloven? Hóe is dat gebeurd? En mijn gedachten gingen terug naar het moment vlak voor de donkerslag van de anesthesie, naar de laatste uren doorgebracht met Gianni Bogliasco en naar de hevige vertrouwdheid die daar het resultaat van was, vanaf het moment dat hij me heeft gered van de beslaglegging op het ziekenhuis tot het moment dat zijn gezicht werd weggevaagd door de deur van de operatiekamer, in deze kliniek waar híj me naartoe heeft gebracht en me heeft toevertrouwd aan artsen die *hij kende* – en voor wie hij trouwens Gianni Costante heette, zoals op zijn creditcard. Het antwoord moest daar gezocht worden, in die uren.

Waarom heeft die man mij gisteren voor de tweede keer

in zijn leven op de arm genomen, bijna dertig jaar na de eerste keer in Amsterdam, ook toen na een ongeluk, en mij in zijn stinkende terreinwagen gelegd die driedubbel geparkeerd stond, en me vervoerd naar deze kliniek aan de andere kant van Rome, en onderweg is hij gestopt bij het kruispunt waar ik het ongeluk heb gehad, en is uitgestapt, en heeft mijn Vespa opgeraapt die op het trottoir was achtergelaten en heeft hem liefdevol vastgemaakt aan een lantarenpaal, en heeft de sleutels, de papieren, de helm, zelfs het boek van Carver uit het vernielde bagagevak gehaald, en is aan mijn zijde gebleven terwijl de specialisten mij onderzochten, mijn schouder en daarna mijn oog, en toen weer mijn schouder, en hij heeft zijn vingers op de röntgenfoto's geplaatst, terwijl hij tegen het licht in de fractuur van het sleutelbeen, de eventuele beschadiging van de gewrichtsbanden en de gekwetste ribben bekeek, en hij heeft mijn toestand met hen doorgenomen, en mij vervolgens de conclusies waartoe ze gekomen waren meegedeeld, namelijk dat ik de volgende dag in één operatie een dubbele ingreep zou ondergaan, zowel aan mijn schouder als aan mijn oog, schijnbaar niet moeilijk maar wel gecompliceerd, en hij heeft handig een korting op het tarief bedongen zodat de kosten gedekt zouden worden door mijn verzekering ook als die geen overeenkomst met deze kliniek had. En dat deed hij allemaal zonder mij ooit iets te vragen, hij plaatste me steeds voor een voldongen feit, bijna alsof hij wist hoeveel verwarring er in mijn geest heerste, en hoezeer ik behoefte had aan iemand die alle beslissingen voor me nam. Nog nooit had iemand zich zo ingrijpend, zo totaal met me beziggehouden; en het staat mij bij dat zijn aanwezigheid aan mijn zijde, zelfs op het meest ellendige ogenblik van mijn leven, mij een gevoel van veiligheid gaf dat ik nog nooit had gevoeld. Moet je zien, dacht ik, mijn leven wordt onder curatele gesteld zoals een bedrijf op de rand van faillissement: ik kan me overgeven aan de vaart van mijn op hol geslagen tijd terwijl hij Anna vergeeft, mijn huwelijk redt, het boek afmaakt, voor mijn bankrekening zorgt, de formaliteiten wat betreft de erfenis van mijn vader afhandelt en, één dezer dagen, ook nog tijd zal vinden om even naar Oostenrijk te gaan om het kind in coma te bezoeken en de moeder namens mij te omhelzen.

Zo is het gekomen dat ik ben gaan geloven in zijn verhaal: ik ben gaan geloven in hem. Het werd donker, de snelle opeenvolging van medische consulten was afgelopen, we waren alleen achtergebleven in de kamer, en ik geloofde in hem. Ik lag te kreunen, verdoofd door de pijn en de pijnstillers, de contouren van de werkelijkheid vervaagden tot die van de droom, de lange uren van die hallucinatorische nacht gingen voorbij, en ik geloofde in hem. Hij bracht me tot rust, vertelde me heel oude moppen, zong de lof van de orthopedist die me de volgende dag zou opereren, daarna vertelde hij over zichzelf, dat hij officieel privé-detective van beroep was hoewel hij dat in werkelijkheid helemaal niet uitoefende, daarna liet hij mij het boek zien dat hij had geschreven over rosticceria's en vertelde me dat hij op weg was om mij het boek te brengen toen hij mijn verkreukelde Vespa midden op het kruispunt had zien liggen, en van een kapper had gehoord dat ik een ongeluk had gehad en dat ze me naar de Polikliniek hadden gebracht, en daar had hij de politiemacht gezien die bezig was de zaak te verzegelen vanwege de door de rechter opgelegde beslaglegging, en gelukkig had hij me onmiddellijk gevonden, gelukkig was ik er niet ernstig aan toe, gelukkig hadden ze hem niet gezien terwijl hij mij in bewusteloze toestand meenam. Dan ging hij naar buiten om te roken, dan kwam hij weer terug en omdat hij dacht dat ik dommelde bleef hij stil op de bank zitten en las zijn boek, met op zijn neus precies zo'n brilletje als mijn vader had, of stond rechtop bij het raam om god weet wat te observeren, met zijn overhemd met korte mouwen, zijn zware ademhaling en het piepen van zijn longen, maar ik sliep niet en keek naar hem, en op een bepaald moment had hij dat door en vroeg me of hij iets voor me kon doen, en zijn gestalte zweefde in het vertrek, en ik zei dat er inderdaad iets was, dat hij me de waarheid zou kunnen vertellen over de DC 9 van Ustica, hij wist dat toch, en over de bom op Piazza Fontana, op Piazza della Loggia, op het station van Bologna, en over de zaak Moro, en over de moord op Pasolini, en hij ging bij me zitten en *hij vertelde me de waarheid*, het was een Franse raket, het waren de fascisten, het was de geheime dienst, Fioravanti heeft er niets mee te maken maar die zit goed waar hij zit, men wist *heel goed* dat de Rode Brigade Moro vasthield in de Via Montalcini, over Pasolini daarentegen is nooit iets bekend geworden, omdat het niemand ene moer kon schelen; en toen besefte ik dat ik die waarheid ook kende, dat we die allemaal kenden, helemaal geen mysteries, helemaal geen onzichtbaar Italië, het is zoals wanneer de goochelaar uit de kist verdwijnt, *er is een valluik*, shit, het is zo eenvoudig, een kind kan het begrijpen, maar natuurlijk zegt de goochelaar dat er geen valluik bestaat, dus iedereen zal aan hem vragen hoe hij dan in godsnaam kon verdwijnen – *mysterie* – en als iemand blijft hameren op dat valluik wordt hij voor een klootzak versleten. Daarna dommelde ik in, maar ik werd weer wakker door de zeer hevige pijn, en hij ging een lilliputter roepen die me een injectie kwam geven, en toen ging het wat beter, het was nu diep in de nacht, hij trok zijn schoenen uit waarna zich een fikse stank van zweetvoeten in de hele kamer verspreidde, hij strekte zich uit op de bank en viel op slag in slaap, even daarvoor had hij het over een heupfractuur van heel lang terug en begon toen onmiddellijk te snurken als een os, en hij sliep onrustig, puffend en blazend, zijn kolossale omvang paste met moeite op de bank, en bij het ochtendgloren werd hij wakker, hees zich met grote inspanning rechtop in het halfduister en deed zijn ochtendgymnastiek, vier buigingen, vier krakende kniebuigingen, pathetisch, uit de tijd, met zijn armen voor zich uitgestrekt zoals de Duce; en op al die momenten geloofde ik steeds meer in hem.

Verder herinner ik me dat er, vlak voordat ik onder het mes ging en het verdovingsmiddel aan me begon te trekken en mijn blik zich verplaatste naar wat zich bevond achter de aanblik van zijn grote kop, die er nog woester uitzag door de stoppels van een treurige grijze baard, een gedachte bij me opkwam waarvan ik nooit verwacht had dat hij bij me op zou komen: als het mijn vader vergund zou zijn om terug te keren op deze aarde, dacht ik, om alles tegen me te zeggen wat hij tijdens zijn leven niet heeft gezegd, en hij een persoon had moeten kiezen om zich in te incarneren – een heel andere, vanzelfsprekend, dan degene die hij geveinsd had te zijn, *een andere* persoon, een wezen dat heel ver van hem af stond, om aan te tonen hoe ver hij ook van zichzelf af stond, maar tegelijkertijd ook een lastig persoon, moeilijk om mee om te gaan, maar goed en mysterieus en sterk en romantisch, met een rijk verleden, zoals iedere vader gezien wil worden door de ogen van een zoon – nou, dacht ik, dan *zou hij hem hebben gekozen*.

Als je iets dergelijks hebt gedacht, en al denkend in slaap bent gevallen, kom je er niet meer op terug. En zo is het gegaan.

Aaaahhhuuuuuuuuhhh...

De verpleegster die niet glimlacht blijft de jammerende vrouw negeren, en komt naar mij toe.

'Volkomen normaal,' zeg ik.

Ze glimlacht niet. Misschien heeft zij mijn onderbroek wel uitgetrokken.

'Goed, mijnheer Orzan,' zegt ze. 'We brengen u weer terug naar uw kamer.'

Ook de andere verpleegster komt erbij, deze is wat ouder en zwaarder gebouwd. Ze lijkt op Gabriella Ferri. Ze bevestigt een kaart aan mijn bed en begint de slangen van het infuus los te maken. Ik Glimlach Niet kijkt op haar Swatch en begint iets op een papier te schrijven.

O ja, *de tijd...*

'Hoe laat is het?' vraag ik.

'Twee uur.'

Goed, de tijd vliegt, zoals men pleegt te zeggen. Als ze me op een vliegtuig hadden gezet in plaats van me te opereren, zou ik nu minstens in Moskou zijn.

'Voelt u pijn?' begint dezelfde cyclus weer.

'Nee,' antwoord ik.

'Helemaal niets?'

'Nee.'

'Ook niet aan het oog? Tintelingen? Irritatie?'

'Niets,' herhaal ik.

Ze schrijft alles op.

'Is dat normaal?' vraag ik.

Ditmaal heb ik de indruk dat ze zich nauwelijks kan inhouden, maar ze glimlacht niet.

'Dat is goed,' zegt ze, al schrijvend. 'Dat is héél goed...'

Intussen is de slapende vrouw begonnen te kermen, en jammert niet meer. Gabriella Ferri haalt de rem van de wielen, en mijn bed schiet naar voren. Ik Glimlach Niet gebaart haar te wachten en kijkt me recht in de ogen.

'Laten we hopen van niet,' zegt ze, 'maar mócht u later hevige pijn voelen, druk dan op deze knop.'

Ze wijst op een apparaatje dat bevestigd is aan het hoofdeinde van het bed, vervolgens op een van de injectieflacons die aan de standaard hangen.

'Het apparaat dient de morfine automatisch toe,' legt ze uit.

'Wow,' zeg ik. 'Fantastisch.'

'Het apparaat slaat natuurlijk af,' voegt ze eraan toe, 'na een bepaalde dosis toegediend te hebben. Zo krijg je niet te veel. Begrepen?'

'Nou en of.'

Het heeft geen effect, ze geeft niet toe en glimlacht niet. Het bed begint te bewegen. Zij doet alsof ze aan de achterkant trekt terwijl ze achteruit loopt, maar je ziet heel goed dat die andere al het werk doet.

'Denkt u dat ik iets zou kunnen eten?' vraag ik, terwijl we langs de kermende vrouw rijden.

'Ja zeker,' antwoordt ze, terwijl ze nog steeds doet of ze het bed trekt. 'Heeft u erge honger?'

'Heel erge honger.'

'Dat is ook een goed teken,' zegt ze, en ze laat het bed los om de deur open te doen. Het bed gaat langzamer, komt tot stilstand, en als de deur wijdopen staat, komt het weer in beweging, maar zij blijft op de drempel staan.

'Eet smakelijk, dan,' zegt ze terwijl ik langs haar glijd, en opeens, ja hoor, glimlacht ze, en ze heeft een perfect gebit, en er komen zelfs kuiltjes in haar wangen, en ze is nog mooier dan ik vermoed had, ze lijkt ervoor *geboren* om te glimlachen, en de directie heeft haar natuurlijk gevraagd om niet te glimlachen, om geen toestanden te krijgen met de patiënten, want die zijn er vast geweest, in het verleden, wanneer zij glimlachte (zwijgers aan de telefoon, gênante fooien, bossen bloemen), en dat is niet goed voor de kliniek, nog afgezien van de jaloezie van collega's, de avances van artsen, en zij heeft zich aangepast: zij is een buitenlandse, ze komt van buiten de EU, ze kan zich geen narigheid op het werk permitteren, en daarom heeft ze gehoorzaamd, en ze heeft het kordaat aangepakt en geleerd patiënten gerust te stellen zonder te glimlachen, en dat is nu bijna haar natuurlijke manier van doen geworden – maar iemand zou tegen haar moeten zeggen dat als ze zo doet, als ze uiteindelijk toch glimlacht, onverwachts, en als dat het laatste is wat de patiënt haar ziet doen terwijl hij wegglijdt, en als die toch al een brok in zijn keel heeft vanwege haar, omdat buiten zijn problemen wachten die niemand voor hem kan oplossen, dan is het allemaal zinloos, of nog erger, want die patiënt draait zich om, geheid, of liever probeert zich om te draaien om haar nog een seconde te zien, maar dat lukt hem niet omdat hij gehandicapt is, en Gabriella Ferri zegt dat hij rustig moet blijven, en hij valt terug, opeens opgewonden en kwetsbaar zoals hij altijd is geweest, en dus zijn de anesthesie, de operatie en het gelukzalige ontwaken nergens goed voor geweest, nee, ze hebben zijn leven niet veranderd, als hij tegelijk alweer iets mist terwijl hij nog niet eens aan dat nieuwe leven is begonnen.

## 22

*Mijn moeder.*

Als ik de kamer binnenkom, staat mijn moeder op van de bank. Ze is bleek, ontredderd, zij doet niet eens haar best om haar bezorgdheid te verbergen. Ze wacht totdat Gabriella Ferri het bed heeft neergezet en het hellingspercentage heeft geregeld met de knopjes, en dan komt ze naar me toe, aan de kant van mijn gezonde arm.

'Dag moeder,' zeg ik.

Gabriella Ferri vertrekt, terwijl ze nauwelijks waarneembaar groet.

'Hoe gaat het met je?'

'Goed. En met jou?'

Ze buigt zich voorover, kust mijn gezicht, en ik ruik haar parfum. Chanel 19 heet het: ik heb het haar vele malen cadeau gedaan, voor kerst. Ze richt zich weer op, streelt mijn gezicht en kijkt naar me, met een lange, smartelijke blik: naar mijn ingepakte borstkas, naar mijn pols waar het infuus in steekt, naar de zwachtel die mijn oog bedekt. Als jongen zou ik ik weet niet wat gegeven hebben om een ongeluk te krijgen en geopereerd te worden buiten haar medeweten, en om de volgende dag zo door haar bekeken te worden, de arme, gewonde zoon die zij niet had kunnen beschermen: maar mij overkwam nooit iets. Nu het me overkomen is, schaam ik me er alleen maar voor, en voel me schuldig dat ik het haar niet heb laten weten, gisteren, toen Bogliasco er, tussen twee mij betreffende beslissingen door, op aandrong dat ik het zou doen.

'Heus, mama,' zeg ik. 'Het gaat goed.'

Ik trek me een beetje op – in werkelijkheid maar een paar centimeter – en zij streelt me nogmaals. Dan pakt ze mijn hand en ik glimlach weer en geef me over aan haar oude groene ogen, waar nog een waas van rouw op ligt en die nu ook getekend zijn door de zorgen.

Toch kan ik me er niet toe brengen om haar gerust te stellen, wat normaal zou zijn, om de kluwen van vragen die haar geest benauwen te ontwarren (wat is er gebeurd, wat heb je gedaan, waarom heb je me niet onmiddellijk gewaarschuwd, waarom ben je naar deze kliniek gegaan, waarom ben je niet naar Di Stefano gegaan...), terwijl ik zwelg in haar blikken en haar liefkozingen. Het zou normaal zijn, het zou ook mooi zijn, maar er zijn zaken die buiten het gebied van het normale vallen: er is nu tussen ons iets heel nieuws en urgents ontstaan dat direct aangepakt moet worden voordat het naar de diepte zakt waar onmiddellijk de algen van de gewoonte eroverheen zouden groeien – de gewoonte die in families alles verhult, alles verstikt, alles samenperst tot één blok verwaarloosde urgente zaken dat genegenheid wordt genoemd. Ik had niet verwacht dat ik het nu zou moeten doen, hier, maar misschien is het beter zo: ik ben er klaar voor, ik ben helder, en als er een goede manier is om het te doen, dan zal ik die vinden. Ik hoef alleen maar het initiatief te nemen en haar te leiden naar de fundamentele correctie die aangebracht moet worden in ons leven, ver buiten deze kamer, voorzichtig, hardnekkig, wil tegen gewoonte.

'Hoe heb je het gehoord?' vraag ik.

'Je vriend heeft me vanmorgen gebeld.'

*Mijn vriend.* Geweldig.

'En hoe ben je gekomen? Met de trein?'

'Nee. Graziella heeft me gebracht.'

'Graziella? Is Graziella er ook?'

'Nee. Ze wilde blijven maar ik heb haar teruggestuurd

naar Sabaudia. Ze moet het kind de borst geven, anders...'

'O ja. Hoe is het met haar borstklierontsteking? Is ze genezen?'

'Ja, het is overgegaan. Maar als ze geen borstvoeding geeft kan het weer terugkomen.'

'En is alles goed met de kleine? Ik wed dat die steeds mooier wordt...'

'Ja, dat gaat prima. Ze eet en slaapt.'

'En die twee deugnieten? Zijn ze jaloers?'

'Nee, tot nu toe niet.'

'Wat doen ze? Gaan ze naar het strand? Gaan ze zwemmen?'

Ze kijkt me verbaasd aan: ik heb haar nog nooit zo veel vragen gesteld over het gezin van mijn zuster.

'Ze hebben zeilles,' zegt ze.

'Nu al,' dring ik aan. 'Maar zijn ze nog niet te klein?'

'Schijnbaar niet.'

'Is het niet gevaarlijk?'

'Er zijn instructeurs,' antwoordt ze, steeds meer in verwarring, maar nu niet alleen vanwege mij, want ik voel dat ze die zeilschool ook maar niets vindt. (Het is overigens ontroerend hoe ze zich laat strikken in deze verhalen over haar kleinkinderen. Zij is nog geen maand weduwe, haar zoon ligt in het ziekenhuis, je ziet dat ze eronderuit wil komen, maar het lukt haar niet: het is sterker dan haarzelf, dit enorme *respect* voor de familiezaakjes die ik als afleiding gebruik...)

'Dat is ook weer waar,' zeg ik. 'En het zijn ook niet van die roekeloze kinderen, toch? Die geen gevaar zien... Wat had die kleine ook alweer gezegd in het zwembad, toen de instructeur hem vroeg waarom hij weigerde te duiken?'

Met tegenzin, maar met onweerstaanbare aandrang licht haar gezicht op.

'Omdat ik verdrink als u me uit het oog verliest.'

Ik barst in lachen uit, een pure, oprechte lach, en met tegenzin, maar met onweerstaanbare aandrang, barst ook zij in lachen uit. Ziezo: de greep die de ongerustheid op haar gezicht heeft wordt losser, het hoofd ontspant zich, ze heeft gezíen dat het goed met me gaat, en waar ze ook vijf minuten geleden bang voor was, nu lacht ze, hier, samen met mij.

'Snap je? Híj, tegen de instructeur...'
'Wat een portret...'
'Wat een totaal gebrek aan vertrouwen...'

Het is de tactiek van Bogliasco, van de Joegoslaven die mij altijd versloegen: opening, uitweiding, dan twee dodelijke aanvallen – nooit één aanval, twéé – de een onmiddellijk na de ander.

Er wordt echter aan de deur geklopt, en dat komt slecht uit. Een verpleegster met een karretje, die ik nog niet eerder gezien heb, steekt haar hoofd naar binnen: ze is anoniem, onaantrekkelijk, vandaar dat ze zonder scrupules glimlacht.

'Wilt u iets eten?' vraagt ze.
'Nee, dank u,' antwoord ik.

De verpleegster staat perplex maar dringt niet aan, verdwijnt, en de deur gaat weer dicht. Ik richt mijn blik opnieuw op mijn moeder, en glimlach weer.

'Ik mag tot vanavond niet eten,' verzin ik.

En dat is ook zo, dat mag ik ook niet. Het is nu niet het moment om te eten. Het is het moment om iets anders te doen.

'En heb je mijn vriend ontmoet?' vraag ik.
'Waar?'

Hoe ik dit moet aanpakken heeft hij me zelf gesuggereerd...

'Hier, toen je aankwam. Hebben jullie elkaar gezien?'
'Nee.'
'Weet je wie het was?'
'Wie?'
'Mijn vriend. Heb je hem niet herkend, aan zijn stem?'

'Nee. Waarom? Wie was het dan?'
*Je moet tegen haar zeggen dat je me hebt ontmoet.*
'Het was Gianni Bogliasco, mama.'
*Ze zal natuurlijk zeggen dat ze me niet kent.*
'Wie?'
*Maar blijf haar in de ogen kijken, en met de kennersblik van een zoon zul je merken dat ze liegt.*
'Gianni Bogliasco.'
Haar ogen verraden niets.
'Gianni Costante.'
Niets.
'Gianni Fusco.'
Niets, in haar ogen is niets te lezen, behalve de klaarblijkelijk oprechte verbijstering alsof ze ondervraagd wordt door een parlementaire enquêtecommissie. Toch ís het er wel, zoals het er altijd geweest is, maar het lukt mij alleen niet om het te zien, zoals het me nooit gelukt is. Bogliasco heeft zich vergist: als iemand geen kennersblik heeft, dan is het wel de zoon...

'Je weet wel, mama. Degene die dat boek daar geschreven heeft.'

Ik wijs naar het boek op het kastje, naast de telefoon. Ze staat op, pakt het boek en bestudeert het alsof ze naar een zoeaaf staat te kijken. Het is best een raar boek (Gianni Bogliasco, *Under 10*, Uitgeverij Tam-Tam, met een rijstkroket op het omslag) en puur theoretisch zou ze het nu voor het eerst kunnen zien, waardoor haar verbijstering authentiek zou kunnen zijn: maar ik weet dat ze het eerder heeft gezien, en thuis moet ze er een exemplaar van hebben, in de kast in de bergruimte om precies te zijn, waar ze de kookboeken bewaart.

'Hij heeft je gebeld, mama. De vriend van papa. Die van het ongeluk in Amsterdam.'

Heel goed, mama. Tegen zo'n blik zou de parlementaire commissie het afleggen.

'Gianni' – onthutst, het boek in haar hand – 'maar waar heb je het over?'

Maar ik ben geen commissievoorzitter, mama, en jij hebt geen keuze ten aanzien van je volgende zet. Als je al die jaren gezwegen hebt, zul je zeker nu niet gaan praten; als je gezworen hebt dat je me niets zult vertellen, zul je die eed ook nu niet breken; het enige wat je kunt doen is een verbijsterd gezicht trekken. Ik heb dat maar te accepteren, want van nu af aan zal het altijd zo zijn: ik moet leren erin te geloven en daarmee uit, precies zoals ik zevenendertig jaar lang geloofd heb in jullie versie van het burgerlijke bestaan, zonder dat het maar in me opkwam om bewijzen te eisen.

'Ga zitten, mama,' zeg ik.

Er is echter een groot verschil, een immens verschil: jij weet nu dat ik het weet. Jij zult tot het laatst je plicht blijven vervullen, vanzelfsprekend, en het eerste wat je gaat doen, zodra je thuiskomt, is het boek over de rosticceria's weggooien; maar in ieder geval is er een einde gekomen aan die absurde zelfopoffering waar je door je lot aan vast geklonken zat: je wist dat je zoon met de verkeerde problemen worstelde en je kon hem dat niet zeggen. Het moet voor jou nog moeilijker geweest zijn, jij die nooit Russin was geweest, of communist, of spion met een missie, jij die slechts een meisje was uit de kleine burgerij van de Nomentanobuurt, mooi, eenvoudig en uiterst nuchter – waarvan een heel leger van zusters, neven, nichten en, nog levende, honderdjarige tantes kunnen getuigen, zonder enige twijfel. Toch kan het, op een bepaalde manier, voor jou ook makkelijker geweest zijn, omdat het voor jou een kwestie was van liefhebben en niets anders, ook al moest je *dubbel* liefhebben: zowel de man die de trekker had overgehaald als de man die in de sneeuw achterbleef; zowel de echtgenoot die je kon kussen in het bijzijn van de gasten als degene die je alleen in het geheim kon kussen; zowel het leven dat je samen met hem hebt gehad als het leven dat je nooit hebt kunnen hebben; zowel de dochter met wie je nooit problemen hebt gehad als de zoon die juist voor veel problemen zorgde. Jij kon dat, liefhebben, en dat heb je gedaan: je hebt liefgehad, je hebt je al liefhebbend een weg gebaand, zonder onderscheid te maken tussen wat echt en wat vals was. Voor jou was uiteindelijk alles echt, omdat je, om geen vergissingen te maken in dat uiterst gecompliceerde leven, van iedereen en alles hebt gehouden. En als je daarvoor een dubbele prijs hebt moeten betalen, vooruit dan maar: de rekening is nu betaald; en als nu de prijs opeens gehalveerd wordt, des te beter: het komt erop neer dat het in dubbele zin de moeite waard is geweest.

Als ik ergens in moet geloven, mama, waarom niet daarin?

'Kom, ga zitten,' zeg ik tegen haar. 'Ik wil je een geheim vertellen.'

Mijn moeder gaat weer naast het bed zitten, inwendig is ze in een uitgelaten, feestelijke stemming: ik zie dat natuurlijk niet, ik zie op haar gezicht nog steeds niets anders dan verbijstering, argeloosheid, en opeens ook weer zorg om haar zoon die het in zijn bol geslagen is; toch *zie ik het wel*. Mijn geest is nu glashelder, en alles wat ik nodig heb zie ik op haar gezicht, met een wonderbaarlijke duidelijkheid. Maak je geen zorgen, mama, ik weet wat ik doe. Ik zal je geen kwaad doen. Ik moet echter twee keer aanvallen, één keer is niet genoeg...

'Weet je nog,' zeg ik, 'toen ik tien jaar geleden mijn huis huurde? Weet je nog dat in de woonkamer een nepschouw geplaatst was voor een van de ramen?'

'Ja.'

'Herinner je je nog hoe lelijk die was, met dat ingebouwde barmeubel, de glasgroene majolicategels, en de elektrische spiralen die de gloed van het vuur moesten voorstellen?'

'Ja, hij was inderdaad afschuwelijk.'

'En heb ik je toen verteld dat de eigenaar, nadat hij had beloofd om hem af te breken, en het raam dat erachter zat weer te openen, van gedachte veranderde en weigerde het te doen? Hij was er te zeer aan gehecht, zei hij, vanaf zijn kinderjaren hadden alle feesten zich daar afgespeeld, elk jaar had hij er een kerststal gemaakt, hij had er de kousen vol met cadeautjes van de Befana gevonden, en het kwam erop neer dat hij hem niet wilde afbreken. Het was een stuk van zijn verleden en dat wilde hij niet slopen, ook al moest hij op zijn gegeven woord terugkomen. Heb ik je dat verteld?'

'Nee.'

'Ik schaamde me natuurlijk omdat het me niet gelukt was om het voor elkaar te krijgen, daarom heb ik het je niet verteld. Ik heb geprobeerd hem te overdonderen, maar je weet hoe ik ben, mama, ik ben niet in staat om te onderhandelen: ik vond het een mooi huis, ik was bang kwaad te worden en alles te verpesten, en uiteindelijk, om die schouw maar weg te krijgen, heb ik het op me genomen om hem stukje voor stukje te demonteren, op mijn kosten, met de *schriftelijk vastgelegde* belofte om hem weer precies zo op te bouwen als ik weer weg zou gaan. Het was vernederend, mama, want het is overduidelijk dat de kamer zo veel mooier is, veel lichter, veel ruimer, veel alles, en als de eigenaar er ooit zelf weer gaat wonen wil hij dat obstakel ook niet meer terug; maar hij kwam met die eis en ik heb het gedaan. Een absurd, geldverslindend werk, louter en alleen om een stuk van dat kutverleden van hem niet weg te gooien...'

'Gianni...'

'Sorry. We hebben hem dus gefotografeerd, gemeten, getekend, de basis en het vooraanzicht, en ten slotte hebben we hem gedemonteerd, ik en de witter die de muren aan het overschilderen was, die ik via jullie had en die daarna gestorven is. Hoe heette hij ook alweer?'

'Wie, Frate?'

'Ja. Frate. We hebben er twee dagen over gedaan. En nu komt het geheim, mama: nadat we al die tegels één voor één verwijderd hadden, en alle ruwe bakstenen, één voor één, met de beitel, tik tik, voorzichtig, alsof het de Domus Aurea was, weet je wat we toen daarachter gevonden hebben. In de spouw, tussen de schouw en de muur... Weet je wat er lag?'

Mijn moeder kijkt me aan, met een blik die aarzelt tussen ongerustheid en nieuwsgierigheid: en die uitdrukking op haar gezicht geeft de definitieve doorslag, omdat het net zo goed de uitdrukking kan zijn van iemand die haar zoon bijstaat die ijlt, als van iemand die luistert naar haar zoon die volkomen helder van geest is en die gewoon wil weten wat er achter de schouw lag.

'Er lag een drol,' fluister ik. 'Ik zweer het, er lag een mensendrol. Gemummificeerd, vriesdroog, ingepakt in een pagina van de *Messaggero* uit 1953.'

Moeder trek een gezicht van walging, verrassing, maar vindt het ook wel amusant.

'Het is iets wat ik nooit tegen Anna heb gezegd,' vervolg ik, 'omdat ik bang was dat... ik weet niet waarom, maar ik heb het haar niet gezegd, ik heb het nooit tegen iemand gezegd. Maar dat tafereel zie ik voor me, alsof het zich nu in die kamer afspeelt: de metselaar die net klaar is met het maken van die schouw, in 1953, toen mijn huisbaas een jochie was van vier en geloofde dat de Kerstman en de Befana via die schouw zouden binnenkomen om hem cadeautjes te brengen, *hij schijt op een krant, rolt hem op, bestijgt de trap, gooit de krant in de spouw, metselt de laatste bakstenen, en gaat rustig weg om zijn geld te halen.*'

De walging op haar gezicht krijgt de overhand.

'Begrijp je, mama? Mijn huisbaas heeft de mooiste momenten van zijn kinderjaren doorgebracht bij een drol.'

En nu kijk ik naar haar: onze blikken blijven elkaar kruisen zoals straks, maar nu ben ik het die haar strak aankijkt.

'Wat zou jij doen in mijn geval, zou je het hem zeggen? Frate is dood, en waarschijnlijk is de lolbroek die de drol er meer dan veertig jaar geleden heeft neergelegd, ook dood. Ik ben de enige ter wereld die het weet, afgezien van jou. Hou in gedachte dat mijn huisbaas een grote vrek is; om me eruit te kunnen gooien wanneer hij wil, moet ik ieder jaar een tijdelijk contract tekenen, en ik kan me niet eens laten inschrijven op dat adres, weet je, en ik sta dan ook nog steeds ingeschreven op de Via Tartaglia. Stel dat hij me eruit gooit: zou jij het zeggen, in mijn geval?'

Er wordt op de deur geklopt.

'Een ogenblik!' schreeuw ik onmiddellijk en onverbiddelijk. Dan richt ik mijn blik weer op mijn moeder.

'Zou je het hem zeggen?'

'Gianni, wat heeft dit te betekenen?'

'Niets, gewoon een vraag. Zou je het hem zeggen of niet?'

Haar ogen hebben nu iets smekends. 'Hou hiermee op, Gianni,' zeggen ze, 'alsjeblieft, ik smeek je, hou op, doe niet zoals altijd, bijt je niet vast, papa is dood, ik ben niet zo sterk als hij, wat voorbij is is voorbij, ik hou van je, ga niet te ver.' En als ik niet de verkeerde gelaatsuitdrukking heb gekozen, moet er in mijn ogen te lezen zijn geweest: 'Rustig maar, mam. Vertrouw me maar. Geef antwoord op de vraag en ik hou op, en dan beschouwen we het gewoon als een klap van de molen veroorzaakt door de anesthesie. Er ligt daarginds een vrouw te jammeren, en dat schijnt normaal te zijn: zal ik vijf minuten onzin uitgeslagen hebben.'

'Nee,' antwoordt ze.

Wat fantastisch, met je eigen moeder het waarheidsspel spelen: ook datgene wat niet gezegd wordt, wordt gezegd...

'Binnen!' schreeuw ik.

De deur gaat open. Het is Anna. Natuurlijk: mijn vriend zal ook haar wel gewaarschuwd hebben.

## 23

*De flikkeringen van de tv die midden in de nacht aanstaat in het huis van Confaloni, de dodelijke leegheid die ze door het troosteloze, geopende raam uitstorten op straat.*

*De gewelddadige meta-oplossingen van Victor Balanda, zijn diepgewortelde onvermogen om zich een nederlaag in te denken.*

*Die regels van Panella in het lied van Lucio Battisti: 'Ah, wat is het leven/Alles gebeurt toch/Om heel andere redenen'...*

Niet dat herinneringen altijd een kracht zijn, maar ook als ze dat niet zijn, geven ze de indruk dat ze dat wel zijn, dat is het punt. Nu, bijvoorbeeld: nu Anna in stilte nadert, na in de deuropening een paar woorden met moeder gewisseld te hebben; moeder is vertrokken en heeft ons alleen gelaten, en we bevinden ons op een fatale splitsing, en of ons leven zal veranderen of niet hangt af van hoe ik me de komende seconden zal gedragen; het is geen koelbloedigheid die me rustig houdt, of gewoon fatalisme, maar een menigte levendige, goed getrainde herinneringen, die weer opgebloeid zijn dankzij deze fantastische anesthesie, en die zich rondom mij scharen als vrijwilligers op de dag van de veldslag, en die mij een sterk gevoel geven.

*Die avond een paar jaar geleden, toen we samen naar de bioscoop gingen om* Dangerous Game *te zien en we vonden hem niet goed, en zij gaf af op de 'onwaarschijnlijke en wrede' scène — haar omschrijving — waarin Harvey Keitel naar zijn vrouw in New York vliegt omdat haar vader gestorven is, en terwijl ze samen bij de nog open kist staan, zegt hij dat hij een minnares heeft. Wie weet of ze het zich nog herinnert: wie weet of Anna juist op dit moment,*

*terwijl ze met ogen vol ontroering naar me kijkt en niet weet wat
ze moet zeggen en wacht tot ik wat zeg maar ik glimlach en zwijg,
zich haar oprechte verontwaardiging herinnert die teweeg werd gebracht door die – per slot van rekening – simpele draai in het sce-
nario? En wie weet of ze zich herinnert wat ík, die uit de hele
film eigenlijk alleen maar voor díe scène waardering had kunnen
opbrengen, toen zei ter verdediging ervan: 'Als iemand zoiets
doet,' zei ik, 'dan wil dat zeggen dat hij het niet anders kan.'*

En toch, ondanks alle kracht die deze herinneringen op
mij kunnen overbrengen – ervan uitgaande dat het een
kwestie van kracht is – ben ik zeer kwetsbaar. Ik voel dat ik
me tegenover haar ontroerende schoonheid (ontroerend
omdat het een ongerepte schoonheid is, niet zozeer omdat
het ouder worden haar wonderbaarlijk weinig aantast, wat
óók waar is, maar omdat zij altijd ongerept zal zijn in mijn
geest, waarin zij het fantastische meisje zal blijven *met de
wind in haar haren en haar voeten uit het raampje dat me onverwachts kust op de parkeerplaats van het snelwegrestaurant Versilia-
West terwijl 'Satisfaction' van de groep Devo aangekomen is bij ba-
be babe babe babe babe babe babe babe babe en mijn sigaret op de
grond valt en het matje helemaal schroeit*) slechts één poging
kan veroorloven om ons huwelijk te redden, slechts één, en
daarna geef ik me over, want hoe het ook afloopt, die kracht
zal ik later nodig hebben: als de poging lukt, zal ik die
kracht elke dag nodig hebben wanneer ik haar kus, haar
liefkoos of de liefde met haar bedrijf, om de gedachte te
verdragen dat ze dezelfde intimiteit gedeeld heeft met een
ander en dat die ander zich dat herinnert; en als hij mislukt,
zal ik hem eveneens elke dag nodig hebben om overeind te
blijven zonder haar, zonder de kleine Francesco, en zonder
me zelfs een voorstelling te kunnen maken van het geluk,
zoals ook zij dat zegt in haar brief.

*Dat gelukkige gevoel bij het groeten, zij op het balkon met de
kleine Francesco op de arm, ik daar beneden bij het zuiltje met een
rol kranten in mijn hand.*

Daar is Anna, ze is nu heel dichtbij. Als ze deze dagen verteerd is van smart, als het bericht van het ongeluk haar geschokt heeft, als ze als een gek gereden heeft vanaf Viareggio om hier zo snel mogelijk te zijn, dan is dat haar niet aan te zien.

Ze is fris, gebruind, haar lichaam soepel en begeerlijk ondanks haar kuise blauwe kleding, ze heeft de heldere, beheerste blik van de mythische rebelse meid uit de provincie die op het juiste moment tot bedaren is gekomen en erin is geslaagd zich om te vormen tot een vrouw die in alle opzichten subtieler en intenser en gevoeliger en bewuster en geliefder en aantrekkelijker is dan toen ze jonger was, maar klaarblijkelijk nog niet volledig helder en beheerst. Ze kijkt naar me en ik voel me verloren, zoals altijd, in de bron van haar ogen: ik weet dat ik voor haar meer beteken dan mijn kwijnende trots mij nu zegt, maar ook veel minder dan ik in mijn naïviteit tot gisteren geloofde. Ook zij is een mysterieus schepsel, onkenbaar, ondanks de vijftien jaar dat we elkaars leven hebben gedeeld. Ze heeft geheime verlangens, nog steeds brandende hartstochten, mij totaal onbekende zwakheden, en ook hier is het zinloos om verbeten te willen ontdekken, weten, onderzoeken, er bestaat alleen de keuze tussen alles of niets. Alles of niets. En dat is al een buitenkans.

*Het einde van haar brief: 'Wat er ook gebeurt, weet dat ik van je houd.' Het einde van de derde akte van Adelchi: 'Lijd en wees groot: dit is uw lot.' De brieven die ze me gedurende meer dan een maand elke dag schreef, heel veel jaren geleden, lang voordat we trouwden, toen ik van haar af wilde omdat ik bang voor haar was, en in het bijzonder de brief waarin ze zei dat ze haar hoofd op de armleuning van de bank zou willen leggen en dat ik dan al het bloed uit haar zou zuigen. Opnieuw de Keizer van Japan, die uitspraak die op alles past: 'Laat iedereen doen wat hem te doen staat. Laat het leven normaal doorgaan...'*

'Anna,' zeg ik, 'laten we het zo doen. Laten we zeggen dat

ik vorige week een ernstig ongeluk heb gehad, en dat ik in coma ben geraakt, en dat ik een week in coma heb gelegen. De artsen hier hebben me heel goed verzorgd, met technieken die ze zelfs in Oostenrijk niet gebruiken, en vanochtend ben ik ontwaakt. Ik heb geen permanent letsel opgelopen, alleen een behoorlijke klap: over een paar dagen mag ik naar huis en kan ik mijn leven weer oppakken waar ik ben opgehouden. Een wonder, Anna: laten we zeggen dat er een soort wonder is gebeurd.'

*De vreemde, nu wel zeer vreemde verstandhouding die er altijd is geweest tussen haar en mijn vader...*

'Zullen we het zo doen?' herhaal ik.

Ze buigt zich over me heen, haar fijne haar strijkt langs mijn gezonde oog, haar lippen kussen mijn gezicht.

'Ja,' fluistert ze.

Dat is dan dat. Geen discussies, geen verklaringen, geen nutteloze verspilling van energie. Er was een probleem en dat zijn we de baas geworden, en we houden van elkaar en we zijn nobele geesten, en als we vallen weten we hoe we weer overeind moeten komen, en als we elkaar pijn doen weten we elkaar te vergeven, en we blijven bij elkaar voor de rest van ons leven, zonder elkaar te kwellen met dat wat is geweest, met het hoe en waarom – dat wat is geweest, is juist onze kracht waar niemand ooit tegenop zal kunnen. Dat is iets schitterends, toch? Ik ben een gelukkig mens, toch?

De titel van die Algerijnse krant die de wereld rondging, op de dag dat bepaalde verkiezingen gepaard gingen met bloedige aanslagen van de fundamentalisten: 'Als je stemt, sterf je. Als je niet stemt, sterf je. Stem dus, en sterf.'

Anna blijft me met kussen overladen, teder, behoedzaam. Ik hef mijn vrije hand omhoog, houd hem even in de lucht, onzeker waar ik hem neer moet leggen, een soort zegening van het niets. Dan laat ik hem naar achteren vallen, naar het hoofdeinde van het bed, waar ze het apparaatje bevestigd hebben, en ik druk op de knop van de morfine.

# Epiloog

(tekening van het graf van Qlxxzw'kvsfqz/Pizzano Pizza)

*Goed, kinderen, hier eindigt het ware verhaal van Pizzano Pizza.*
*Als jullie het einde een beetje droevig vinden, kan ik jullie geen ongelijk geven. Als jullie denken dat ik niet genoeg mijn best heb gedaan om het anders te laten eindigen, kan ik jullie geen ongelijk geven. Als jullie vinden dat ik iets meer had moeten doen om de hele waarheid te ontdekken, tot op de bodem, of om bewijzen in handen te krijgen van wat ik jullie heb verteld, om jullie niet te dwingen om erin te geloven en daarmee uit, kan ik jullie geen ongelijk geven. En ik kan jullie ook geen ongelijk geven als jullie vinden dat ik toch door had kunnen gaan met het vertellen van leugens, en met het verzinnen van andere verhalen die een goed en bevredigend eind hebben, zoals zo veel schrijvers doen. Maar dat is nu te laat, en als ik jullie heb teleurgesteld dan weet ik echt niet hoe ik me moet rechtvaardigen, want het is niet per ongeluk zo gegaan, ik heb het met opzet gedaan: ik moest beslissen, en ik heb besloten om het zo te doen.*
*Maar ik kan jullie nog wel een laatste verhaal vertellen, voordat ik jullie verlaat, en ik weet zeker dat dit verhaal jullie niet teleur zal stellen, en dat jullie er zelfs om zullen moeten lachen. Het gaat om een heel oud verhaal, dat al door velen verteld is op velerlei manieren, ook al is het in wezen altijd hetzelfde: maar jullie zijn nog klein, en zeer waarschijnlijk kennen jullie het nog niet. Het is het verhaal van een ongelukkige man, die een gouden schroef in zijn navel had en die er niet in slaagde om zich daarvan te bevrijden. Hij was in de hele wereld naar dokters geweest, naar monteurs,*

*plaatwerkers, chirurgen, goudsmeden, ijzerhandelaren en tovenaars, in de hoop dat een van hen erin zou slagen om die schroef te verwijderen:* niente, niemand was er ooit in geslaagd om er zelfs maar een millimeter beweging in te krijgen. Maar de man had het niet opgegeven, en was de wereld af blijven reizen op zoek naar iemand die erin zou slagen om die gouden schroef uit zijn navel te verwijderen. Totdat hij zich op een dag wendde tot de Keizer van Japan – die een kind was, zoals vaak voorkomt in dat wijze land. De man liet hem de schroef zien en met gebaren, want hij kende geen woord Japans, maakte hij hem duidelijk wat zijn probleem was. De Kindkeizer keek naar de schroef, glimlachte, draaide zich toen langzaam om en begon te rommelen in een grote ivoren doos die hij achter zijn troon verborgen hield en haalde er een kleine gouden schroevendraaier uit, zo klein dat het wel een speld leek. Hij liet hem aan de man zien, terwijl hij nog steeds glimlachte, en sprak een zin in zijn eigen taal, onbegrijpelijk maar met een wonderschone klank, als van een handvol zilveren belletjes die vallen op een veren kussen. De man, die er geen woord van had begrepen, knikte en toen haalde de keizer een lap van purperen zijde uit zijn doos en spreidde die voorzichtig uit op de vloer. Nadat hij zelfs het kleinste plooitje had gladgestreken, liet hij de man erop neerknielen, vervolgens knielde hij zelf ook en ging aan het werk.

Het leek echt onmogelijk dat zo'n microscopisch klein schroevendraaiertje zo'n grote schroef los zou kunnen draaien, maar de schroef begon moeiteloos te draaien, en al draaiend uit de navel te komen: één keer rond, twee keer, drie keer, de schroef kwam steeds verder naar boven, totdat hij er helemaal uit was, en de Kindkeizer liet hem aan de man zien terwijl hij hem tussen zijn vingers hield. Toen keek de man naar zijn buik en was stomverbaasd: voor het eerst zag hij een normale, gladde buik zonder schroef zoals die van alle andere mensen. Hij was vrij; zijn doorzettingsvermogen was beloond, de vloek die zijn hele leven op hem gerust had was ten einde. Hij sprong op, gek van geluk, en viel op zijn kont.